望子成人
家庭教育十人谈

Hold High Hopes for One's Child
Ten Forums on Parenting Education

杨雄　主编

上海人民出版社

《家庭教育十人谈》编委会：

序

——教育似农业，需要科学“施肥”、休耕轮作

不少家长往往对孩子所学“知识”抱有十分功利的态度，常会问，“学这个，有用吗?”导致时下的家庭教育陷入了令人恐惧的误区，那就是无视孩子的年龄特征，一味地急功近利、揠苗助长，甚至将孩子作为满足成人虚荣、追求功利的工具。3岁的孩子要上幼儿英语学校，5岁的孩子要学弹钢琴，未满6周岁的孩子要读一年级，孩子就像没有了刹车的汽车，而方向盘则握在盼子成龙、望女成凤的家长手里。在学校，一个学期的课程用半个学期就教完了；高中三年的课程用两年教完，一年专门复习。学不在多，而在于精。在于“顺天时、合人意”。时下家长在家庭教育上容易犯两个错误：一是过于心急、“施肥”过多，容易“烧苗”；二是过于功利，急于收成。其实知识的“有用”与“无用”是相对的。教育宛如种田，你能说“翻土”是无用的?你能说“休耕轮作”是无用吗?一年种好几季，结果会导致“肥力”透支，养育孩子同样道理。磨刀不误砍柴工。让孩子放松，做些户外运动，有氧运动，看似“无用”，其结果是孩子“快乐荷尔蒙”释放，孩子学习动力反而倍增。

在知识经济时代，由于科技急速发展，每个人必须随时接受最新的教育。要在这个社会中成功，不只靠一张名牌大学的文凭，而是取决于不断持续的终身学习能力。因此，家长无须太关注孩子一时的学习成绩，更应关注全面培养孩子的学习能力，让孩子享受学习的快乐，拥有成功的学习经验。家长不要盲目地以考试分数为标准来判断孩子的学习状况，更不要用急切的态度催促孩子提高学习成绩，切不能急于求成，应关注孩子的学习兴趣，重视孩子学习能力的培养，眼光看远一点，用爱心、耐心和关心呵护孩子健康成长。在孩子受挫折时，家长要鼓励他恢复信心；在孩子取得一点进步时，家长要提醒他不要分心；在孩子遇到困难时，家长激励他要拿出决心。教育是“农业”，家长要有恒心，决不放弃耕耘和培育；要有足够的耐心，等待孩子进步“结出果实”，尤其是不能盲目地给孩子加压，遵循孩子的身心成长规律，慢慢等待收获时的喜悦。

丰子恺曾说过，“人生像一栋三层楼的房子，第一层是物质的，第二层是精神的，第三层是灵魂的，世间大多数人就住在第一层，一辈子忙于锦衣玉食，尊荣富贵；少数人如学者、艺术家等，他们不肯做本能的奴隶，即专心学术文化，更有少数人对第二层楼还不满足，爬上三层楼去探求人生的究竟”。农业和教育就是这栋三层楼的建造过程，农业生产食物为物质的身体提供建材，教育为丰富精神提供精神食粮，而第三层是在物质建设和精神丰富的基础上自然形成的。

文化一词的英文“culture”源自拉丁文的动词colo，colere，

colui，cultum 等词。在拉丁文中，是“to till the ground，to tend and care for”。现代英语中的“culture”一词包含了拉丁文中使用它时所含有的许多意思，其中包括栽培、培养、驯养、耕种、照管等。这些含义概括起来就是，通过人工劳作，将自然界的野生动植物加以驯化和培养，使之成为符合人类需要的品种。后来，在西方人对“culure”一词实际使用中，它的含义不断扩展，以至于“culture”的后来的含义不仅包括土地的“cultivation”（耕作）即农业，也包括各种各样的植物的栽培，宠物的驯化，个人技能、人格、品德和心灵的“修炼”功夫，以及人际间关系和友谊的培养。这样，“culture”就从原来的人对自然本身的照管、驯化，逐渐引申为对人自身本能状态的教化、培养和“修身”的功夫和活动，以及对人与人之间的关系的培养和照料活动。可见，农业跟教育的关系何等的密切。

农业与工业最大的不同在于，工业可以是快节奏的、大容量的、流水线的、批量出产的，而农业则是有季节的、有时令的、有成长规律的，是需要播种、施肥、除草、喷药的，是需要土壤、水分、阳光和等待的，它是一个慢的过程。因此，肥料并不是施得越多越好，施多了，不仅浪费，而且对作物造成伤害。研究表明，庄稼从播种到采收，吸收的养分是相对固定的，而且各种养分之间也有一定的比例。不管是肥料总量施用过多，或某一养分施肥量过多，对庄稼生长都没有好处，有时候还会造成副作用，引起不必要的损失。尤其是当前生产上所用多是以化学肥料为主，施肥更要合理适量。一般情况下，如果化学肥料施用过多，会造成一些不良的后果。如，播种时施肥过多，会使土壤溶液中养分浓度过高，对种子发芽产生不利影响。过高的化学肥料粒子浓度会烧伤种子，伤害根系，造成幼苗生长不良，即所谓的“烧苗”。这种情况下，作物生长受到抑制，就像种子在盐分较高的盐渍化土壤上一样。对孩子的培养教育，跟种田施肥的道理是一样的，太早不行、太多也不行。要想做到科学施肥，需要进行土壤养分情况测定，进行测土配方施肥，这样既不浪费肥料，又能最大限度地发挥肥料的作用，是庄稼丰收的保证。

其实孩子就像一颗幼嫩的树苗，健康成长离不开爱心和养成教育。将孩子培育成材就像农耕教育，要有坚实的底座和营养根基，上边的树木可以有很长的生命力和创造力。我们的教育不能像“插花教育”，下边是水，没有土壤和肥料来支撑，因此往往是昙花一现。所以，改进教育，就必须先培养成人，先成人才能后成材，等心智完善、人格健全之后，智商的形成就是必然的事情了。因此，提倡养成教育，生命教育，爱的教育。家庭教育往简单里说，就是两件事：教会孩子一学会“做人”，二学会“做事”。这就是树苗的底座、根基。做人、做事两者从小得平衡发展。光学会“做事”(作为学生，学会做事就是把学习搞好）还不够，还要学“做人”。比如尊敬师长、孝敬父母、善待同学，做事要有责任心，有承诺就必须兑现等等，都是“做人”。不能只是学习成绩好，一好顶“三好”。学做人没学好，将来长大了，踏进社会，做事是做不大，人也“走”

不远的。反过来，光学“做人”，不学如何“做事”也不行，未来的市场经济，需要一个人拥有立身社会的基本技能、生存本领。这种技能、本领不仅仅是知识、学业成绩，知识某种程度上讲仅是“记忆”，重要的是在学生时代要掌握获得知识、迁移知识、整合知识的能力。因此，家庭教育培养孩子“做人”、“做事”两者不可偏废。培育孩子就如浇灌树苗，既要有钾肥，又要有磷肥。这样的树苗未来才能根深叶茂，茁壮成长。

杨雄　写于上海社科院青少年研究所

2016 年春节

目　录

家庭教育为什么很重要

专家介绍：朱永新，江苏大丰人，民进成员，同济大学管理工程学专业毕业，研究生学历，博士学位，教授，博士生导师，新教育改革发起人。现任十二届全国政协常委，副秘书长，民进中央副主席，中国教育学会副会长。著有《朱永新教育作品》（十六卷）、《中华教育思想研究》、《困境与超越——当代中国教育述评》、《我的教育理想》、《回到教育原点》、《新教育》、《我在政协这五年——一个民主党派成员见证的中国民主政治进程》等。

一、教育中最重要的问题

非常高兴有机会到上海来，跟大家一起分享我对家庭教育的一些思考。关于教育问题大家都很关注，教育面临的问题很多，我一直认为有几个问题是最重要、最值得关注、也是最容易被忽视的。

（一）第一个问题是教师

办教育对教师的关注是不够的，谁站在讲台前，谁就决定了教育的品质，一个好的教师就能够带出一批好的学生。但是长期以来，我们对教师的品质、职业认同和发展的关注度是不够的，教师就是蜡烛，燃烧自己，点燃孩子，教师在教育过程中往往是工具性的角色，他的使命和价值只是为了学生的存在而存在，他自己不能够从他每天的教育生活中享受到这个职业带给他的成长和尊严。我们不把力量放在教师身上，教育是没有希望的。

（二）第二个问题是阅读

学校教育当中，很少有专门的阅读的时间和空间，事实上我们知道阅读是整个教育最重要的基石，一个人的精神发源史就是阅读史，没有阅读永远不会有心灵的成长。在学校教育中，如果把阅读的事情做好了，教育最重要的问题就解决了。孩子整个发展的知识背景、精神的力量就会形成。

（三）第三个问题是家庭

家庭的问题远远没有引起我们的重视，我曾经说过，童年的秘密我们远远没有发现，童年对我们人类意味着什么？目前依然是一个黑匣子。儿童怎么认识这个世界，你们去看江苏卫视的一档节目叫《最强大脑》，一个曾经非常火的电视节目，看那些孩子我都觉得不可思议，他们怎么拥有那么超强的记忆力和计算能力？这些能力怎么获得的我们不清楚，如果清楚就可以培养了，很多能力不是培养出来的，而是儿童自主成长起来的。

儿童来到我们学校的时候，实际上他已经是一个半成品了，认知风格、行为习惯、个性特征基本都形成了。学校教育在很大程度上是对孩子的毛坯进行再加工而已，很多父母意识不到自己本身的价值，自己在孩子成长当中的意义，他们往往拜托我们老师，拜托我们学校，事实上孩子都是父母教出来的，和校长及老师的关联度不是很大。所有优秀的孩子身上，几乎都有他们父母的烙印，所有的问题儿童身上，也都可以找到他们家庭的影子。有了问题怪学校是不对的，有了成绩功劳全归到学校也是不对的，家庭的作用远远比学校重要得多。所以我今天就是要给大家传达这样一个理念，家庭教育才是我们整个教育链中基础的基础，关键的关键。更重要的是，我们家庭教育的过程中，有很多很多的误区和盲点，我今天准备从三个方面探讨。

二、家庭教育的10个发现

首先，简单介绍一下中国教育科学研究院在2014年在中国四个省对4万名父母和孩子（2万名父母亲，2万名孩子）做的一项调查。得到10个主要发现，有的是具有颠覆性意义的。

（一）中国父母亲最关心孩子什么？

关心孩子成才还是成人？毫无疑问中国的父母亲大部分关

心的是成才而不是成人，这是一个基本的特征。按照频度统计，父母亲最关心的是孩子的健康（占65.95%）。其次是习惯的养成（占55.47%）。接下来就是学习了（占53.58%），然后是人际交往（占37.89%）、自立能力（占33.75%）、性格养成（占28.09%）、兴趣爱好（占19.47%）、情绪情感（占11.93%）。

大家可以看到，父母亲关注当下比较多。关注当下的安全，当下的习惯，当下的学习，但是对真正决定孩子一个未来的几个关键的东西关注不够，比如兴趣爱好。其实人的兴趣爱好，是他认识这个社会一个很重要的方面，仅仅关注学习成绩，不关注他有没有兴趣，喜欢不喜欢，是不利于孩子的好奇心和兴趣的养成的。孩子的情绪，处理人际关系的能力，自我管理的能力，性格、人格特征，事实上比家长最关注的这些问题要重要得多。

（二）学前班

是不是一定要把孩子送到学前班去学习？这次调查结果发现，在成绩优秀的小学生里面，没有上过学前班的比上过的要多10.89%，上过跟没有上过学前班的人，没有多大区别。相反优秀生里没有上过的比上过的还多10.89%，学习成绩比较差的孩子里面，上过比没有上过学前班的多10.89%，这个结果颠覆了很多人过去的观念，以前觉得上学前班有好处，现在觉得好处并不大，甚至还有一点坏处，这个结论非常有意思。

我们很多父母亲希望不要让孩子输在起跑线上，要赢在起跑线上，比别人学早一点，比别人多学一点。事实上，儿童是需要童年的，他需要游戏、快乐，需要自主地去发现，你逼着他学习的东西他不会感兴趣。过早使孩子对学习产生对立的情绪，还没有进学校就恐惧学习了。所以学前班并没不像我们想象的那样好。

（三）择校

很多父母亲都希望把孩子送到最好的学校去，发现最优秀的学生里面择校生和非择校生没有什么区别，择校生占比29.95%，非择校生占比28.48%，对孩子来说，选择学校和不选择学校并没有我们想象的那么大的区别。

当然并不是选择好学校对学生的发展没有意义，坦率地说，因为学校有文化底蕴，很好的学校里的孩子素质相对会高些，而孩子间是相互影响的。孩子的彼此影响，比学校对孩子的影响还要大。但是为什么有的孩子择校效果不好，对于那些基础相对薄弱的孩子，你把他送到很好的学校里面去，对他是一种摧残。在别的学校他可能有安全感和自信心，到很好的学校反而让他觉得没有希望，学习成绩会下降，因为面对那么多的学霸，孩子会觉得自己什么都不是，产生自卑心态。

择校的影响因人而异，对不同的孩子应该有不同的选择。这个是大数据的结果，大数据证明，从一般概念上来说，没有显著的差别。花那么多钱给孩子择校是不是值得，要打问号，特别是自己的孩子要不要择校这是需要考虑具体情况的。

（四）课外辅导

中国孩子大概 90%都是上课外辅导班的，但是几乎所有的孩子都认为上课外辅导班对他的影响是说不清楚的。不能一味地说上课外辅导班就对孩子没有帮助，但是调查结果显示，总体上来说上课外辅导班对孩子的影响远远没有我们想象的那么大。

孩子上课外辅导班以后，时间、空间就被填满了，自主学习的可能性就不大了。自主学习的可能性不大，学习能力就会萎缩，发展就会得到很大的限制。另外课外辅导班相对来说，依然是学校生活的延续，依然是课本和课堂的延续，学生没有增加开拓视野的机会。实际上严格来说，是没有什么课内、课外，校内、校外之分的，学习是一个整体，需要统筹。课外的东西和课内的东西实际上是有机的整体，是相辅相成的。仅仅靠课本长大的孩子，没有大量课外阅读的时间，不可能得到很好的发展，一定是有问题的。课外辅导班对孩子的影响也不像我们想象的那么大。

（五）物质刺激

很多家庭用奖金或用各种各样的物质诱惑鼓励孩子学习。这个调查发现物质刺激的效果也不像我们想象的那么大，作用更大的是什么？是父母亲教育的一致性、协调性，这些更能够激发孩子的学习。比如，在父母亲之间教育意见不一致的时候，他们能够不当着孩子的面吵架，而是私下里交流、分享、协商。

学习优秀的孩子里面，这样的家庭有 76.1%，在成绩比较差的孩子里面父母亲选择私下沟通取得一致意见，不当着孩子面吵架的只有 11.9%，父母教育的不一致，父母意见产生冲突，尤其当着孩子面产生冲突，对孩子有显著的负面影响。能够感受到家人的支持和关心，孩子有更好的发展机会，这样的家庭 74.12%的孩子是优秀的，这种家庭的孩子可以感受到家庭是温馨的，父母亲是和谐的。冷漠疏离的家庭里优秀的孩子只有 12.48%，这说明物质刺激远远不如父母对孩子正面的影响。

（六）父母闲暇时间

调查显示，父母亲在闲暇时间读书看报或充电学习的孩子成绩优秀的比例是最高的，占了 31.31%，父母亲也看电视、玩电脑、看手机的，孩子成就优秀的比例就少得多，占 27.43%，父母闲暇时间大部分用在朋友聚会上，孩子成绩优秀的只有 24.90%。

（七）做家务对学习的影响

这个调查我觉得也是很重要，得出了很有意思的结论。因为很多家庭父母亲为了让孩子集中精力学习，什么事情都不让孩子做，所有的事情都给他准备好了，所有活都不让他去干，结果只要学习好，做不做家务都可以的孩子，学习成绩优秀的只有 3.17%。而认为孩子应该做家务的，认为孩子应该自己管理自己事情的优秀的孩子，占了86.92%。这个差距是非常显著的，这对于我们的爷爷奶奶、父亲母亲是很有启发的。

其实道理很简单，学习也需要自我管理，而家务是锻炼自我管理能力的一个很好的途径，比如让孩子叠被子、洗衣服、收拾玩具，让孩子管理自己的事情，最后会帮助他管理好自己的学习。

关于做家务，还有一些其他人的有趣的材料。比如有研究显示，中国孩子和美国孩子平时在家庭里面活动的区别：9至24个月，中国的孩子开始认字了，美国的孩子开始处理自己的尿布；2至3岁，中国的孩子开始背唐诗了，美国的孩子开始扔垃圾，整理玩具；3至4岁，中国的孩子开始学艺术，美国的孩子开始喂宠物、浇花。4至5岁，中国的孩子依然是才能培训，美国的孩子开始铺床、摆餐具。5至6岁，中国的孩子还在进行各种培训，美国的孩子开始擦窗户、收拾房间。6至7岁，中国的孩子开始学习、做作业，美国的孩子开始洗碗、打扫房间。7至12岁，中国的孩子除了上学，还上各种培训班，美国的孩子开始使用洗衣机、整理洗手间、做简单的饭。13岁以上，中国孩子学奥数，美国孩子修理草坪、擦玻璃、换灯泡，种种不同造就了中国孩子的高分低能和美国孩子的自立自强。

（八）父亲的作用

父亲对孩子成长有什么作用？我在《中国教育报》上曾发表过一篇《父亲是男人最重要的工作》的文章，转载率很高。

在中国很多家庭，父亲是看不见的影子。孩子睡觉的时候父亲回家了，孩子上学的时候，父亲在床上睡觉。父亲是专门给家庭提供金钱的提款机，是一个用来吓唬孩子的符号，不听话爸爸要打的。

父亲真正在家庭教育当中的作用远远没有发挥出来，这次调查发现，中国90%的家庭父亲没有承担起教育的职责。大部分家庭教育的责任是妈妈在承担，孩子的事情是妈妈在管，我们知道父亲的缺位对孩子尤其对孩子的性格养成产生明显的局限。性别认同会弱化，容易被母亲过分地呵护，过度地保护，缺少独立锻炼的机会，缺少男子汉的气概，会导致各种各样不良的行为。

（九）父母了解孩子的程度

他们对父母亲作的调查发现也很有意思。父母亲最了解的是孩子有几个好朋友，因为会带到家里来玩；其次孩子喜欢什么老师、喜欢什么课，因为孩子在家里会说。这些都是外显的，父母听得见，看得见。但父母亲没有走进孩子的内心，不了解孩子到底有什么愿望，不了解孩子不愿意和父母亲说的事，比如孩子崇拜谁、喜欢谁、讨厌谁。说明我们父母亲没有走进孩子，没有了解孩子的需求和他们内心的真实想法。

（十）父母的养育方式

孩子的学习成绩和父母的养育方式是不是有关？这次调查

看得很清楚，凡是父母亲采取积极的养育方式，孩子的学习成绩都是比较好的。父母亲养育方式比较消极，孩子的学习成绩相对来说都是比较差的。说明孩子的学习成绩跟父母的养育方式有非常密切的关系。

这个调查提供了一个从大数据背景下审视家庭教育的可能，让我们对很多过去在家庭教育方面习以为常的行为进行反思，比如要不要择校，要不要让孩子上学前班，要不要让孩子做家务。父母亲要不要陪伴孩子，这些都具有非常重要的作用，特别是我们家长和家庭教育研究工作者，应该从这些调查里面得到很多值得思考的东西。这是我跟大家探讨的第一个方面。

三、家庭教育的重要性

其次，我和大家探讨一下家庭教育的重要性，我主要的经验源于 2000 年开始发展起的新教育实验，大家知道，新教育实验已经走过了风风雨雨的 15 年，目前在中国有 57 个试验区，2766 所学校、300 多万名教师和孩子参与进来，教育行政部门跟我们合作，在当地全面推广，新教育实验有 10 大行动，营造书香校园，师生共写随笔，聆听窗外声音，培养卓越口才，构建理想课堂，建设数码社区，推进每月一事，缔造完美教室，研发卓越课程，家校合作共育等。

为了营造书香校园和进行家校合作共育，我们专门成立了两个重要的研究机构，一个是新阅读研究所，一个是新父母研究所。我们是把阅读和家庭作为整个教育的基石。关于阅读，新教育实验作了很多有意思的探索，专门研制了中国人的基础阅读，公布了中国幼儿的基础阅读书目，中国小学生的基础阅读书目，中国中学生的基础阅读书目，并很快会公布中国父母及教师的基础阅读书目。在新教育实践看来，读什么比阅读本身更重要。因为开卷有益的时代已经过去了，现在每年中国图书出版量大概是40万册，你让孩子读什么书？只有和最伟大的书对话才有价值。“人是自己食物的产物”，阅读的高度，直接影响精神的高度。我们专门编了一些手册，解决读什么，再解决怎么读，再做一个“领读者计划”帮助大家带领孩子去阅读。

我很崇拜的一个乌克兰著名的教育家曾经说过：“严格地来说，所有的父母都应该有一个父母学校”，现在我们的父母亲基本上都是无照上岗，没有准备就匆匆忙忙做父母了，所以我们做了父母书目，同时我们办了新父母学校，通过新父母讲堂以及其他方式给父母传递先进的教育理念，先进的教育方法。我们在全国将近50个城市建立了“萤火虫工作站”专门从事亲子活动，如亲子游戏、亲子阅读，进行亲子交流，有将近4万个父母加入进来，网上有相应的视频，每年也有好几万名父、母受益。

家庭和学校之间怎么进行有效的合作，合作的边界、权利、义务怎么界定？这是我们新父母研究所重点在做的工作。

为什么我们要把家庭放在如此重要的地位，和我们对家庭教育的思考有很大的关系。

（一）家庭是人生最重要的场所

我在 2012 年的新教育年会上，曾经做过一个新教育实验的总报告，我说人生有四个重要的场所，人的一生主要生活在这四个地方，子宫、家庭、学校和职场。首先母亲的子宫，那个时候你虽然没有来到这个世界，但是你已经是一个生命体了，你已经在子宫里开始了你最初的学习，通过母亲的身体去和外部的世界进行交往，倾听外部世界的声音，甚至通过母亲的情绪感受外部的世界。

孩子来到这个世界首先就是待在家庭，他需要在家庭里面度过了非常漫长的岁月。毫无疑问，整个家庭对一个人的影响是至为重要，极为关键的。因为第三个地方教室和第四个地方职场虽然很重要，但家庭始终是一个中心的位置，教室、职场和子宫是在家庭边上的三个点，家庭是一个永远的场，没有进学校之前在家庭，在子宫里也在家庭，到职场之后也要每天返回家庭，家庭是人生最重要的一个场所。家庭发生的一切，对每个人都会产生至关重要的作用，也是人生最温馨的一个港湾。碰到困难和烦恼，家庭可以给你化解，如果是一个不和谐的家庭就不一样了，家庭本身还会成为制造烦恼的场所，会给孩子产生更加负面的影响。我们说学校本身可以矫正家庭的教育，家庭也可以矫正学校的教育，不是所有教育都可以带给孩子向上的力量，这个时候家庭就是一个调节器，家庭应该成为人生最重要的一个温馨的港湾。

童年是人生最神奇的阶段，童年的秘密远远没有被发现，人类很有意思，在认识世界的时候，是由远及近，由外及内的。首先我们看到的是遥远的星空很有意思，你看世界上最早的一门科学是天文学，甚至在几千年、上万年以前就有星象图了。人类首先是关注最遥远的地方，再是物理学，开始关注物理的世界，现在才进入生物学的世界，远远没有到心理学的世界，到人的世界。

拿人类自己来说，人类在漫长的历史上几乎没有把儿童当人看。人类历史上看不到儿童，看不到孩子，他们没有被我们写进任何一本历史书里。真正地发现儿童，把儿童当人是文艺复兴之后，开始有了《联合国儿童宪章》，《联合国儿童宪章》的颁布，人类才真正把儿童当作人来尊重。

腾讯微博和新浪微博里面有一个新父母晨诵，晨诵被很多微信、学校的家校通转载，转载量已经超过 1 亿次了，这些晨诵中，很多大家都认为儿童有一个最关键的时期，比如托尔斯泰说："孩子出生 5 年时间里面，他的智慧、情感、意志和性格诸方面，从周围世界所摄取的，要比他从 5 岁到一生终了所摄取的多许多倍。"也就是说，儿童 5 岁之前的智慧、情绪、意志、性格形成超过了 5 岁之后所有的总和。中国人也说过，3 岁看大，7 岁看老，不就是托尔斯泰这句话的翻版吗？

马卡连柯也是一个伟大的教育家，他说："5 岁时成为什么样的人，将来也就是那样一个人。”这个话跟托尔斯泰讲的一样坚决，一样武断。苏霍姆林斯基说：“童年是人生最重要的时期，它不是对未来生活的准备时期，而是真正的光彩夺目的一段独特的不可再现的生活。今天的孩子，将来会成为一个什么样的人，这里起决定性作用的是他的童年如何度过。童年时期由谁携手带路，周围世界的哪些东西进入了他的头脑和心灵。人的性格、思维、语言都在学龄前和学龄初期形成。”这个话讲得更全面、更客观、更具体一些。但是他同样认为，童年是人生最重要的时期，同样认为在童年，人的性格、思维和语言都初步形成。

（二）童年不是为未来准备的

因为父、母、老师，甚至很多从事教育的人，一个很大的误区都认为我们现在是为未来作准备的。所以现在苦一点没有关系，只要以后快乐，以后幸福。但新教育实验主张过一种幸福完整的生活，这种幸福和完整不是未来的幸福，而是当下的幸福，幸福和不幸福有四种排列组合，一种是现在幸福，将来也幸福；一种是现在不幸福，将来幸福；一种是现在幸福，将来不幸福；一种是现在不幸福，将来也不幸福。没有父母亲选择让孩子将来不幸福，但是所有的父母亲基本上都选择了现在不幸福，将来幸福。他不自觉地认为，现在苦一点，将来可能好一点。中国教育学会的会长跟我讲，有一次到学校里面听说，人生最终要长眠，何必今日多睡。很多父母在教孩子的时候就说这个话，说你以后有的是机会睡，剥夺了孩子很多娱乐、休息、闲暇的时间，但孩子是活在当下，而不是活在未来。当下的生活对孩子来说有很重要的意义，很多心理问题的缘由，几乎都可以追溯到童年。

童年时候的经历对一个人来说是刻骨铭心的。每个人都关心儿童的将来，没有人关心儿童的现在。所有人物都在为儿童的明天着想，我们说没有儿童就没有未来，但是很少有人真正关注当下的儿童。2015 年两会，我专门写了一个提案，在中国应该让“留守儿童”这四个字消失，不应该有“留守儿童”这个概念，在全世界几乎很少有这样的一个词汇。因为在发达国家父母亲离开孩子两个小时，邻居都会打电话报警，父母亲要被抓起来。因为你不在孩子身边，没有尽到当父母的责任，违反了《儿童权利公约》。中国 1990 年代已经正式加入了《联合国儿童权利公约》，这个公约规定儿童必须有父母陪伴，但是我们很多父母竟然可以一年不见孩子一面，考虑到父母要打工养家，所以政府能不能用几条路同时解决这个问题，第一条路是能不能尽可能让父母一方留下来陪伴孩子，政府优先安排就业，解决基本救助，最低的收入、养老、医疗、保险建立的时候，相信这一点还是能做到的。当然，不能说所有人都由于家庭困难，很多人不了解陪伴的意义。陪伴比出去打工的意义多得多，我们要把概念讲清楚，要在制度设计上保障。能不能保证家庭有一个基本的生活满足？当地政府没有这个财力，中央财政可以予以支持。

第二条路，实在父母亲必须要出去，能不能把孩子带出去？发达城市能不能解决住宿、上学、基本生活等问题？这就涉及用工单位和政府部门。用工单位怎么解决这样的问题？政府怎么给配套的支持？这两条都做不到，能不能出台一个监护人的权利、责任和义务制度？现在很多监护人如爷爷、奶奶不具备监护能力，而政府指定的监护人没有履行监护的职责。能不能规定监护人的学历条件，至少不能是文盲，至少要受过义务教育。能不能规定他的年龄？这些东西我觉得政府是完全可以做得到的。我觉得儿童的现在、当下是最重要的。没有当下谈何未来。儿童时期的快乐和幸福是无法用后来的努力加以补偿的。

（三）父母是孩子最长久的老师

我们经常说父母是孩子的第一任老师，毫无疑问孩子来到这个世界，首先就是父母亲在陪伴、教育你，影响着你。父母亲的每一句话、和别人交往的每一个表情都是孩子的教科书，孩子通过父母的语言学习语言，通过父母和别人的交往学习和别人的交往，通过父母的表情丰富自己的表情。

所以，父母本身就是儿童最初的教科书。父母亲一生都会给孩子产生各种各样的影响，不同国家养育方式和教育方式的不同，产生了对孩子不同的影响。

1. 第一个情景，幼儿园放学

中国妈妈往往问今天老师有没有给你喝牛奶，有没有别的小朋友欺负你等类似的话，他们关注孩子的身体比较多。如果说是日本妈妈，往往会问孩子今天有没有帮老师和其他同学做事情，日本妈妈关注孩子团队精神比较多。

2. 第二个情景，游泳馆

自己的孩子想跳水，在有专门的保安和救护人员的前提下，中国妈妈马上把孩子拖住不让孩子跳，太危险了。尽管她知道下面有教练，但中国妈妈一般不鼓励孩子冒险做这样的事。欧洲妈妈则往往会微笑地看着孩子，伸出一个大拇指鼓励孩子，孩子，好样的，去试试。

3. 第三个情景，考试结束

孩子拿着成绩单回家，中国妈妈看着数学成绩才 88 分，即使其他功课都是 90 分以上还很生气，你怎么只考了这么一点？但如果欧洲的妈妈，就会跷着大拇指说："孩子你真棒，下次把数学也考到 90 分以上就更棒了！"会鼓励孩子为主。

4. 第四个情景，孩子摔倒

孩子趴在地上看爸爸妈妈的反应，中国妈妈就迫不及待马上扶起来，看有没有摔伤，叮嘱下次要当心一点。美国妈妈则不理他，让他自己站起来。

大家可以看到，在不同的场景下，养育方式的不同导致了结果的不同。很多父母亲都以为，他们的工作就是让孩子吃好，穿好，身体健康，教育是学校的事情。他们往往与学校是分工的，家里就是管身体，学习交给学校。把完整的教育过程割裂成两块独立的、彼此分割的状态，这毫无疑问是不对的。

父母亲所有的东西孩子都看到眼里，记在心里，包括餐桌上的每一句话，包括跟别人交往的方式方法。父母不教育孩子，孩子可能会变坏，父母用错误的方法教育孩子，孩子可能会变得更坏，这是一个很重要的教育原理。

（四）家庭教育是真正人诞生的摇篮

真正的人实际上是从家庭里面诞生的，家庭教育对整个人的发展具有非常关键的作用，“欲造伟大之国民，必自家庭始”。德国著名的教育家福禄贝尔也说：“国民的命运与其说是操在掌权者的手里，不如说是握在母亲手中，因此我们必须努力地启发母亲。”推动摇篮的手是推动地球的手。梁启超也说：“故治天下之本二，正人心广人才。而二者之本，必自蒙养始。蒙养之本，必自母教始。母教之本必自妇学始。故妇学实天下存亡强弱之大原也。”女性的教育和学习是天下存亡弱强的根本所在。

正如我一开始所说的，我们几乎所有的教育行政部门，所有的社会公众，几乎都没有充分地意识到家庭教育对孩子一生的意义，当然教育行政部门要管好家庭教育，需要制定相关的法律，很多国家或地区有家庭教育法，父母亲怎么接受培训都有规定，我们现在没有法不能强制，家庭之路充满着无证驾驶的“司机”，开车是需要执照的，要培训好几个月，通过各种考试，拿到驾照才允许上路。做父母不需要执照，不需要培训，两个年轻人相爱结婚了，就可以生孩子，就可以对孩子进行教养，你怎么能保证他做的是对的呢？怎么保证他可以把好的教育理念给孩子呢？你怎么能够保证父母有系统的、良好的教育素养呢？

我曾经参观过俄罗斯的学校，觉得俄罗斯在教育上还有很多值得我们学习的地方。比如从幼儿园到高中，一般的学校规模只有五六百人，不像我们一个学校动不动几千人，校长连老师都认不全，老师连学生都认不全，怎么进行教育？

俄罗斯的学校，一个年级就几十个孩子，所有人都在家门口学习，一个小社区就是一个学校，不要跑远路，连校车都不必配备。从幼儿园一直到高中都是这样的体系。所以他们的学校里孩子还没有上学，父母亲就被要求带着孩子来上课，每个月两次，接受家庭教育知识，上学之后则被要求每个月来上一次课，接受系统的家庭教育的理念和了解相关知识。

教育是一门科学，家庭教育更是一门科学，一个孩子的方方面面，从生理到心理再到养育方式，从知识的学习到人格的形成，是一门大学问。但是人类几千年来对教育还是形成了一些基本的认识，这些认识也经过了时间的考验。我们不能够让我们没有经过培训的“司机”充斥在国土上，不能够让大量不懂得教育、不懂得什么是好教育的父母教育我们的孩子。甚至很多中产阶层家庭的父母也不懂得怎么教育孩子，我到过北京一个最好的学校问孩子们：“你们快乐吗？”没有一个孩子举手说快乐，我说：“你们怎么都不快乐？”他们说：“朱爷爷，我们苦死了，天天上课，上补习班。”

一个孩子把他的星期六、星期天的时间都填满了，有发展的空间吗？当然没有。应该给孩子自由的空间，阅读、游戏对孩子来说都是不可缺的。你想想那么好的学校，那么好的家庭，很多父母都认为对孩子要管得紧一点，不打不读书。很多父母亲都跟我说，孩子就是不能对他客气，一客气就不读书了。父母就是这样的一个观念，不能够放下身段跟孩子平等交流。父母认为打孩子天经地义，我是你爸爸妈妈，我说了你就得听，我有权力打你，你是我生的，我怎么不可以打你？这样的教育方式是不行的，所以无知地对待儿童比无知地对待成人更可怕，在成长发育的过程中，儿童如果没有得到适当的照顾，他们成人后会报复社会。无知地对待儿童，这会在儿童心中产生巨大的障碍，进而形成一种阻碍世界发展的个性，也就是儿童早期受到的教育，会直接塑造他的个性，因为儿童是软弱的，被动接受的，听天由命的，他无法选择自己的家庭，也很难抵抗成人的行为，而这种个性会直接影响到今后他作为成年人对社会的行为。如果没有父母无知地对待儿童，这个世界可能就会美好很多。我们无法统计多少家庭、多少父母不熟悉教育常识，但是这样的父母在生活中经常可以看到。

四、陪伴、阅读和习惯

家庭教育要重视的问题有很多，要探讨的问题也很多，这里我讲三个问题、三个关键词，也是最应该关注和做到的，就是陪伴、阅读、习惯。

（一）陪伴

前段时间我在网上看到一个父亲写的一篇文章，这个父亲是追悔自己在教育孩子过程当中的失误，写了一段话，“如果你的孩子没有这么优秀，你要教育，你反复教育，你耳鬓厮磨，你跟孩子在一起的时间多，说的话多，我以为所有的天伦就在于在一起，孩子成人之后，彼此亲近的机会就少了，在他未成年的时候，比对别人多一点的时间，跟孩子在一起，也许就是幸福。千万别像我先前那样，让呵斥和哭泣成为家庭的主流声音，把可能的幸福变成彼此的折磨”。他描述的是很多家庭的现状，在家庭里面你听到的就是呵斥和哭泣，感受到的就是痛苦和折磨，彼此的抱怨，彼此的痛苦。事实上，在家里和孩子在一起，就是人生最大的幸福。

孩子来到家庭和你成为一个共同体，这就是人生的缘分，怎么样能够珍惜和孩子在一起的时光？我们知道，当孩子长大离开你的时候，你想和他在一起也难了。真正在一起的时间非常有限，在一起本身就是教育。这一点我觉得很关键，为什么呢？因为你和孩子在一起吃饭，在一起说话，在一起交流，无时无刻不是在进行着沟通和学习，西方心理学有一个很有意思的研究，他们发现孩子的词汇量和父母亲在家庭交流，尤其是在餐桌上交流的词汇量直接正相关。你在谈论政治，这个孩子可能今后对政治感兴趣，你在抱怨，这个孩子可能也学会了抱怨。你在家庭发生的一切，都会对孩子产生直接的影响。

为什么要有亲子之间充分的交流？我们很多父母亲都以为不要跟孩子多说话，没有什么意义，实际上你说的所有东西，即使他今天不懂，也会成为构成他大脑结构的重要组成部分，成为潜意识的一部分，日后会显露出冰山的一角。陪伴和共同生活，会决定整个家庭是否拥有共同的命运，我们提出一个主张：共读、共写、共同生活。基调就是陪伴，陪伴对孩子的影响是非常重要的。

下面讲一个企业家父亲的故事，这个父亲是当地一个很著名的企业家，应酬、公关，整天不着家，跟自己的女儿几乎没有什么接触，孩子上了小学之后，因为参加新教育实验，要求家长每周写一封信，并要求父母亲和孩子一起读书，不仅仅是母亲读，父亲也要读。

在老师的要求下，小学 5 年的时间，这个父亲和孩子一起读了 184 本书。他说一开始读没感觉，读了一个月之后，发现阅读比喝酒有意思得多。就开始主动地拒绝很多应酬，跟孩子一起读书。他说这五年孩子上了小学，自己上了一个大学，变得和孩子无话不谈，而媒介就是书。比如他们读书，跟孩子一起讨论，一个人活在这个世界上应该做什么？如果像过去一样一本正经地教育他要成为什么样的人，孩子根本不会听，但在阅读的过程当中有了共识，书中的角色成为家长和孩子的共同密码。

父母亲和孩子在一起，如果没有共同的话题和情感，事实上就是生活在同一个屋檐下的陌生人，所以陪伴的意义就在于创造共同的生活，拥有共同的语言和密码，小到一个家庭，大到一个国家都是如此。因此，父母亲再忙也应该想办法陪着孩子。

（二）阅读

阅读的种子是在家庭里面播下来的。《朗读手册》里面引入一首诗，“你或许拥有无限的财富，一箱箱的珠宝与一柜柜的黄金。但是你永远不会比我富有，我有一位读书给我听的妈妈。”阅读是让孩子有丰富精神生活的重要源泉，阅读能力的培养，阅读兴趣的培养，阅读习惯的培养是从家庭开始的。

一个人的精神发源地就是阅读，而一个民族的精神境界取决于一个民族的阅读水平，一个没有阅读的学校，永远不能有真正的教育。这句话同样可以套在家庭上，一个没有阅读的家庭永远不会有真正的教育。一个书香的城市才能成为一个美丽的家园。共读，共写，共同生活，才能拥有共同的语言、密码，共同的价值。

在家庭最初的时期，更多的阅读是亲子共读，是妈妈读给孩子听，因为最初孩子没有认字，更多最初从图画开始入手。中国古代那些儿童的书，都是配以很精美的配图，儿童最初是通过图画来认识这个世界的。儿童看到的所有东西，包括文字都是一种图画。这些是最初进入儿童世界的。儿童通过这些书的阅读，开始喜欢阅读。这些书把人类最美好的东西，悄悄地通过一个个人物、动物的命运藏在其中，构建起孩子的人生框架。

那些最好的童书，都是不仅仅适合孩子看，也适合成人看。每本童书，不仅仅有价值熏陶的作用还有治愈心灵的作用，孩子要解决什么问题，比如和人交往、说谎、吝啬，都有相应的图书，他看了之后比你说一万句教训的话都有用。甚至孩子很多行为习惯的训练都可以通过相应的童书进行。

最重要的是在家庭中让孩子养成阅读的习惯，今后会主动找书来读。我觉得阅读是有胃口的，一开始让孩子吃肯德基、麦当劳，慢慢地他就对肯德基、麦当劳感兴趣，他不知道世界上还有其他好东西。读书也是这样的，读了一些糟糕的书，对其他的好书就丧失了鉴赏力，读过伟大的书之后，拿到书就可以感觉到，这是不是一本值得他读的书。儿童时期的读书，对孩子是非常重要的。

（三）习惯

阅读习惯如此，别的习惯也是这样。在某种程度上，教育就是培养习惯。叶圣陶说教育就是培养习惯，衡量教育是不是成功就是衡量他有没有形成良好的习惯。他怎么对人、怎么处事？体育不是看跳多高，跑步多快，打球多好，实际上体育最重要是看你有没有养成良好的健身习惯，养成良好的健身习惯这个体育是成功的。如果体育优秀，大吃大喝也不锻炼，身体也很糟糕，这不叫体育成功。养成学习习惯是对这个世界充满好奇心，不断地学习，为自己充电，而不是像很多所谓的“好”学生，考试时门门拿了100分，步入社会后连书都不看。

所以，我们新教育有一个行动叫每月一事，每个月让孩子做一件事，培养好习惯。比如，这个月学会吃饭。吃饭里面有很多习惯要培养，比如礼仪、待人接物之道。下个月学会走路，走路也有习惯，当然在习惯的背后还有很多准则性的东西如不闯红灯，意味着要遵守规则，遵守规则就是一个习惯。我们准备要开设一个习惯清单，一个孩子的人生哪些最重要的习惯要养成，我们有针对性地进行训练，如开展主题阅读，主题活动，帮助孩子养成习惯。心理学研究发现，一个好习惯养成需要连续21天不断的训练，而好习惯，往往是在家里养成的，比如早睡早起，我曾经写过一篇文章《父亲的礼物》。他给我最大的礼物就是让我养成了早起的习惯，小学一年级的时候，他每天早上从床上把我拎起来，因为他是小学校长，要到学校去，去之前把我从床上拎起来，写毛笔字。结果我毛笔字没有写好，但是每天凌晨5点钟起，成为我一生的习惯。现在我8点钟左右离开家，每天有两三个小时的时间阅读和写作，很奢侈了，一般人做不到。一般人早上匆匆忙忙赶时间上班，有时候早饭都来不及吃，更不用说早上起来阅读和写作了。

对一个孩子来说，一个好习惯可以影响一生，比如刷牙，中国很多孩子都不会刷牙，因为没有教过。所以把牙齿搞坏了，如果一开始知道怎么刷牙，用什么牙刷会好很多，目前的教育都并没有考虑这些细节方面，因此在家庭教育方面，如果能重视陪伴、阅读和习惯，孩子一生的路会好走很多。

互动空间

提问 1：谢谢朱老师给我们这么精彩的报告，阅读重要，做什么比阅读更重要？最近这两年广州市中小学校试点进行理财教育，您对这件事情怎么看？中小学这个年龄段是不是要接受理财教育？了解怎么挣钱？

朱永新：理财作为教育的内容是可以的也是必要的，是自我管理的组成部分。但是是不是作为教育最重要的事情，需要在全省的范围内大张旗鼓地做，我持保留的态度，因为理财的目的本身不是为了赚钱，而是为了帮助学生提升自我管理的能力，西方对财商比较重视，现在把西方的东西学过来，但事实上严格来说，孩子是没有什么财力的。你没有赚钱怎么理财呢？

现在孩子有零花钱，有压岁钱，这些钱怎么有效地进行管理，我们新教育很多学校里面，也有所谓的经济学课程。经济学课程里面包含着理财教育的内涵，让孩子拥有正确的金钱观。知道金钱在我们生活中具有什么意义和价值，怎么对待它，钱应该花在什么地方。比如社会上有各种各样灾难的时候，你的财怎么发生作用？在同学发生困难的时候，你的财怎么发挥作用，从大理财的角度上来说，能够让学生更好理解金钱，理解人生，懂得自我管理，我觉得是有价值的，至于让小学生学习怎么赚钱，我觉得没有那么迫切。

提问 2：我非常认同您说的陪伴、阅读、习惯，是家庭教育中最重要的问题。我想请教的问题是，我觉得当许多比较好的家庭教育理念落实的时候，就会出现家庭成员意见不一致的情况。比如对于小孩子行为习惯的培养有不同的意见。我作为一个没有培训过的妈妈在网上看了很多育儿的知识，我怎么样才可以确定我了解的知识是正确的呢？

朱永新：我觉得世界上没有绝对的正确，因为每个孩子的问题都是独特的，对那个母亲有效的东西，对这个母亲不一定有效，尽信书不如无书。如果你是一个很善于学习的母亲，还是尽可能地挑些靠谱的书看，比如国内一些比较优秀的父母亲的探索和教育大家对于教育的思考。另外，有一些比较有影响的工具书，经过权威的专家反复打磨，再版率很高的可以挑选。现在很多妈妈有了问题之后，把问题发到网上，有很多人回答，你可以综合大家的意见来看，大部分人的意见往往有一定借鉴的作用。还是有一些最基本的书可以看，我们很快会把书目发布出来，用最基本的书形成基本的教育观，比具体的方法本身更重要。对这些问题有了看法之后，方法本身可以去探索。每个方法的适用性是有限的，但是根据这个原理可以自己去探索，走出你自己的一条路来。

在北京有好几十所学校都是像你这样的父母亲办的，他们不希望把孩子送到现在的学校里去，自己组织了很多小规模的学校。这些学校都没有“身份证”，我觉得政府要允许。谁对孩子真正负责？父母亲，应该把选择权交给他们。北京幼儿园那么紧张，为什么不可以在家开幼儿园？北京有很多专职妈妈，都是接受过正规的训练，甚至很多是从海外回来的。她在家里带一个孩子，想找几个人陪伴，因为陪伴和孩子很重要，这种幼儿园为什么不能允许，完全可以允许。政府要办多少幼儿园才可以满足这样的需要？父母自主的探索和研究，对教育来说是一个福音。我们希望有更多父母亲自觉思考和探索这些问题。

相夫教子是一门艺术

专家介绍：金星，艺术家意见领袖，舞蹈演员，1995年创建了中国第一个独立现代舞蹈团，自2012年以来，由她主持参与的脱口秀和多档真人秀节目，通过电视媒体的传播，使其独立的态度和声音更具社会影响力，并拥有了近百万名粉丝追随者。在家庭教育观念上，她认为对于孩子来说，最重要的莫过于价值观和判断能力。如果没有这两点，成绩再优秀也是枉然。而在孩子成长过程中，一旦错过了教导孩子的最优时间，许多教育的机会都不会再重来。

各位早上好，感谢各位星期天起这么早，和大家一起分享一下，我对家庭和孩子教育的观点。

当他们给我这个题目，问我要讲什么，我脱口而出，我说相夫教子，对一个女人来讲，是一门艺术。中国人觉得相夫教子是很简单的事情，把家里打扫干净，做好三餐，老公吃好、孩子吃好就完事了。貌似简单的一个生活当中的行为举止，在某种意义上说，承载着整个国家和社会的稳定、和谐，是最重要的一分子。我组成自己家庭之前，家的概念是我妈在哪儿我的家在哪儿。家对我来说，就是一个可以回去休息、向父母抱怨、撒娇的地方。当我自己组成家庭之后，我发现远远不是这么简单。大家可能看到，在做《金星秀》节目的时候，谈到未婚我经常说，赶紧结婚吧，赶紧生孩子吧！因为在各行各业，无论对于成功人士还是追求成功的人士，家庭的组成都是很重要的一部分。有些人觉得，我挣了很多钱之后才能建立家庭，给对方保障。但是对我个人来讲，对“责任感”的认同、理解，是在我组成自己家庭、成为母亲的时候。小时候看父母操心，我说妈妈别替我操这份闲心了，我长大了，觉得妈妈操心是很无聊、无奈的事。当我有了孩子，我发现“操心”在我的心上扎根了。到目前为止，我的三个孩子分别是15岁、13岁、12岁，已经比较大了。但我仍然操心，早上开车来之前，出门前还和女儿说：“把英语作业做完了。”孩子正在玩电脑，我催促她说：“可以了，适可而止了。”怕孩子们不当回事，最后还冲我老公喊了一嗓子：“你监督他们两个人。”所以我觉得，家庭的责任和操心对你来说，是一辈子的事情。

一、相夫——关注他，给他足够的面子

先谈“相夫”，当你和一个男人决定组成家庭的时候，还没有后代之前，两个人彼此恩爱，在爱情的基础上慢慢地叠加、融合、适应着。这时候，男人觉得我要对这个女人负责，女人觉得我要支持这个男人做的一切。相互理解当中，感情更深厚，女人对自己的丈夫有了新的期盼，我嫁给你，你怎么承

载我的幸福？你怎么承担家庭的责任？每个女人期望值大小不一，但都是有的。哪怕再成功的女士，再有自己事业的人，嫁人之后还是希望自己的丈夫在自己的婚姻之外可以承载更多，这可能是人的本性吧，我也有过这样的“误区”。当我嫁给我先生的时候，虽然我们都是受过高等教育的人，但我潜意识里还是希望他做得更多，我做得少一点点。我在家里可以小鸟依人，做做饭、拾掇拾掇自己，但事实恰恰相反，一个外国人到中国来打拼，这个社会环境对他来说是全新的，他再打拼、再努力也比不过我，因为这是我的国家、我适应的文化环境，随着期望值的增加，我渐渐产生了对自己先生的抱怨：“你不能再多做项目吗？再多挣点钱吗？你去建立你的社会网络啊？你怎么光指望你老婆？我多辛苦啊！你一个大男人，你娶了老婆，你不要养家啊？三个孩子呢……”我也和大家一样抱怨。后来我发现，如果简单是情绪上的发泄没问题，但是如果有目的性，其实这样做对婚姻生活是有所伤害的。

人们为什么要在谈恋爱当中了解对方？在了解对方的过程中互相磨合，在了解的过程中，我们两个人像两个齿轮一样合在一起，拧成一个往前滚，这是谈恋爱的过程。但是爱情总是甜蜜的，谈恋爱时我们忽视了寻找对方的缺陷，觉得一切都好，有人说，女人在谈恋爱的时候智商等于0。女人在谈恋爱中忽视了一切，但是有一点是不能忽视的，那就是一定要清晰地发现对方的缺点，而且考虑能不能在以后的生活当中接受他的缺点。如果能的话，爱情将是稳固的。男女结合之后，爱情的任务已经完成了，爱情变成最现实的、360度的亲情和家庭组合。

在中国的文化里，大部分男性同胞们，可能不愿意和妻子说太多，他们觉得做到就可以了，不必表达。但他们对自己的妻子、爱人有没有期望值？有。就像所有的女性对自己的丈夫有期望，男人对自己的妻子也有期望，他们觉得谁都不理解我，你应该理解我。即使我妈不能包容我，你也应该包容我。你应该了解我，是我最后的底线。你是我孩子的妈妈，但是你要增加你的知识储备，我在外面拼命挣钱，将来教育子女是你的事情。他有很多不同的想法和期望值。婚后男性对女性的期望值和女性对男性的期望值是成正比的。

我觉得男人不要叫冤，女人不要叫屈，婚姻是两个成熟人的结合。女人，当你选择做太太的时候，就需要不断地学习。我也在学，以前我特别强势，我嫁给我先生汉斯是38岁，在38岁之前，我几乎是一个人带着孩子，特立独行惯了。所以，嫁给汉斯的时候，我还是一如既往地按照我的个性，下了班吃完饭之后把包一提，说："汉斯，走吧，出去吧。"汉斯问我："干什么？"我说："今晚我们去见朋友去吧！"汉斯很冷静地说："金星，我是成年人，我不是包裹，随时可以拿走。如果你有安排，能不能提前和我打声招呼，或者问我有没有时间陪你去？这是最基本的礼貌，你应该问我一句。"其实，他这么和我说的时候，我觉得他说的是对的。但是长时间养成的个性和自尊心受不了了。嘴里还强硬："叫你走就走啦，哪儿那么多废话啊？”女人的面子使在自己在已知的错误上又迈了一步。“你晚上又没事，孩子们也吃完饭了。走吧走吧！”很独断。汉斯说：“不可以这样，你这是对我不尊重，我是成人，是你的丈夫，你不能随便使唤我。”后来我明白了，当你长时间独立生活习惯了，和对方磨合之后，你要往后退一步。从那天开始我知道了，哪怕已经决定了这件事必须这么做，我和丈夫打电话的时候还要商量，我能不能这么做？丈夫笑了，说：“你和我商量，说明你进步了，没有命令式地让我做这件事。”是我丈夫教会了我作为妻子怎么和丈夫说话。

相夫，很重要的一点是关注男性的情感，很多女性忽视了这一点。很多女人觉得我把一切都给了你，给你生了孩子，你就应该对我好。不是的，婚姻是需要经营的。随着年龄的增长，你的心理、体型都在发生变化。男性也是一样的，随着年龄的增长，他对妻子的期望值、对孩子的期望值、对外界感召的东西，也相应会有变化。举一个很直接的例子，当一个男人和一个女人谈恋爱的时候，怎么看自己的女朋友都美、怎么看自己的女朋友都是性感的。结婚、生了孩子之后，我知道你对我好、对家里也好，但我突然发现，一个像年轻时候的你的女人在街上转来转去的，男人会不由自主地被吸引，因为人们都喜欢找自己喜欢看的东西，这时候提醒所有的女性朋友，并不是看着自己的丈夫，人是看不住的，要吸引他对你的关注。

为什么说婚姻要经营？如果你做得一手好菜，你应该把生活经营得很好，时不时地给家庭安排一些惊喜，让他的关注度永远在家庭和孩子身上。中国大部分的家庭，女人忙着工作、忙着教育孩子，忽视了老公这一块。家庭出现问题，有的女性喜欢掩耳盗铃，装作看不见。有的女性则自欺欺人，觉得不会有的。有的人觉得天天不放心，生活在一种担心和恐惧当中。这些都是不健康的，应该面对丈夫，分析、调解、安排自己的生活，这是一个聪明的女人经营家庭的技巧。当男人有一天对家庭不负责，想出轨的时候，他会作成本核算。如果我和另一个女人出轨，值得吗？我面对失去我的家庭、失去孩子，失去会经营家庭的太太以及亲友的反对，为了小小的欲望和满足，我要放弃这么多吗？凡是有正常思辨能力的男人都会作出正常的选择。这是谁让这个男人作出这个选择？是女人。我把事情都安排好了，你这个男人想做什么都行，你作一下成本核算，值不值得？如果他成本核算完还要“赴汤蹈火”，那是他的选择，心不回来了，人回不来也无所谓。

生活就是一道判断选择题。判断选择之前，女人应该做什么？对家庭多用点心，安排好。渐渐地、慢慢地，不是给男人添加压力，而是告诉他这个家是有价值的。你为了一点绿意，放弃一大片森林，得不偿失。你不要和他说，你做到，把家里经营得很好，男人不会轻易放弃的。为什么？随着年龄增长，他越来越老了，他也会想，我都40多岁了，不至于冒这个险吧？

很多人经常和我探讨，怎么和男人相处，我个人认为，最重要的一点是千万不要在公共场合和自己的丈夫、自己的男朋友争风头。如果是很熟的朋友，调侃一下自己的丈夫，这没有问题。但是在公共场合，一定要给男人留面子，这是基本的社会规则。即使社会发展、文明社会进步到今天，我们仍不得不承认，社会当中男权社会还是主导。哪怕男人的能力不如女人，公众场合也一定要给男人留面子。这一点是我的孩子教会我的。带孩子在公共场合的时候，还用我暴躁的脾气，冲着我丈夫汉斯吆三喝四的。我大儿子说："妈妈，你不能这么和爸爸说话。"我突然发现，我并没有在孩子心目当中树立一个父亲的形象，我在下意识地抵消这个形象。我突然觉得自己很渺小。后来我知道了母亲、父亲在孩子心目当中同等重要。母亲如果觉得可以不顾及男人的尊严、面子，为了自己自尊心的片刻的满足而伤害孩子对父亲的尊重，也就伤害了夫妻间的尊敬和信任。

中国文化里夫妻之间"相敬如宾"是有一定道理的。"相敬如宾"并不是两个人在自己的卧室里面还"先生你好"，而是指在公共场合里，一定要尊重对方。有的时候在外面聚会，我们谈论很多社会问题、国际问题，汉斯的观点我是不赞同的，但我不吱声，只是微笑地看着他，有时候微微摇头，让他享受他侃侃而谈的快乐，反驳的话我想回家再说，再和他针锋相对。但是在众人面前，他说他的，我只接受。有人会问："金星，你认同你丈夫的观点吗？"我给一个善意的微笑："每个人的观点都值得聆听，接不接受是我的问题。"其实，你丈夫知道你在给他留面子，聪明的人会反省，我说得对吗？所以，我觉得相互间的信任，是在一个细微的表现当中体现出来的。

二、教子——尊重他，给他良好的环境

今天来和各位朋友交流“相夫教子”这个话题，我想只要各位朋友稍微敏感一点点，培养孩子的方向准确一点点，应该都没有问题。另外我还想强调一点，人无可比性。不要把自己的孩子和别人家的孩子比较。人比人气死人，比什么呀？每一家的孩子都不一样，比如说我的大儿子，我很骄傲大儿子调教得不错。孩子现在15岁，两年前被我送到英国一个寄宿学校去了。当时孩子说我不去，你为什么要把我送去英国？我说说实话，中国高考你考得了吗？为什么说这句话？因为我知道我的三个孩子，从幼儿园开始，没有在补习班补过一堂课。每次我去幼儿园接孩子的时候，别的孩子都被父母、爷爷奶奶带走了，补课。就我三个孩子在幼儿园玩。幼儿园园长都着急，金老师不行的，你这样总让孩子玩，他不补习功课，小学跟不上的。园长说得对不对？对。我大儿子小名叫嘟嘟，一年级时全班考试倒数第二。倒数第一是一个有点智障的女孩。我儿子说：“我考试了，我全班倒数第二。”我说：“你难受吗？”他说：“有点。”我说：“你算一下，你幼儿园的时候妈妈每天陪你玩，对不对？”他说：“对啊！”我说：“你的同学没有玩，他们去补习功课了，对不对？”他说：“对啊！”我说：“那他们上一年级成绩比你好，合理不合理？”他说：“合理。”我说：“那

有什么不高兴呢？你快乐了，你快乐的代价就是倒数第二，人家失去了童年的快乐，他能拿到前几名，这很公平的，你努力就好。”他说：“好的。”他有一件事情让我特别感动，倒数第一是智障的女孩，每天放学的时候她父母来接。那个孩子上完课以后，总把自己的铅笔盒扔得乱七八糟，我儿子都会帮她收好，领着孩子，送到她父母那去。从一年级，一直做到了五年级。同学们还会笑话我儿子，难怪你倒数第二，你老跟傻子在一起。我儿子说：“妈妈，同学笑我是傻子。”我说：“不傻，儿子，继续这么做。妈妈不要100分，妈妈要你这个东西。”四年级的时候，这个女同学住院了，老师说同学们想来看你，让谁来看你？她说让嘟嘟来看我吧！小学一年级期末考试老师的评语很客气，金老师，嘟嘟的各门学习成绩基础较差，但是个非常热情、非常招人喜爱的孩子。我说够了，我要求不多，他是善良、招人喜爱的孩子就可以了。

到现在，我对孩子的要求，英语每次拿到90分，语文80分，数学70分。我从来没有要求孩子要100分，在中国的教育体制下拿100分，会失去很多的快乐。基础教育孩子只要能跟得上就可以了。所以，我大儿子在一年级时全班倒数第二，到五年级时上升到中等，平均分数考到了78分。因此我和孩子说：“妈妈拼命挣钱，送你到国外上学，因为中国的高考你也考不起，我也陪不起。”当时我儿子说：“世界上哪有这样的学校？太残酷了，把自己的孩子和父母分开了。”我说：“有的，很多呢！”放假的时候我带他到英国到最偏僻的乡村找学校。

我到学校问的第一个问题，有没有其他的中国孩子？没有，就在这儿待着吧。因为我不希望我的孩子和什么富二代、官二代混在一起。孩子出国之前和所有的孩子一样，Ipad、手机、电脑都要有，要玩电子游戏，我还担心过他出国后的状况。其实不必要担心，到了英国以后，学校把Ipad、手机、电脑全部收走，上完课安排室外运动，橄榄球、网球、足球、游泳，孩子们累得精疲力竭，没有时间想别的。回来以后，我发现他也不要求玩手机了，其实这就是一个教育环境的问题。学校在第一期给他的评语当中说，“没想到这个孩子的教养这么好”。英国的学校拿我大儿子做榜样，希望其他的孩子都像他一样，他的教养太好了。作为父母，我太高兴了，我的努力没白费。

学习成绩要跟着孩子的兴趣慢慢要求他，他感兴趣就好，而不是强加给他。有的孩子四年级之后突然开窍了，感兴趣了，有的孩子开窍比较早。并不是孩子不要培养，在孩子成长的过程中，不能特别强压式地要求孩子。要观察自己孩子的兴趣所在，不要扼杀了孩子对外界的兴趣、学习的兴趣，要尊重孩子的个性。我觉得中国的两头教育不算成功，一个是小学教育，一个是大学教育。小学教育，第一件事是教孩子学会服从。什么都别想，听老师，老师是对的。扼杀孩子的天性。虽然这是小学教育的管理方法，我们尊重它，但是可不可以在管理的同时让孩子充分释放自己的天性、个性？另外一头中国的大学教育也比较失败。不培养创造力，培养重复。教育体制不更新，很多学校的老师没有实践经验，只能把东西重复教给学生，学生怎么发展？中国的初中、高中教育比较扎实，这个扎实程度在全世界都有名，而两头教育，一个是刚踏入学校的小朋友，另一个是即将迈入社会、对社会作出贡献的大学生，这两头还应该完善一下。为什么中国现在缺少原创？因为中国的教育体制扼杀创造力。中国孩子不敢想，大学干什么？我在增加基础知识的同时，我要胡思乱想，我敢创造，只要不违法乱纪都可以想、都可以写，但我们没有，我们的学校里只有“反复、重复”。

我的三个孩子，完全没有任何的血缘关系。三个完全不同的课题摆在我眼前，我在摸索中了解他们的情感需求，是他们教会我怎样做一个母亲。我没有成为母亲的时候，我也效仿影视剧当中妈妈对孩子的吆喝、训斥，觉得妈妈就应该是这样的，我妈妈也是这样教育我的。后来我听说西方教育，把孩子哪怕很小的孩子也当作一个人。我把两种育儿方法作了比较，我发现西方的教育比我们传统的教育更好。千万不要觉得孩子不会交流之前什么都不懂，他全懂。每个孩子出生的时候就像带着翅膀的小天使，他对世界完全是敞开的。因为他不知道世界是什么样子，我们成人知道世界里面还有雾霾、堵车和高房价，但孩子不知道，完全是敞开的像天使一样面对世界。当我告诉他怎么生活，孩子接受人们传达的信息地慢慢张嘴开始叫“爸爸、妈妈”“不要”时，我眼看着孩子后面的小翅膀，慢慢地往下掉。从天使变成人的过程当中，对每个家庭来说很幸福。但对一个人来讲，我也觉得挺可惜的。作为父母对孩子说的每一句话都特别重要，因为孩子小时候，父母传达给孩子的信息他全吸收进去。等3、4岁自己可以组合语言的时候，全甩给我了。有些话冷不丁冒出来，我说："小孩怎么会说这种话？这是孩子。"别忘了，是你潜移默化输入进去的"程序"，他接受了，只是他没有排比和整合，当他整合甩给你的时候，都是大人曾说过的话。老人觉得，孩子太聪明了，说的话都不像孩子说的，那是你说的，不是孩子说的。是你教的，或者是别人教的。

为什么说养孩子的时候成长环境特别重要？成长环境不是简单的起床以后带孩子到公园转一圈，成长环境是在家庭聚会时，是在大人不经意喧哗、争吵时的潜移默化。当我们打麻将、谈到社会恶劣环境的时候，中国从来不背着孩子。这是中国家庭缺失的，觉得孩子听不懂，无所谓的。事实上，孩子把所有的信息都吸收进去了。孩子不会说话的时候，就像功能最齐全的小雷达一样，把生活当中所有的信息都收集进来，慢慢自己整合。因此，孩子的成长环境，是整个家庭的环境。如果亲戚朋友聚会的时候，能把孩子稍微撇开一点点，能给孩子更良性的成长环境。这在西方社会当中，可能比中国社会更注重，因为他们尊重孩子，孩子是独立的。

在三个孩子培养的过程中，我逐渐意识到，不能以大人的意志为转移，必须要孩子怎么样，因为孩子不懂，你是孩子的妈妈。他在没有自我能力之前，他是被动的，我们是主动的。被动的时候，他有时候对信息的接受是逆反的，你可以站在孩子的角度和他交流，孩子对你的接受程度，对你传达信息的理解程度要翻倍的。大家说，我不想做的事情你告诉我的时候，我会忍着、听着，但是我不接受。但是你换位思考，按照我的立场来跟我说话，我会考虑这个话有道理，哪怕我不能理解、我不想做，但还是会思考，这就是交流方式和交流位置的问题。

生命是一个特别奇妙的科学的进程，每个生命出现的时候，它跟父母的基因遗传，各方面的环境都有关系。我特别讨厌那句话“别让孩子输在起跑线上”，这个起跑线不是从幼儿园开始的，是从眼睛睁开和你交流的时候已经开始了。因此家庭的成长环境至关重要。

有一次因为工作不是很顺畅，回到家里吃好饭我和丈夫吵，声音特别大，小儿子吓坏了，不知道怎么回事，女儿蒙了，老大调教得比较好，突然站出来。“你为什么这么大声地说话？”我说：“进去，我和你爸谈工作呢。”大儿子说：“谈工作可以在公司谈，为什么要在家里谈？”我说：“在公司还没谈完，你管那么多事干什么？”大儿子说：“你们不可以在家里谈，我们要写作业，你们这么大喊大叫，影响到我们了。”他这么和我说话的时候，我发现我这个妈做得很失败，告诉别人不能在孩子面前大声大叫，自己控制不住。从那天开始，我和我丈夫达成默契，不把工作带回家。每次我进家门的时候，包里的文件只放在我们家门口，不带进客厅、卧室，这是我们俩的规定。在家里就谈家长里短，儿子怎么了，女儿怎么了，你妈怎么了，我妈怎么了，绝对不谈工作的事。刚开始觉得放不下工作，错了，这个世界缺了谁都照样转，转得还挺正常的。什么事最重要？家庭的和谐、和睦，孩子们看着父母和和气气，相敬如宾，这对孩子的影响是最大的。

三、情商源于家庭

情商，一定来源于家庭。孩子看到的东西，孩子和大人说话的方式，孩子与小朋友、和大人的接触方式，都是源于家庭。我在公共场合看到孩子调皮捣蛋，又喊又叫，我不会怪孩子的，我会顺着孩子的踪迹，去看哪个父母带出来的。孩子在家里乱喊乱叫都没问题，但出门必须安静。我的孩子被我带到公共场合，别的孩子吵，我的孩子会说："妈妈，是他爸妈没教育好他。"对的，这和孩子没有关系，是大人的问题。有的时候大人抱着孩子在地铁上拉屎撒尿等，这些行为孩子不知道，如果你告诉他不可以这样，他就知道了。大人说孩子还小，什么叫小？他在公共场合拉屎撒尿，觉得无所禁忌，大人告诉说没关系。但是哪怕在地上只尿过一次，这个行为也会告诉他，我在公共场合是没有禁忌的。所以我觉得孩子没有教育好，不能怪孩子，孩子是镜子，直接反射了父母的举止。父母没有修养，孩子能有什么教养？所以，孩子成长，我们首先要问一下自己的家庭责任。家庭对他的教育、对他价值观的形成特别重要。

到目前为止，很多人觉得我的三个孩子掉到福窝了，三个弃婴，从医院里抱回来，他的人生轨迹从此完全不同，但事实上，三个孩子在穿衣用品上，没有任何名牌的概念，读书也是公立的。孩子上离我家最近的公立幼儿园，一个月1000元钱，三个孩子都搞定了。送孩子去幼儿园前我看了看，周边的车不太多，老师也挺尽责，我觉得可以了。我也没有问幼儿园有什么高级的课程培养孩子，而是问他们几点吃饭，吃什么。孩子怎么玩，在哪儿玩。有人说养一个孩子都太累了，我能理解，但是从2000年到2004年，我一个人带着三个孩子，就这么过来了。我上班的时候，阿姨在家打扫卫生，我一个人开个车，三个孩子都绑在车上，我就开车上班了。

当然，我还是比较传统的，重点放在我大儿子身上，我把他的规矩立好了，弟弟妹妹跟着老大学，这比你喊有作用。很骄傲地说，三个孩子养这么大，我从来没有任何一次跟在后面喂饭。就这么一个经验，吃饭了，大儿子说我不吃了，我玩游戏。我说："现在是吃饭的时间。""不嘛，我要玩。"我说："好吧，玩吧"，让他自己在客厅里玩，我带着弟弟妹妹、阿姨吃饭。吃完了以后，他玩完了，饿了。"妈妈我要吃饭了"，我说："没了，刚才吃饭的时候你说你不吃，你要玩你的游戏。没问题，妈妈尊重你，你认为你不想吃，你想吃游戏，吃吧，你饿了，想吃饭？饭没了。"孩子哭啊、闹啊。对不起，饭没了，饭点过去了。这时候要坚持。阿姨受不了了，说："给点吃的吧，小孩子。"我说："不行，饿不死的。"闹半天，他自己进屋了。

睡觉之前还是稍微显示一下母亲的恻隐之心，没饭了，喝杯牛奶。他这一晚上带着饥饿感睡去了。游戏的代价太大了，玩一个游戏，一晚上没吃饭。第二天我不用喊，我说到点吃饭了，一下子就坐那儿了。从那以后，没有喂过一次饭，老大坐着，老二老三会学。孩子看大人的距离太高了，但是看接近的小朋友，特别愿意模仿，因为小朋友和小朋友最接近、最靠近。我在家里就把老大调教好了，老大不许掉饭粒，不许剩饭。然后说，看，哥哥吃得很干净。小孩看了以后会模仿，他觉得我也应该那样。从哪里立规矩？从孩子立规矩开始。

再举一个例子，孩子要对自己的行为负责。有一次带着大儿子出去吃饭，给孩子放一个婴儿椅，孩子在婴儿椅里玩，玩着玩着，磕到我凳子上了。磕得不重，一个红印，然后孩子开始哭。所有的朋友站起来，说孩子磕头了。我说："坐着，坐着。"我一看，脑门磕红一点点。我说："你哭什么呀？憋回去。"我儿子看着我，还挂着眼泪。我说："妈妈和叔叔阿姨讲话，你自己乱动、磕了脑袋哭什么？也不是凳子的问题，是你自己的问题，憋回去，别哭了。"其实说这些话的时候，心里挺紧张的。下意识的反应应该是："儿子没事没事，吹吹。"这是母亲的本能反应，但我觉得这是一个很好的教育机会，"别哭，憋回去。"我这么一喊，周围的朋友全吓一跳。"金星，你这么教育孩子？"我说："必须的，孩子要为自己的行为负责，如果我宠他，后面的弟弟妹妹我没法带了，我有三个孩子，我要给他们立规矩。"从此以后三个孩子懂了要为自己的行为负责。当然，那一瞬间，我觉得对一个母亲来说比较难。可能会下意识地说，儿子没事。有些爷爷奶奶会“打凳子”，说是凳子不好。其实，凳子没有任何毛病，都是大人的毛病。

中国的孩子有的时候在成长的过程中，学到、看到的都是外在的不对，自己从来没有不对过。这是中国教育最失败的地方，所有的错误行为都是外在的因素，“不好，我们宝宝碰到了，这个不好，那个不好”，只有傻孩子好。我们行为标准的改变对孩子的心智成熟特别的重要。孩子太小，不会语言交流，但他知道要承受皮肉之苦，要小心，要注意，不能随便乱动。孩子成长所需的独立判断能力、自律能力，是谁教的？是家庭。指望孩子 6 岁以后上小学，学校的老师再规定，那时候真的晚了。大家换位思考一下，幼儿园一个班 30 多个孩子，老师们在给他普及基础教育的时候，管不了每个孩子的毛病和缺点，只能保护孩子在正常安全的环境下，把知识传授给孩子。谁在孩子 6 岁前把孩子的独立判断能力和自律能力培养好？是父母，父母要教会他。你在家里可以和父母撒娇，但是在社会上，没有一个人欠你的，父母只有爱你，父母也不欠你。这是我传达给我孩子的价值观。我女儿上中学了，说：“同学们互相之间请客都不给她东西吃。”我说：“为什么？”她说：“同学们说，你妈妈是明星，你们家有钱。”我说：“是吗？你可以和同学说，我妈有钱是我妈的，和我没关系。”我们应该更注重养育之恩，我感谢孩子告诉我怎么去做一个母亲，当我自己成为母亲之前，我和妈妈发脾气，不理我妈妈，用自己的小脾气惩罚我妈妈，这些事情我干的时候丝毫不觉得愧疚，觉得百分之百有理。当我当妈的那一天，才认识到自己实在太幼稚了。我觉得，如果青年人是社会的中坚力量，我们最应该关注的是曾经抚养我的人，关爱我要抚养的人。这两头关注好了，整个社会都好了。我也经常说，一个国家看“两头”好不好，就能体会到这个国家好不好。一个是孩子过得幸不幸福、安不安全，一个是老人过得踏不踏实，人生的两头没顾及好，这个国家是有问题的。

在家庭教育当中也是如此。现在我们往往把关系搞反了。大家会说，现在家庭就一个孩子，我们更要找到一个健康的、准确的方法教育这一个孩子。为什么？当你对这个孩子倾注太多的时候，我们对这一个孩子的期望值也是成倍的，都指望家里这一个孩子成才、成大器，把家庭幸福全部承载起来。多大的压力？所以为什么现在的年轻人压力大？他们得到万般宠爱的时候，期望值也随之水涨船高。好好学习、成才、要考到国外去等，全压在孩子的身上。

在家庭教育上，对孩子的心智培养，给他一个对事物看法态度的开阔视野，这特别重要。按照老百姓的说法，培养孩子心大一点点，别太计较。我奉劝所有年轻的父母们，工作很忙，老人偶尔帮你带带可以，但是自己的孩子最好还是自己带。我经常和周边的阿姨说，你出去玩玩、转转。她说不行啊，我得替我女儿带孩子。我说，你女儿的孩子让她自己带。她说，我女儿太忙了。我说忙也要让她带，她生了就得养。她生完了你给她带，那不算教育。你老觉得你女儿对你不好，还在我面前抹眼泪，我说为什么女儿会这样？你说谁知道？她不懂事啊。我说她可以懂事，你不让她懂事。她自己生的孩子自己带，她就懂事了，我妈妈这么不容易。如果孩子生了之后，“妈妈你帮我带”，她还是不懂事，她只是完成了生理功能成熟期做的事情，但她不知道养育之恩。所以说，有了孙子外孙的叔叔阿姨、大哥大姐们，能放手就放手。孩子们实在忙不过来，搭把手，我帮你看一个周末，你们出去休假，我帮你带10天。但养育第三代，绝对不能落在老人的身上，这是不公平的。而且对孩子、对子女、对老人都是不公平的。社会在进步，在发展，不像100年前，家庭的结构很简单，老人带着孩子在一个院子里生活，这很正常。但现在不是了，我们的很多生活格局，把生活和生活隔开，老人的内心非常孤独。老人在孩子面前，会满足一下自己的孤独感，但不应该承担你抚养、教育孩子的责任，如果你想让自己的孩子在现代的生活当中成长为独立的人，我觉得每个年轻的父母应该亲自教育自己的孩子。因为你掌握的信息，你看到的社会现象要比你父母多一点。很多事情我不能和我妈交流，因为我妈看不到这一点点。

很多父母生活在自己的世界、环境当中。我在上海生活了15年，苦苦哀求我妈妈搬到上海来跟我住，妈妈说她一定要自己在北京住。我说要不找个阿姨？妈妈也说不要。老人有自己的生活节奏，我们有自己的生活节奏，孩子也有孩子的生活节奏。我希望年轻父母，最好自己一把屎一把尿地把自己的孩子养大。自己带孩子，才知道养儿多不容易，才知道生命历程是这样的，知道在外面要检点，要好好挣钱，不能出事，一出事谁养家？责任感增加了很多。一定要让男人天天看到孩子，看到老婆为了给他生孩子变了样子。原来一个天天喝酒的小伙子，现在看到任何一个孩子有一点闪失，他都会紧张，会想到自己的孩子，看孩子哭得不行就要上去抱，这就是一个男人的变化。

我看现场有很多男同胞，我想说，中国家庭老以为男人不在家，只要妈妈在就可以了。这是很自然的现象，母亲抚养孩子，和孩子在一起的时间相对更多。但很多调查显示，在孩子成长的过程中，父亲的形象一直存在的家庭，孩子心理更健康。我想对父母说，两个人的婚姻走到头了，离婚也好、分开也好，没有问题。但是如果你有孩子的话，考虑问题一定要双重的考虑、双倍的成熟。如果你爱你的孩子，在处理问题时，一定要以不伤害孩子为基准，解决两个成人的问题。很多单亲家庭，他们的孩子婚姻也不是很顺畅，因为他们成长过程当中看到了太多父母的厮杀、打骂，孩子对婚姻产生了排斥、恐惧和疑虑，为什么婚姻是这样？因为我们中国处理家庭矛盾的时候不避讳孩子。所以孩子就过早地看到了成人丑陋的一面。

四、相夫教子是一门艺术

“相夫教子”对于一个女人来说，是一门思考、揣摩的艺术。每个女人的家庭、丈夫、男朋友，包括自己的孩子，都是一个崭新的课题，别人的经验只能是借鉴。所以说，我觉得经营家庭，女人是很重要的，相夫教子的艺术，只有自己摸索、总结，只有自己体会。你要相信你的孩子，肯定继承你和你丈夫特别的东西，让他自己去发展。要观察、理解、换位思考，和孩子交流，不要把他当作孩子，当作一个生命成长的载体，和他交流很自然，这个父母的角色会做得很好。

两天前我小儿子和我说："妈妈，以前我对你的选择抱着怀疑，但我现在特别相信你的选择，你的选择都是对的。"我很自傲地说："那当然，你妈是谁。"小儿子看我这么骄傲，说："但是我觉得爸爸还是最棒的。"我继续说："你没看到家里都是妈妈作的选择吗?"儿子说："那只是爸爸让着你，不和你争罢了。"他说这句话的时候我很高兴，作为孩子的妈妈，我树立的爸爸的形象还是成功的。我们家吃饭的时候，我丈夫坐长桌的一边，我和孩子坐另一边。别人觉得我很传统，我说不是的，父亲很重要。两个儿子将来娶媳妇，女儿将来嫁人，他们都要知道，作为男人的责任和家人的形象是多么重要，女人对维护男人的形象是多么重要。有人在网上骂说我是女权主义者，我说我不是，我是特别传统的相夫教子型。我先生不动筷我也不动筷，我妈到我们家里来，阿姨把饭菜都端好了，说吃饭了吃饭了，你就看我们家，都在桌边转来转去的，孩子饿得不行了也不敢靠桌子，我妈妈没有坐下，我和先生都不能坐下。我妈妈坐下了，我和我先生也坐下了，孩子们才能坐下。老人不坐，孩子凭什么能坐？大人总会觉得，孩子小无所谓，长大了自然就好了。不能长大再说，从小要养成这个习惯。老人不坐下，小孩不能坐下，老人不动筷，小孩子不能动筷。大人说话，小孩不能插嘴。这些基本的礼貌，在家里就要潜移默化地让孩子知道。

每次我带孩子出去和朋友聚会，朋友会说，金老师，你们家三个孩子好有规矩。我觉得我的付出没有白费，我不需要别人说我们孩子有多漂亮，学习有多好，有规矩、有教养就是对我最好的回报。有些时候，别人不知道这是谁家的孩子，会说这家孩子很有教养，父母管教得很不错。虽然这时候我们不在现场，但是我们受到的是别人对你付出的褒奖。我觉得人一定要每天积攒一些良性的祝福，哪怕你给人礼让一下，虽然或许别人没有当面和你说谢谢，但是别人的眼神在对你说谢谢，觉得你是有礼貌的好人。哪怕开车的时候，突然红灯你让个路，别人会想，这个司机是有礼貌的，形成感激的时候，也会形成祝福。中国人都讲，要积累祝福，但是在现代人的生活中，很多人积累的都是负面的诅咒。比如已经红灯了，一辆车还在抢道，危险系数自然增加，在这个十字路口，或许同时有七八个人在骂这个车主："这个不要脸的东西，怎么不被撞死？"走出家门的每个行为举止，都是积攒你良性元素的开始，一个天天被祝福的人和天天被诅咒的人能一样吗？咱们想想，别人说这个女人真有规矩、真好看。这个阿婆太漂亮了，美美的。这个老叔叔太绅士了，老克勒。走到任何地方，你的行为举止都受到别人祝福、赞美的时候，你的身体肯定好，你的日子肯定舒畅。如果走到哪里别人都戳你的脊梁骨，你的日子能好到哪里去？

现代社会，千万不要把一个女子所受的教育和她的成功完全等同，她是哪个大公司的CEO，有多少多少钱，这是个人能力的问题，有钱的人不一定能受人尊重。在中国很多农村家庭，没有受过任何教育的乡村妇女，她们的礼仪代代相传，非常有规矩，有礼貌，并且把这个规矩传给了自己的孩子。所以有没有规矩，和城市无关，与家庭有关，你看到的只是她生长的环境比较偏僻，没有受过城市那么正规的教育，但是孩子的规矩是对的，这就是家庭情商的培养。如果这个农村的孩子放到城里，能够接受同等的教育，他的成功概率要比城市不懂规矩的孩子高得多，为什么？他的情商够高，他的良性祝福够多，人们都在推崇着他往更好的方向发展，只是他从小成长的环境稍微欠缺了一点点。

作为女人来讲，要随时调整自己。为什么总说女人像水一样有韧性？因为我们可以适应所有的环境，只是我们要清楚这一阶段我们承担的家庭环境是什么？怎么经营这个家庭。相夫，关注身边的男人。教子，一定要做出榜样行为。这是我要和大家分享的。今天我讲了很多我的个人感受，不是百分之百的对，我只是把经验和大家分享，大家可以作为参考。每个家庭都有各自的方法，我也在慢慢调整我和孩子的关系，比如和我女儿的说话方式，女儿进入青春期后，叛逆了，比如她每天要穿自己喜欢的衣服，我说："你照照衣服，觉得合适吗？""挺好的呀。"给她买了一个手机套，我说："你套上吧，要不然打电话会滑的，滑了以后掉地上屏幕会摔坏的。""不还没摔坏吗？"女儿就这么跟你说话。但我发现我自己有了变化，我从半年前开始和女儿说话再也不发脾气了，和颜悦色温柔地和她交流。因为她正好在青春发育期，穿衣打扮，有的对，有的不对。强加给她，她可能会接受，但不高兴。每次出门的时候，我让她站在镜子前面，我说："你看看这样穿合适吗？"她说："挺好的啊！"我把衣服拿出来，说："我有第二个建议，这件衣服和这条裤子、这双袜子和鞋比较合适，你自己看吧。"把门关上，她自己在屋里试，试完了以后，她慢慢过来，会说："好的，听你一回吧。"

别人问我，你带三个孩子累吗？我说，带三个孩子不累，但带三个青春期的孩子真累。一进门，"妈妈，回来了"，然后就把门关了，不和你交流。吃饭的时候也不说话了，小的时候围着你转来转去，那时候挺幸福的。所以我觉得孩子们小的时候，辛苦都是幸福的辛苦，等孩子到了青春期，你会抓狂的。每天，我先生会把他们六七岁的照片翻出来，说你看他们小时候多可爱啊，那时候多乖，看现在的德行啊！但这恰恰是孩子成长过程中作为父母的新课题，不过孩子多了，反而有解决的方法。这个孩子说不通的时候拿另一个孩子举例，反而倒好了。我们国家的政策开放了以后，我总是劝别人多生孩子。我觉得一个家最好有两个孩子，对孩子特别公平。如果你爱自己的孩子，给他再找个伴，他不会孤独了。不然家庭的责任、社会的责任全部压在一个孩子身上，孩子太辛苦了。

互动空间

提问 1：我男朋友是美国人，比我小 7 岁。我这个年龄段在择偶上面有点小矛盾。他 23 岁，比较小，我们家里觉得，你现在的年龄段应该要找一个更成熟的男人，谈一两年的恋爱，步入婚姻的殿堂。

金星：这是一个传统的程序。我觉得每个人的缘分不一样，现在社会已经开放了，两个人的情感，千万别用年龄作为衡量的标准。男孩比女孩大七八岁大家接受，女孩找一个比自己小七八岁的大家觉得不行。我觉得年龄不是问题，关键是这个男人、女人身上的质感你喜不喜欢？如果你 23 岁的男朋友人很成熟，或者你说我不喜欢成熟的男人，我就喜欢那种萌萌的，那也没问题，那是你的选择。一定要相信自己的选择，每个人对爱人、男朋友、女朋友的选择，一定要跟着自己的心走。当然父母说得没问题。按中国的传统来讲，你 30 岁了，事业再稳定稳定，找一个年龄大一些、比你成熟一些的能照顾你，这些父母的要求都是对的。但最后是你的生活，你自己要选择。我和他在一起，是享受谈恋爱，还是相守一辈子，这只有你知道。

我再举我个人的例子，我谈恋爱的时候，我的男朋友都不是我丈夫这种类型。你觉得我霸气吧？我希望找比我还霸气的，可以把我控制住，让我崇拜得一塌糊涂的男人。但后来这种人我只能做朋友。强强联手，不可能过日子，强弱搭配才是合理的。我当妈了以后，突然发现，我要给孩子找个特别好的爹，这个男人一定有满满的父爱，另外他是一个丈夫，我看他不烦，我们可以高兴地在一起，和他在一起，我心里特别踏实，一个丈夫兼具情人的浪漫和父亲的担当，这种丈夫很难找，恋爱是为了舒服，婚姻是为了幸福，自己考虑吧。

提问 2：我们外语院校组团来听您的讲座。我们主要想问恋爱的问题，外语院校女生特别多，男生特别少。很多女同学找到一个男朋友觉得自己是胜利者，因此在择偶方面，对男生的品质等各方面要求降低了，请问金星老师对这些女性有怎样的建议？让她们解决这些困惑。

金星：回答你的问题，受过高等教育的女孩子们，当你谈恋爱的时候，不要把自己架在“我是上海的本科生、研究生”这个身份框架上，婚姻情感和学历没关系，这是你放在兜里的东西，要以人为本，这个人有没有魅力，这个男人喜不喜欢这个女人。他娶的不是教育，娶的是人，他不是和毕业证书睡觉。

当然，外语院校的女生，除了可以为社会作贡献外，将来对你们的家庭也功不可没，起码孩子的外语没问题了。至于女生只在本校找男友，对男生降低要求，我觉得学校有责任，上海很多优秀的理工大学，学生会等学生组织可以搞点学校间的联谊活动，总是让大家上网找男朋友多难？强强联手，让学生在交流中认识。每年的寒暑假，组织大家一起去旅游。所有的青年人，当你觉得生活环境局限了我选择配偶的条件，挣一个月的钱，拿这些钱去旅游，看世界。你不知道世界哪个角落会碰到你心仪的人。根据科学计算，我们每个人一辈子最少有六次自己能看上眼的人，也就是有六个可以组成家庭的人。人挪活，树挪死，经常走动，当你没有碰到合适的人的时候，看到风景心情也会好一点。如果看风景的同时碰到你心仪的人，牵起手来，成就一段美好的姻缘。受过高等教育的女孩，千万不要以有无男朋友论成败，这有愧于你们的教育了。

提问 3：我想请教关于少儿上课外辅导班的事。刚才您说，您的孩子没有上过什么辅导班，那您对孩子上辅导班，不管是语数外还是艺术方面的，您有什么看法？关于中外在这方面的差异，您有什么想法？

金星：关于这个观点，我和我小儿子特别像。我小儿子不爱上辅导班，他说我学校上了课，校外应该是我娱乐的时间。中国的课外辅导是大问题，首先我们对教育的程度重视不够，比如老师的待遇等各方面，各种各样的要求增加最后的负担落在孩子的身上，对孩子特别不公平。我主张，孩子开展课外活动，比如体育、艺术等，和学校基础知识没什么关系。但是校外补文化课，我觉得对孩子的压力比较大，而这不是每个家庭可以解决的。父母一定要动脑筋分析你们家的孩子，如果孩子

一、二、三年级学习不好，让他多运动，起码有个健康的身体，说不定四年级突然开窍，学习好了呢！在成长的过程中，一定要“以人为本”，孩子是人，有情绪高低、喜怒哀乐，作为父母来说我们要观察他，在适当的时候给他需要的东西，而不是一味说这个年龄必须学这个，这太死板了。每个父母教育孩子，一定要寻找自己的方法。

提问4：谢谢金星老师百忙中抽出时间做这样的公益性交流和讲座。我是“90后”，今天是陪妈妈来听的，没想到收获也很大。我想问，从子女转变为恋人、妻子、母亲，再转化为外婆，这样的转变，我现在看来压力很大。您对于作好前期的准备有什么样的建议和想说的？如何作好心态和身份的转变？第二个问题，站在家长的角度，中国的家长有些时候在家庭交流的过程中有一个问题，并不是以是非对错为标准，而是以家长的权威作为评判的原则。很多时候，家长们的理由，我是家长，所以我是对的。我想问您对现在这些家长有什么样的建议，去转变这样的心态和身份？

金星：我觉得一个女人的角色转换，不是“我准备好了”。而是缘分到了，该结婚就结婚，怀孕生了孩子，你就成为妈妈了，当孩子来到我生命当中，我就开始学习、完善我自己了。女人最大的灵活性是女人的适应能力要超过男人，这个过程中你要随遇而安。而且我觉得，女人都有一个功能，你给我多大的环境我过多大的日子。一定要享受每时每刻，在当下的环境中怎么生活得最好？这是女人的能力。

有人说女人很浪漫，不是的。男人比女人浪漫，女人特别现实。年轻男女要私奔了，男孩说走吧，我们跑吧，脑子一冲动，什么也不管，带着女人就要跑，女人说，好，我跟你跑，等等，我收拾点东西。女人很理性，要没有衣服穿怎么办？是不是要给妈妈留个条？女人有的时候可以很理性地面对生活当中发生的事情，这个角色定位，随着你的年龄增长都会面对的。

还是那句老话，你准备嫁这个男人的时候，你要作好充分的思想准备，你要做这个男人的情人、妻子，有时候要做这个男人的妈。女人要作好三个角色的分配。别和你老公说："你怎么和我撒娇啊？"男人长大以后，他不能和自己妈妈撒娇了，只能和自己的太太撒娇。因为当他娶了你以后，你是他爱的女人，他可以把他的软弱、无奈在你面前释放一下，这都是正常的。

第二个问题，对孩子的交流方式。以前我们中国的传统教育是家长式的，我不能说自己深受其害，但也是深受影响。我妈就是这样，"我是你妈"，我也会这样喊。但是发现你这么和孩子交流的时候，孩子的接受是被动和暂时的，所以聪明的家长，一定不要和自己的孩子这么说话，哪怕你有时候嗓门大一些，控制不住，没关系。但是你要和他讲道理，现在我每次和我孩子发完脾气之后，我得琢磨半天，我怎么和我孩子道歉？我怎么和我孩子解释，为什么我那么大声音，冲他又喊又叫的？不能因为你是我妈你就可以冲我又喊又叫。我会心平气和地说，“对不起，刚刚妈妈发脾气了。你要理解，妈妈为什么这么发脾气”，我把我的理由说给他，如果他接受就接受了，不接受我就说，对不起，我自己消化吧，你还是对的。当你有这样一个态度的时候，孩子会想，我妈妈这么和我说话，我应该可以理解。当父母用强权和孩子交流，你在潜移默化地把孩子推出去，孩子觉得你对我很好，你养我，但是你不理解我。孩子慢慢往后退，这时候他要寻找更多理解他的人。

有的时候不是孩子疏远了父母，而是父母没有意识到自己的血缘观念太强了，觉得你做什么都是有道理的，“没事，我是他妈，他不记恨的”。但孩子的心灵在成长的过程中很敏感。他可能自己结婚之后会想，妈妈对我都是好的，那需要花多长的时间？在他青春期把他推出去，等到他结婚之后再理解你，这中间的隔阂谁负责？所以说，父母和孩子交流，一定要平缓自己的情绪。因为我希望孩子永远在我生活当中、在我身边，而不是因为我的态度、我的方法，把自己的孩子推出去了，那时候再抱怨“孩子不懂事”已经晚了。

我觉得家庭的教育方法，是一个家庭幸福的根基，这个根基的主导者，把握家庭这把钥匙的人是谁？是妈妈。掌门钥匙在妈妈的手中。将来女儿嫁人的时候，不用看男孩好不好，你让女儿去面对他。但你看看男孩的妈。当你儿子要娶儿媳妇的时候，看看女孩的妈，如果那个妈没有规矩，不懂礼貌，穿得邋遢，这个女孩好不到哪里去。别人说，金老师你眼睛那么毒？所以，妈妈特别重要，而且妈妈的仪表也影响着孩子。作为女人来讲，相夫教子是一个研究生课题。这个家里的男人特别成功，儿子特别有出息，女儿特别懂事。全家人幸福的画面中，妈妈功不可没，特别重要。我把我的祝福送给所有的母亲、阿姨和即将成为母亲的年轻女同胞，希望你们在相夫教子方面多下点功夫，社会需要我们每个人，但家庭更需要我们。当你在社会上作不了太大贡献的时候，你对家庭和谐的奉献，已经对社会作出贡献了。

提问5：我是两个孩子的妈妈，大儿子9岁多，在读四年级。小儿子2岁多，我请阿姨带。我今天最关心的话题是，我带大儿子在美国读过幼儿园，我问他愿意不愿意去美国读书，他说不愿意。我对上海的国际学校也比较关注，但您为什么选送大儿子去英国，而不是去美国或者是新加坡？或者是留在身边？听您说，当初大儿子也不想离开您。

金星：理由特别简单，我在国外生活很多年，我对英国的传统价值观念比较认同，美国的大学教育特别好，中学、小学教育根本不上课，就玩了。英国学校的学费反而比中国的国际学校还便宜，当然，我要尊重孩子的意见，每个孩子的个性不一样。我了解我大儿子，他虽然那么说，但是他的能力特别强，所以他到外面没有问题，有的孩子不适应到国外生活，你要尊重孩子的选择。我找的学校，是穷乡僻壤的英国传统学校，90%都是当地的学生，我觉得安安静静地上学就可以了。

你9岁的儿子不想去美国，他可能有他的理由，他可能觉得在父母的身边更踏实一点。我孩子的爸爸经常到欧洲出差，每次到欧洲都会到学校去看一下，孩子并没有觉得离家特别远。如果你的家庭都在这边，一两年看不到孩子，我觉得可能对孩子有影响。如果经常可以看到，影响应该不是特别大。

对误读孔子辨正及谈家庭教育

专家介绍：骆新，东方卫视首席记者、主持人。1992年毕业于中央戏剧学院戏剧文学系，1995年后在中央电视台工作。2003年至今，供职于上海广播电视台、上海文化广播影视集团公司（SMG），曾获全国电视文艺星光奖、中国新闻奖一等奖、上海新闻奖一等奖、特别奖、上海广播电视奖一等奖等数十个新闻传媒奖项。华东师范大学、上海戏剧学院客座教授。

教育本身，一定是一个不断关照他人，也关照自我的过程——就像彼得·德鲁克对管理学的意义所作的归纳：管理学的本质，是释放善意和激发潜能。在座各位都是当家长的人，我听了不少家庭教育的讲座，也看到很多媒体强调一个人怎样成为对社会有用的人。我自己有一点疑惑：我们和别人见面，向别人提问的时候，你怎么提问？——您在哪儿工作？挣多少钱？工作怎么样？您的未来有什么样的人生规划？下一次跳槽要去哪家公司？这是生人、熟人见面都会问的问题。生人问就算了，因为工作和收入，确实是判断人生价值一个重要标志。但是熟人总这么问，会让回答这些问题的人压力特别大。我们不断地被别人当成工具来打量，你是工具、不是活生生的人。他没有问你，你最近在想什么？你的梦想是什么？你最近遇到什么不开心的事了吗？你的家庭关系还好吗？孩子怎么样？父母怎么样？最近身体如何？你快乐、幸福吗？如果这么问，和你这个“人”就有关了。我们对孩子也同样。“隔壁老王家的孩子考上哈佛”、“老张家的孩子去了摩根斯坦利”、“谁谁谁出国了”，你为什么不像别人一样？这样的比较，经常出现在我们嘴里，你忽略了孩子本身的感受。时间一长，孩子怎么可能有自我存在感？中国人就是这样，也许和我们教育体制是有关系的。

一、重新认识孔子

一般我们谈到孔子，会觉得是中国家庭教育的典范。我们今天的家庭教育传统，几乎根植于儒家文化，但我们的教子经典，是否真的出自孔子本意？事实上，孔子的观点，在千百年来的传承中是会产生理解上的诸多偏差的。比如有人说，是孔子强调人要孝顺的，孝顺是家庭教育非常重要的环节。现在搞家风传承的学习，第一个字就是“孝”，你要孝顺、对长辈尊敬，我们也当成美德去传承。对吗？当然对。但是，您误解了孔子。孔子在《论语》和文章当中，从来没有说过所谓的“孝顺”，这个词是被后人，尤其是董仲舒“罢黜百家，独尊儒术”以后被树立的概念。孔子更多是谈“孝”，或者再跟一个“敬”字。

《论语·为政》，子游问，什么是孝？“今之孝者，是谓能养。至于犬马皆能有养。不敬，何以别乎”，意思是，今天所谓的孝，是说我们能对老人供养、奉养。如果拿“养育”作为一个标准，犬马畜生都能去反哺他的长辈。如果对长辈没有起码的敬意，你和畜生有什么区别，孔子并没有谈到“顺”字。孟懿子问什么叫孝，孔子说“无违”，我们后人经常理解为别违背领导的意思，别违背爸妈的意思。还有一个弟子叫樊迟，是给他驾车的人，孔子就和樊迟聊。说刚才孟懿子问什么叫孝，樊迟说“什么意思啊？”孔子说，“生，事之以礼；死，葬之以礼，祭之以礼”。再次强调“敬”，这个人活的时候要以礼相待，如果父母长辈去世了，要葬之以礼，祭之以礼。所以，这个“无违”，我更愿意把他理解为不违背礼的原则，不冒犯，而并非“百依百顺”。

别人经常会问孔子什么是鬼神之道？孔子说，“未能事人，焉能事鬼”。但是徒弟没完没了，说你难道不信鬼神吗？难道是无神论吗？孔子说“祭神如神在”，他没有说鬼的事。中国字有一个特征，凡是偏旁当中有一个“示”字边的，基本上都代表对祖先，曾经存在的人的尊重。所以是神、祖，你看那个字旁边，都有“示”字边。祖，像祭祖的供桌。他说，我知道我的父母已经没有了，我的先人在不在我不知道，但是在祭拜他的时候，就像他在一样。孔子像是一个伟大的戏剧家，他会给自己规定很多规定情境。你干什么事，就认认真真的，就像他还在一样。为什么这样？慎终追远。知道你从哪儿来的。我们之所以对祖先不尊重，是我们认为我们的生命体是突然间蹦出来的。但是我和大家说，我们这些人从来没有“死”过。我不是制造莫名其妙的神秘主义，你祖先的基因在你身上一直在传承，如果你有了孩子，你也永远不会死。你的基因，会在你的孩子身上传承下去，这是整个生物的社会性问题，我们从来不是一个被第三方力量以化学、物理方式简单地复合、制造出来的。所以，你能对你的祖先没有一点点敬意吗？一代代的人，经过无数的挫折、灾难、战乱活到了今天，以你的方式呈现出来。你的生命源远流长，你的思想也必须慎终追远。你的孩子不仅仅是一个孩子，也是代表你的基因、文化和对人生理想的承载，你也希望传给他。正因为人们有这样的丰富感受，所以人们对思想的价值尤其要尊重。我相信，今天很多人会崇拜权力和金钱，但世界上，凡是你能记住的人物，传承下来的其实都是他们的思想，而绝非权力和金钱。

维特根斯坦说，“我们的语言，就是我们认知世界的边界”。语言、文字本身是有边界的。中国字是最简短的，比如，我们拿到联合国五个文本，英文、法文、西班牙、中文、俄文，这五种语言是全世界人口最多的语言。哪种语言文本的文字最长？俄文，非常长。同样一个意思，俄文要花3页才能讲清楚。其次，是西班牙文。再往下，法文、英文，中文可能一页纸就讲完了，中文非常简约。但这种简约背后，也意味着容易产生歧义。比如，领导现在说“空谈误国，实干兴邦”，这句话似乎是“真理”。大家一听这口号之后，简直激动万分，热血沸腾。于是你和领导说，我有一个好建议，我们怎么把我们的单位弄好。结果，领导一拍桌子对你呵斥道“空谈误国　实干兴邦”。你发现了没有？同样一句话，每个人有不同的方式。领导有他的解释，你有你的理解，双方相差十万八千里。《老子》说“恍兮惚兮、其中有道”，中国人坎坷的历史，令国人长期处于“高语境”的状态中，也最擅长搞模棱两可的表达，譬如有人说“道可道非常道”，也有人说“道，可道，非常道”，哪个对？

我就说个自己的例子。我上小学的时候，发现教室里面挂着横幅，写着中国乃至世界各国的名人名言，其中有一个横幅骗了我几乎一辈子，是庄子一句话：“吾生也有涯，而知也无涯”，这句话说“我的生命是有限的，但知识的海洋是无限的”，等我真正有能力去读《庄子》，才发现庄子的原话是“吾生也有涯，而知也无涯。以有涯逐无涯，殆已！”原意是，我的生命是有限的，而知识的海洋是无限的，你想靠有限的生命了解无限知识的海洋中的所有内容，那你可就完蛋了。这意思彻底是相反的。我们现在强调，我们要有知识、要有文化，知识就是力量，不断去学知识，你要穷尽所有的知识。如果你的学习方式是按这样的，你就真完蛋了。

1900 年，所有人类数学的知识，可以被编纂起来，装满 1000 本书，每本书平均 500 页。到 2000 年，美国一位学者作了一个调查，以 100 年所成长起来的数学知识，可以装 100 万本书。请问，知识不断以爆炸的方式进行累计，“有涯逐无涯”，还有可能吗？你如果这样学习，会有强烈的挫败感。在不断的累积，以细胞分裂的方式无限增长的知识面前，你太渺小、太容易绝望了。所以，对知识过分的尊崇，搞知识竞赛、智力竞赛，其实是一个问题。

孔子有一句话成为我们当年批判孔子的重要原因，叫“君君臣臣，父父子子”，父为子纲、夫为妻纲、君为臣纲，这些三纲五常，被我们在“文革”期间批得一塌糊涂，“文革”期间，有很多批判孔子的理由，不是完全没有道理。但我们在这种批判中，也显示了我们不断有意曲解孔子，如前所述，由于我们的文字太精简、简约，容易让我们产生太多的偏离。

君君臣臣父父子子，这八个字是什么意思？孔子真正强调的是君王要有当君王的样子，如果你今天为臣，你就要有为臣之道。如果今天做父亲，要让儿子有尊敬你的理由，你当儿子对父亲要有“事之以礼、葬之以礼、祭之以礼”的要求，并没有说要“顺”。汉武帝的时候为什么出现“孝顺”这样的词？是因为汉武帝希望用孔子的礼教来树立他的极权统治，希望你们都是顺民。有时候我想想中国人也挺可怜的。今天我们生活在上海这么一个相对文明的城市，你发现大家要不然出了事什么都不说，要么动不动就火冒三丈。今天来听讲的听友们，肯定私下都会看到有暴躁的人。为什么暴躁？这和我们历史上2000年的极权专制有关。中国人习惯于在顺民和暴民之间自由切换，无缝连接。我们缺什么？缺中间的一块，我们没有公民。长期当顺民的人内心很压抑，一旦有机会就会去斗别人、害别人、去告密，希望别人过得比我惨。但当顺民有了更大的权力的时候，马上又成了暴民，没有独立思考。

孔子，不是完全不识人情的人。他对孝、对长辈的尊重有很多标准。孔子曾经对孝的标准，说过一句话，“只要让父母担心你有没有得病”。这是什么意思？父母对你不要有太多的担心，你有自己的判断力和处理事情的能力，遇到挫折自己会成长起来，父母唯一为你担心的是你会不会生病，这就是最大的孝道。生病，恰恰是一种纯粹生理上的现象，不依人的意志为转移。孔子还说，“父母在不远游”，我们也给理解错了，这句话后面，其实还有一句“游必有方”。你远游，并不是指游玩，指游学或者做官、做事。这个“方”，也不简单指方位，而是指标准和原则，向什么地方游？危邦不居、乱邦不入。你去美国就算了，别去叙利亚。

我们经常会说“言必信，行必果”，你说出来，必须做到。我取了《论语·子路》当中对于“士”的评价这一段，“何如斯可谓之矣”，最高水平的士人（君子）是什么样子呢？子曰：“行己有耻，使于四方，不辱君命，可谓上矣。”我自己做什么事情，我知道我的底线在什么地方。我如果受到君王的使命，我出使于四方，我有很大的权力，但是我不乱用。最后，我能帮助君王完成这个使命。当然，“将在外，君命有所不受”。只要你通过你的方式，因时因地因人解决这个问题，只要大目标不错、“不辱君命是上上人”了。子路又问，其次一类的人又是什么样的？孔子说：“宗族称孝焉，乡党称弟（悌）焉”。宗族，也就是我本血统的宗族里面，说这个人对长辈是恭敬的，在村子里面、乡里、我的社会群落当中，大家说这个人够意思，堪称“孝”；弟（悌），也就是够兄弟、够姐们，这是同辈人之间交往非常重要的一个指标。说“这人是我的兄弟。这人是我的姐妹，”这是特别好的评价。这说明你可以把人际关系处理好。再其次是什么？学生接着问老师。孔子这时说了句非常重要的话，“言必信，行必果，硁硁然小人哉”。这是小人，不是君子。大家理解，现在不是说“诚信”吗？言必信，行必果，这是多重要的标准？为什么孔子说这是“硁硁然小人哉”？孔子又说“抑亦可以为次矣”。这个人也还算不错。孔子有很多弟子，都是“硁硁然小人哉”的状态。比如大弟子子路，子路和孔子年龄相差不大，谨遵老师的教诲。“言必信，行必果”，说到必须得做到。孔子并不是特别欣赏子路，子路也经常嘲笑他，双方不停地有冲突。看《论语》很有意思，子路和孔子有很多对话是很有趣的。

孔子为什么说“言必信，行必果，硁硁然小人哉？”他说人们要权变。时移世易，人们在不同的时代要说不同的话。比如一个流氓和你说，我抢劫你们家，你不准告发我，告发我就杀了你。你答应不答应？你肯定得答应啊。你说，我不答应，我不干？你就没命了。所以，对强盗的答应、承诺，可以被看作暂时的权宜之计。你说不告发，回去打电话告发，别人会说你“言不必信，行不必果”吗？

孔子在政治上，一直有一个反对派，经常要迫害孔子，这个人叫阳货。阳货掌权之后特别想请孔子来当官，孔子非常不愿意去给阳货当官。阳货就给孔子家送礼，给孔子家送了蹄髈，他说，我给他送了蹄髈，孔子明天必须要以礼相还，礼尚往来。这是古人的特征，我给你礼，你不能说谢谢就收了，这变成无礼了，我必须要有同样的礼还你。孔子想，这怎么办？他给我送了蹄髈，我得给他送烤鸭，但这样不就见面了吗？孔子也聪明，等阳货不在家的时候专门上门回礼，企图逃避和阳货的见面。也算他不巧，那天刚好阳货提前下班，路上看到了孔子，“孔兄，过来”，孔子没躲过去，被阳货叫到身边，阳货问他几个问题。“国家很乱的时候需要不需要人才？”孔子说：“需要人才。”阳货说：“好的人才是否应该为国家尽力？”孔子说：“是的，是应该为国家尽力。”阳货再问：“你作为国家的人才，你是不是应该给我做官？”孔子说“对，应该做。”阳货很高兴：说好了，明天到我这里来报到，我给你准备好位置了。等他回家以后，孔子的弟子问，怎么办？老师答应他这件事了。孔子说，你看看“言必信，行必果，硁硁然小人哉”，我是小人吗？我是君子。我当着阳货的面也不好驳他的面子，但是，我真能给他当官吗？真当官，就是支持了我政治上的反对者，他的立场和我的立场是不一样的，说也就说过罢。为了这事，孔子又去周游列国了。其实，对于孔子的违约，阳货也理解，你也就是应付我一下。

孔子这个人会有权变和变通，阳货的这个例子告诉你，不是什么样的话都要“言必信，行必果”。诚信固然重要，但是这个社会千变万化，你要在诚信的基础上还要会权变。不跟陌生人说话，教育孩子别听陌生人的蛊惑，见义勇为不行，就要见义智为，这不就是对孩子生存技巧的训练吗？

学校有人打人，被打的孩子回到家里，家长基本两种态度，以德报怨，他对你不好，你要对他好。二是以怨报怨，家长帮你去打。这样的方式都不好，孔子有一句话，又被我们误读了——“以德报怨”，这句话是在顺民时代被人刻意误读，你查典籍，孔子从来没有说“以德报怨”，这四个字仅见于《老子》。

《论语》当中有一章，有人问他“以德报怨，何如”？子曰：“以直报怨，以德报德？”你如果对我不好，就要允许我用正直的方式向你提出，但这句话也可以理解为“我用同等值的伤害，回报你对我的伤害”。孔子不是不强调报复的，人类社会能活到今天，报复的文化是很重要的文化。这才使人们会有所忌惮。君子报仇十年不晚，你压制、残害了我，早晚有一天我要清算。我们总是说算了吧，以德报怨吧。但是对恐怖主义，没有任何可商量的，见一个、杀一个，他们犯下的是反人类罪，还以德报怨？但是我们现在还有“以直报怨”的基本理念吗？吃亏是福，以德报怨。在中国的历史上，权力者最习惯喊出的一句话，就是：“你竟敢如此大胆……”它也经常被简化为四个字“好大胆子”，或者就两个字“大胆”，甚至，就一个字“敢？”总之，中式权力的一切目的，就是希望你能自觉自愿地认怂，骨子里充满了“不敢”和“没胆”。所有人都无时无刻不处于“恐惧”和“紧张”中，讲真话，就成了人群中一种极度稀缺的品德——毕竟，“真”的前提，唯“敢”而已。

再举一个例子，《论语·子张》，子张问孔子，如何处理人与人间的关系？

这是一个非常好的问题。我不是基督教徒，但是我很喜欢十字架。十字架是人类最简约的一个标志。其实，十字架最早就是古罗马一个刑具，用来处罚罪犯，把耶稣钉死在上面。但抛开这段历史不讲，这个“十”字，本身是一个很微妙的设计。它折射的就是人生的一种基本理念。这一横、一竖，很简约，就两笔，但这几乎就是你一生的重要工作。这一横，代表人与人的关系。这一竖，代表着人与神的关系。你这一生要解决，你和人如何打交道，你和平等众生怎么打交道？但前提是要有这一竖，人与神的关系，这个“神”不是简单理解为耶稣、上帝，可能是超于自然属性的超于现实功利的一种力量。比如你追求精神、追求信仰，追求神。你会发现，人与人关系的“一横”，是靠人与神的这一“竖”建立的。你发现了吗？没有这一竖，你那些横是无所着落的。我们说，我们有的是人际关系，我认识某局长、某处长、某董事长，可以做很多事情，但如果你的人生没有坚定的价值观，这些局长、处长、董事长凭什么要和你来往呢？你只有向“神”的境界追求，你才能精进你的技能、丰富你的才华，提升你的思想，你的人格才会有魅力。这样的魅力下，你不用找关系，关系会来找你的。这一竖，就是附着很多横的前提。如果没有这一竖，这些“横”可能就是一地鸡毛。孔子终其一生，告诉弟子，你要先建立人与神的关系。这很像古代德尔斐神殿上的“神谕”：我们为什么而活？你是谁？你从哪儿来？你要到哪儿去？我们内心的反省是什么？孔子弟子曾子说的：吾日三省吾身：“为人谋而不忠乎”(我做这个事是不是忠于其事)“与朋友交而不信乎”(我和朋友交往是不是不讲究信用)“传不习乎？”(传承下来的文化和技艺，我有没有在现实中去实现过)，每天问自己这三个问题。

对于子张所问的“什么是仁”？孔子的回答是：“能行五者于天下，为仁矣”。哪五个方面？“恭、宽、信、敏、惠”，恭敬对待别人，宽容诸位的错误，这是人与人之间的关系，你与他人关系的准则。恭则不侮、宽则得众，信则人任焉，敏则有功，惠则足以使人。你恭敬对待他人就不会轻易侮辱他人，不侮辱人也不自取其辱。宽厚对待别人，才能得到别人的协力相帮。众人愿意跟随你，是因为作为领导你宽厚、仁慈。如果你是一个很苛刻的人，你连夫妻之间的关系都会处得很糟糕。信，你说话要算话。但是这个信我们要先区别一下，不是什么事都要“言必信，行必果”，但你和别人说话，要遵守信用，你说话算话别人才愿意信任你，经济学有一个“交易成本”，降低交易成本，别人才会用你。比如你借钱就还，别人愿意借更多钱给你。

“敏则有功，惠则足以使人”，人要聪敏，但更重要的是，你要给人们一些实惠，才能指示别人为你做事，不能老使唤人。我们今天让孩子成为好人，于是让他成天做义务劳动，但并没有任何正向激励反馈给他——结果，“义务”或者“志愿”

就成了恶人占好人便宜的借口。我们这个社会呼唤好人，但必须认清一个事实，好人需要更高的成本去维护。我们一天到晚说劳模，夸这个人获得了什么奖章，但老展示他悲惨的一面，有一年我去评奖，我心里很难过。我是第 10 个上去演讲的，前面 9 个人演讲完，都是讲自己如何“苦”的故事。我说，我们今天不是评劳模，而是在开追悼会。劳模很惨，老婆生孩子，还在工作；儿子病了，从来没有时间陪他。如果劳模都变成这样，谁还愿意去当劳模？你要让别人觉得“惠”，觉得我选择这个职业是快乐的，而不是痛苦的。

注意：真正的激励机制，并不是指成功了发你多少奖金，而是让他从内心认可自己的努力，对这份工作或学习，天然就抱有好奇心、有乐趣，是“累而不苦”，而不是“苦而不累”。

相信在座的各位，在教育孩子的过程当中有过这样的“惠”：孩子弹钢琴弹得好，妈妈奖励你一盒巧克力。孩子好好学数学题，数学题做完了，爸爸带你出去玩。虽然我强调要有恩惠，但是你用这样的恩惠方式，恰恰变相让孩子觉得数学和弹钢琴是特别苦的事，否则，爸爸不会带我出去玩，否则妈妈不会给我买巧克力。孩子今天做完作业，允许孩子看一小时电视。你要知道，你这个引导是有问题的，长期用行贿的方式，让孩子去做一件事，孩子会认为这件事天生是苦的。当有一天你的行贿成本达不到他要求的时候，他就会放弃对这件事的坚持。家庭教育哪有那么容易？如果你怎么设定、靠什么设定完全靠物质或“行贿”的方式，恰恰会毁掉孩子。

二、家人的情绪和关系管理

家庭关系的核心，就是情绪管理和关系管理。你先把这两件事搞明白，你才能真正好好地教育孩子。夫妻长期吵架的家庭，对孩子是有伤害的，而且孩子会得到很多负面的情绪和信息。比如，两个人一般结婚时间长了以后，长期生活会觉得没有什么劲。第一个，许多夫妻大概也是没有找到与双方长期生活的信心，就会把人生目标错误地锁定在“生孩子”上面，认为婚姻的任务，就是要至少生养一个孩子。很多夫妻都是生了小孩以后，或者小孩养育大了以后就离婚了，因为他们觉得自己的使命完成了。如果你把婚姻只理解为为了生育孩子，你已经忘记了你们为什么而结婚。婚姻，只是一种契约，而不是天条。你可以选择永远不结婚，没有人逼你必须要结婚。双方要结婚，除了有身体欲望、性的欲望，两个人共同经营一个家庭，你要重新设立一个目标，双方要变成“比学赶帮超”的朋友、亲人，彼此作为师长，这才是伴侣的意义。生养孩子是夫妻生活的副产品，如果只是为了生孩子你可以捐精，这样就可以有一个孩子，但并不需要建立夫妻关系。

夫妻关系本身，你要设定一个目标，要让孩子能看到你们的目标。大量的夫妻没有目标，生完孩子两个人几乎就不说话了，这就完了。由于没有共同的目标，双方彼此是厌恶和排斥的。双方在孩子面前的说话，了无生趣，并且充满苛责、谩骂和争吵。说话哪有好口气？“你为什么不给我做饭？”反问句和设问句。“你看到碗都不会洗，你眼瞎了？”“你看，这事早听我的不就完了？就不应该听你的”。中国有多少家庭长期处在这样的环境中？我们觉得孩子让他自己长大，没我们什么事了。所以看对方越来越反感，所以你充满了苛责，这种苛责一定会带到孩子身上，孩子充满苛责。所以，情绪管理没有做好。所谓共同的目标，不一定是原来的目标，可能会发生变化。你的家庭有没有开过会？你问问他，你最近有什么理想吗？有什么其他的期望吗？交流过吗？没有。一天到晚的苛责，你还不如隔壁老王挣的钱多，你这是在不断地打击他的积极性。夫妻关系要处理得好，一定是不断地夸奖、赞美、肯定，而不是批评、苛责和辱骂。你辱骂的结果，是导致整个家庭氛围非常紧张，这是起码的情绪管理问题。

还有所谓的关系管理，包括亲子关系和夫妻关系。举个例子，如果各位现在的孩子还在上中小学，回到家里以后，你肯定会问孩子，今天考试考多少分？孩子说，我今天考得不好，考了70分，老师把我批评了一通。“你怎么考成这倒霉样子？倒霉孩子。”你把孩子说了，你让孩子怎么办？孩子肯定会产生叛逆心。中国人经常把孩子对他的教育不服归纳为叛逆，这和我们误读孔子一样，你是自己在用战术的勤奋，对付你战略上的懒惰。因为你战略上没有搞清楚，你的思维出现了懒惰——这不是叛逆，是你教育方式不得法。在孩子面前，你一定是他的亲密关系，换句话说，你和孩子是一体的。“被老师批评了？

肯定心里很难过吧。爸妈先给你煮个鸡蛋，先带你出去看场电影。私下里，咱们回来再想想怎么改进我们的学习方法？”现在有多少父母是直接一巴掌把孩子打了的？同样的问题，夫妻关系当中，有多少夫妻关系紧张从而导致孩子教育有问题？现在很多夫妻请老人帮忙带孩子，一带孩子，老人和小夫妻就会出现分歧。妈妈带孩子有一套，当婆婆的带孩子也有一套。这时候，儿子很重要。大部分的儿子，你看，长期受到被误读的孔子思想的影响，说我们要孝顺，孝为大嘛。就像老问“老婆和妈妈掉河里，先救谁？”救妈。我不是说对老人不尊重，当然要挑最弱的，生存能力很低的救。但在生活发生矛盾的时候，一定要选择一个，就必须先选择更亲密的关系，比起你以前是母子关系亲密，现在你结婚了，这个你和妻子所构成的新家庭，更重要，这时候，以往的亲子（母子）关系会发生改变，要退到第二位。刚才我们说，孩子和外界事物发生冲突的时候，亲子关系是第一位的。夫妻关系和父母关系之间，夫妻关系是第一位的，不管你是否愿意承认这一点。很多儿子代表他妈教育他老婆，我妈都把我带这么大了，你能不信我妈吗？当妈的也说，你说说你老婆，她对孩子的教育方法不对。所以儿子就习惯地说“你得听我妈的”，老婆就觉得很奇怪，小孩子毕竟是我生的，又不是你妈生的。你倒是你妈生的，但是你和我结婚，这是我们的孩子，我为什么不能对他教育？于是就开始和老公闹。结果小两口闹，不仅没有给老人带来快乐，反倒让老人陷入更大的悲哀：因为老人也不希望看到儿子受这么大的罪。当然，老人也要搞明白，对孩子的教育问题，多听听亲生父母的，那是他们的孩子。不要因为有了第三代，我们想用照顾第三代的方式，重拾我们做父母的年轻态，这也是当今老人的问题。六七十岁的老人，和许多中年夫妻一样，同样没有人生目标，结果把“带孙子（女）”当作自己的人生目标。为了争夺对孩子教育的话语权，又给你的子女增加了压力，结果许多当婆婆的都发现，儿子特别惨，被夹在中间，日子很难过。这责任在谁？在儿子本身。儿子没有搞清楚，解决分歧，正确的表达应该是站在老婆这边，夫妻关系比你和你妈的关系要重要得多。“妈，这事别管了，这是我们自己的事，让我们自己去处理。有些事情可以帮忙，但是教育的问题要听我们的。”老妈在乎亲子关系，就不会和儿子争了。

所以，我说情绪管理和关系管理非常重要，但我们很多人都忽略了这个问题。如果夫妻两人对孩子的教育理念完全统一，要么就信奉应试教育，要么就索性送到美国接受英美教育，你反而轻松了。可怕的是，父亲严、母亲宽，或者反过来，这就会让孩子在你们夫妻教育的分歧中找到突破口。还有一种情况，要么孩子就让你爸妈带，要么就自己带，绝不能又让你爸妈带，还说要听我们的，这样你父母和你们之间会产生巨大的冲突。你交给他们带一段时间，哪怕带错了、带出毛病了，回来你再扳都来得及，我不相信孩子的习惯有扳不过来的时候。但你既然现在觉得工作忙，交给父母带，那就相信父母的方法吧。人生哪有两全其美的事？没有。你交给他，就让他带，要不然自己吃点苦、自己带，让父母帮忙打个下手儿。如果做不到，你就别要孩子了，这个问题，很多人没有搞清楚。

我们做好情绪管理，先要突破思维的局限。举一个工作当中的例子。你到了工作岗位之后，给领导写了四封电子邮件，领导没有回你。我们本能的反应是愤怒，领导瞧不起我。我们愿意把情绪向负面的、无休止的方向蔓延，这是人类的心理本能，也是一种自我保护机制。过度反应和扭曲事实。所以，你往往见领导后第一件事，会拍桌子，“你是不是瞧不起我？我从前天给你发信，我给你发四封信，你竟然都不给我回。明天这活动就要举办了，你让我干还是不干？是不是希望我这事没有做好，你把我开除掉，然后就顺了你的愿，你要安排你的人进入这个单位？……”你都没有让对方有表达的机会，你完全扩大了自己的情绪。而正常的反应，应该是什么样的？第一，陈述事实。领导，从昨天到今天，我已经给你连续就这件事发了四封电子邮件，但到现在为止，我并没有收到你的回信。事实，是双方都认可，无争议，没有情绪的内容。对方可能会有反应，哎呀，我是没有时间回你。你看，你就给他一个下台阶的机会，或者领导会说我电脑坏了，没有看见。你给他一个澄清的机会。或许是你完全误解了领导，人家根本没对你有什么意见，但你情绪化的方式对待他，人家一下就怒了，所以，千万不要激怒对方，只说事实。第二，说这个事实给你造成的影响。“领导，由于你两天没有给我回消息，使得我食不甘味，睡不安寝，我在想我是不是有工作做得不好，让您生气了，或者是我的电子邮件写得不清楚，让您没看懂。”只说对你的影响，对于对方是不是有错误，不作任何评价。第三句话，对整个系统，包括对他的影响，但一定不针对个人。“领导，明天这个工作要开始了，如果这四封电子邮件你不给我回，意味着我的合约不能签。合约不能签，意味着明天活动搞不成，对我们已经付出的一部分成本可能会成为沉默成本，可能会让公司违约，以后我们和别的公司合作没有下一次的机会，也许会影响我们公司未来整个的信誉。”让他听了之后，对于系统风险会感到担心、恐惧。最后一个，直接请示他的下一步行动。“请问领导，今天能不能明确表态，这份合同签还是不签？”——这就是情绪管理。你的表达如果遵循这四步，可以减少很多不必要的冲突。在家庭当中也是。“你怎么还没做饭？”这种反问的方式，会让对方一下子很不开心。“我今天一天都没吃饭，我下班很晚，现在已经 8 点了，该到了吃饭的时间了。”先说事实，再说感受。“因为没吃饭，我的胃可难受了。”接下来，“万一我胃坏了，得去看胃病，老婆你还得请假陪我去看”。请求一下，“老婆，能不能帮我做一顿晚饭？”

三、有效沟通的技能

关于有效沟通的能力问题，我从六个方面进行了归纳，和大家作个探讨：

（一）表达能力

把事情说清楚，别啰唆。和孩子说一件事，“爸爸，为什么鸟在树上唱歌？”你能不能把这件事说清楚？

（二）沟通能力

这和表达能力不一样，表达是你对个体的表达，沟通是双方的。沟通的方式方法比沟通的内容更重要。你要和孩子聊天，你是真想和他聊还是做做样子？你在乎过方法吗？表达，只是你一方面说，沟通先不谈别的，先把你和他放在各自的位置上。你表达完了，也要让对方有表达的机会。你说完了，得听听他的。沟通，我说我的，也听听你的，双方把共同认可的事实都摆在这里，才能站在宏观大局上判断问题。

（三）说服能力，感情同一性

我们都说，要有说服的逻辑，要有批判性思维，要怎么样说服。比如说，我和我女儿说，别看那破剧了，这剧什么玩意儿？不好看。我站在人类的文化高度、站在伦理学、哲学的高度，认为看这东西纯属是浪费时间。可我女儿一句话，就把我打倒了——“有钱难买我愿意”。你看，我所有的逻辑、所有的技巧，一下子全都作废了。为什么？她投入的是感情，就像我说你的男朋友不能交，他这不行、那不行。她说，我就喜欢，你怎么办吧？她对他有感情，所以，她也用了感情的方式应付你的逻辑，于是，我就没有机会说服她了。因为我对他男朋友没有感情，在没有感情的情况下，怎么说服她？很多做信访接待工作的人，最终可以说服他人，靠的不是逻辑，而是感情。我和你共同流了眼泪，我和你共同看这部电影、这本书，就有更多说服你的机会，你也容易陷入感动，陷入他的世界，这叫“感情同一性”，你得跟他一样。你总说孩子玩电脑不好，请问，你玩过吗？你完全站在理智的角度，而孩子是站在感情投入的角度，你怎么可能说服他呢？你和他一起玩一遍，你的说服力就比从来没玩过要强。

（四）谈判能力，博弈、协商、妥协

让彼此利益最大化并能够达成一个明确的结果。如果一定要进入谈判，就必须要考虑到，你和你孩子也要进行博弈，你不是全赢，而是部分赢，让出部分权利给他，作某些妥协。

（五）人际交往能力

情境的选择，不是一对一，是一对多、一对群，你要在乎你说话的时间、地点和选择的对象。唐太宗对魏征说，你总是对我提意见，你不怕死吗？魏征说了一句唐太宗特别愿意听的话，他说，真正明智的人主，对臣下当然有很大的杀伐决断的权力。作为一个真正明智的臣子，会选择跟什么样的人主作沟通。如果我有话该说，但我却没说，我这叫失人。我如果有话，对不该说的昏聩的君王说了，给我带来大祸，我这叫失言。我有这么多的意见想向您表达，就是因为我既不想失言、也不想失人。听了这番话，你想唐太宗还有杀魏征的理由吗?

（六）公众交流能力

简洁、生动、有效（准确）。今天我们的讲座就是公众的交流，我要努力把我的思考装在在座各位的脑子里，让你们装回家。有趣也很重要。

哈维尔在1989年发表的《对话守则》，我觉得也可以用在家庭里面，即使出现辩论，你遵循这八条守则吗?

1. 对话目的是寻求真理，不是为了斗争。

2. 不做人身攻击。

3. 保持主题。

4. 辩论时要用证据，不要空穴来风。

5. 不要坚持错误不改。

6. 分清对话和只准自己讲话的区别。

7. 对话要有记录，这个太难了，不是针对家庭的。家庭对话最好没有记录，不要记仇。

8. 尽量理解对方的真实意思。

谈到家庭教育，我送给大家几句话。第一句：人真正感到害怕的并不是死亡，而是被他人遗忘和放弃。

孩子为什么要玩电子游戏? 不是因为电子游戏容易让人上瘾。我特别反感很多人说玩电子游戏容易上瘾，导致犯罪率高。我们反推一下，在少管所的人不仅玩电子游戏，还吃饭。是不是吃饭的人犯罪率都高？不能用这样的类比方式去推导。我举一个很小的例子，我们一帮中学同学一起聚会，成立了微信群，里面有100多人。那可是中学同学啊，30年后大家才碰到一起，在美国、在中国、在很多地方的人都有。但一个月后，一个群分成五个群，大家彼此纠纷、冲突，彼此说坏话。我人缘比较好，分别被拉进了这五个群，看他们彼此辱骂、攻击，我就问朋友，说你怎么看待这事？他说的一段话，对我有启发。他说你们同学这么多年了，但是现在时间和空间的距离都这么远，那个年代，你们叫情境式朋友，但不是价值观朋友，不一定都是因为价值观相同才走到一起的。但是几十年过去，拉到一个微信群以后，我们这么多年没有见，我们误认为，我们就是价值观朋友。但你、他、她都比同学时代又多活了30年了，30年没在一起，先前各自就有不同的价值观，现在呢？想法不一样的更多了，还要强求一致，怎么可能？微信的表达门槛又很低，虽然我看不到你，但我随时一句话就发出去了，容易激怒对方，所以，你们容易发生分裂。我们的要求是什么？不要用价值观朋友的标准来邀请情境式的朋友，不要用你对待老婆的方式来对待孩子，孩子和你不一定价值观相同，或者说，孩子和你充其量就是情境式的朋友，你和他谈话的方式，不是让他放下手机不玩微信，而是能不能找到和他共同有价值的内容，可以和他一起交流。你不作这样的努力，一天到晚就会叫孩子放下手机，不是孩子愚蠢，是你愚蠢。你是怕被人遗忘和放弃，孩子也一样。只要他有他合群的朋友，没有被人放弃就可以了，你不要太多干扰他。

第二句：理性程度高低，与选择多少成正比。我们教育孩子，总是用一种方式，我制定一个规则，你来遵守。在儿童教育当中，孩子除了生存权、发展权、受保护的权利之外，还有一个重要的权利，叫“参与权”。孩子参与过你们对他的行动决策和家庭抉择了吗？我们总说，孩子不理性，为什么不理性？因为他没有参与涉及他的家庭决策，当然不理性。所以，好的方式，你要让孩子参与决定，他就会变得理性。社会为什么很多人处于不理性的状态？因为很多时候，社会不给他选择或者只给他一种选择。我举个例子，你今天买一件衣服，要到我这柜台来退。按我的规定，我不应该退给你，但我和你说不能退，你可能会和我急，我退，你下次如果养成习惯再买再退，我又担心会给带来无数麻烦。好的销售和经营策略，一定是给顾客多种选择：先生，这件衣服按道理我们不能退换，如果你一定要换，可能要在我这里放半年才能拿回去，因为我们要到英国去换原厂货。第二，你要退可以，一周以内，但是要多交 500 元快运费，我们在国内生产厂调货。第三，你可以不退，回去改改，我们愿意支付您的相关费用。第四，您也可以既不退也不要这个钱，我给你一张卡，你下次再买东西的时候，你可以选择便宜 10%……当然，这只是打个比方，前提是不能违反《消费者权益保障法》有关的规定，但这个例子中，给他四种选择，他就乱了。可能他会要一张卡，你消弭了他再次找你退货的可能性。这是一个销售策略，你可以让对方变得理性，不是你来决定一切，不是只有一种选择，而是可以要给他很多选择。如果孩子有几种方式，对自己要做的事情进行选择，那是最好的，但选好后，你跟他说，你得说话算话，他就会为自己的选择负责。你也可以给他一次修改选择的机会，这样，他每次都会觉得是我凭自己的良心选择的。现在“80后”、“90后”都不太理性，主要原因，就是大部分的父母让孩子没有选择。

在家庭教育方面，我想引进波普尔的“证伪主义”和皮亚士、杜威等人的“实用主义”这两个哲学概念。孔子在教育方面，其实是一个实用主义者，他强调直接有效，并不拘泥于形式，“有教无类、因材施教”。证伪主义是波普尔当年提出的概念。我们都说，这个论点是不是够科学？而是不是符合科学精神的前提，是因为它必须要经过不断的证实来获得。比如人都是要死的，世界上来过几千亿人都死去了，所以我们证明，人是一定要死的。但波普尔认为，所有能够被证实的，还不能够足以证明其论点是科学的。一只天鹅是白的、两只是白的，一亿只天鹅都是白的，你也不能保证，有不会有一只黑天鹅出现。波普尔认为，我们需要的不是证实、而是要证伪，这话不太容易理解，就是说，天鹅都是白颜色，这是不是科学命题？是科学命题，它之所以是科学命题，是因为我们总可以找到一只黑天鹅，来证明这个命题是可被修正的，所以，这个命题反而是科学的。科学命题，并不是我们号称的宇宙真理。宇宙真理，恰恰是谎言和欺骗。因为并没有一句话，可以保证其百分之百的真理性，所以，追求恒久不变的真理，是不太可能的一件事。什么样的事物是不可证伪的？比如算命。算命先生说的话，就不可被证伪。“再过几天你会遇到贵人”，过几天？贵人是什么样的？为什么有人认为“星座”的说法很准，恰恰因为它不可证伪，说白了，就是满足你一些个人小癖好。比如说“你是一个从来不轻易对男人或女人付出你感情的人，你是一个很羞涩、腼腆的人。”100%的人会说对，那不就是在说我吗？那些纯粹不要脸的人，不就是神经病吗？没错，每个人都会有腼腆的一面。但算命的人还会说后面一句话，“但是你没有遇到你命中的真命天子，遇到这个人，你会义无反顾，死而无悔”。他这句话，把两面都说了，这就是不被可被证伪的，是不科学的。明天会不会下雨？会下雨，50%的概率；不会下雨，50%的概率。但有一个人说，明天可能下雨，也有可能不下雨。这句话，百分之百是正确的，但反而算不上一个科学的命题，因为不可被证伪，是没有意义的一句话。所以，很多人看似很辩证，这件事是好的也是坏的，这个人也有好的也有坏的，你这种话就别说了，说了和没有说一样，但很多人正是靠这样模棱两可的方式蒙混过关，混了一辈子。我们主张要辩证地看问题，但并不是说，你自己就没有立场和观点。我们拿民主为例，民主是好的，少数服从多数就是民主吗？真正的民主，恰恰不是少数服从多数那么简单，这个标准如果是唯一的，那就一定是有问题的。希特勒就是靠民主选出来的，好吗？民主真正的含义是，我们可以少数服从多数，但我们如果发现这个领导人不行，我们还可以通过真正民主的方式修正它，把他给选下来。这就是可证伪。所以我说人生，就是一个不断纠偏的过程。

把证伪理论先放在这里，下面对“实用主义”的解释，也就顺理成章了。量子力学已经推翻了牛顿经典力学，为什么我们现在还在用牛顿经典力学教小学和中学？因为这个理论在地球上用足够了。你的腰围有多大？你说我要用量子力学算一下？没必要。所以，实用主义特征是什么？奥卡姆剃刀原则：如无必要，勿增实体！也就是不要弄太多花里胡哨的玩意儿，够用就行了。家庭教育也是这样，要注意有效性。现在的家庭教育，被许多理论弄得复杂不堪。当然，我不是说它们不对，但是你发现有些东西，纯粹成了纸上谈兵、刻舟求剑，无法变成现实。家庭教育的核心，应该是倾向于实用，而不是教条主义，只要是有用、有效就够了。实用主义不是功利主义，不是投机，实用，恰恰是我只挑选对我有用的，不浪费的、最经济的、最有效的办法。别说大道理，少弄假大空，来点真实的吧。

对待人生，我们永远是在安全和自由中作选择。所谓自由，实际上就是一种人生的挑战，人是需要刺激的，否则生活了无生趣。比如我们给孩子送礼物，把五件礼物装在一个盒子里，一共六种选择：有两个盒子，里面的五件玩具要么都是旧的、要么都是新的，还有四个盒子，一件旧的、四个新的，两个旧的、三个新的，三个旧的、两个新的……你会发现，如果让小孩子作随机选择，99%以上的人，选择的都是盒子里面既有新玩具、也有旧玩具。“全是旧玩具”或“全是新工具”的盒子没有人选，太刺激（全是新的）我不选，太安全（全是旧的）太没劲。真正好的教育，就是要发挥每个人的不同天赋，让他找到自己的兴趣点和好奇心，没有任何东西比好奇更重要了。我们说爱因斯坦发明了“相对论”多么伟大。爱因斯坦提出相对论的时候是26岁，曹禺写出《雷雨》的时候23岁。包括很多著名的艺术家、科学家，他们创作最旺盛期间，是在他们年龄很小的时候。你会感到很奇怪，不是说“知识就是力量”吗？没有知识储备，怎么可以写出这些东西？要知道，知识分垂直和水平，也就是它是单一积累型的还是广泛涉猎型的。当你掌握某一类知识越来越多的时候，你可能反而没有创造力了。越在垂直知识领域，具有非常深厚影响，成为专家了，你可能就没有机会颠覆它了。而当你知道的事情很多，具备跨界思考的能力，而对某一领域的知识储备，恰好又处在一个足够多但又不过分的临界点，垂直到了一定的地步，还有一定的水平，就有足够的眼界去思考问题、从而富有创造性。

我对爱因斯坦有一点了解，爱因斯坦上学那会儿，就是根据自己的兴趣来的，他不爱上的课就不上了，借同学笔记看，但他愿意琢磨机械。当年报送专利，一份份报过来，都要把图纸画出来，许多还没有变成现实的产品，企业也要去注册专利、交专利费。爱因斯坦当时是这个局的专利审查员，他的任务是干什么呢？需要把不同申请专利的机器图纸拿过来，那时候，也正好是机械电气大发展的时期，爱因斯坦虽然精通机械，但毕竟没有学过太多热、电知识，需要他恶补，去看学术和专利书刊。关键是，这个专利批不批，爱因斯坦还要做一项非常重要的事，就是要把自己的头脑做实验室。许多图纸和文字，在没有变成现实之前，要通过爱因斯坦的头脑假想，来思考这些东西是不是能变成现实中的机器？我要通过这个专利申请？还是拒绝这个专利申请？爱因斯坦做了好几年，这种思考能力对他后来的发明真没有关系吗？当然有关系。你看，小孩子都喜欢游戏，尤其愿意到处触摸。触摸，这种感知带给他的刺激感，远远大于他看书本的刺激感。孩子，天生特别活跃。成年人不爱玩，为什么？成年人的知识太多了，觉得这些东西玩过了。成年人的生活比孩子要无趣得多，成年人很难树立起好奇心，仿佛只有对钱有好奇心，剩下的什么兴趣都没有了。

我们发现，很多外语学得好的孩子，有一个特征：家庭中父母天生充满童趣，夫妻两个人说话像说相声一样，抑扬顿挫、夸张可人，在这样的家庭中成长起来的孩子，语言能力非常好。你看一进这家庭，夫妻两个人一脸死鱼脸，孩子也不说话，每天可压抑了，说话都哆嗦，半天说不出一句整话，孩子的外语肯定不可能好。学外语，首先父母要改变你的语言风格，这样孩子会觉得自由。垂直信息和横向信息当中，横向信息最有利于创新、创造。创新本身，也意味着这个人本身是喜欢变动不定的。所有在世界上，像爱因斯坦、毕加索等很多人，之所以可以创造出不世之伟业，甚至和他们家庭早年曾突然出现的各种变故有关，比如父母死了。我发现，古今中外很多天才儿童，父母在他（她）10 到 15 岁的时候，都有一个人离世。像孔子，多典型！家中突然遭变故，这些变故也使他一下子对人生有更多的反思，对人生会有反省。真的，并不是获得知识，才获得人生的反省，恰恰是因为他有对自身反省，所以他也会追求一个更高的、可以超越自己人生困顿的目标。所以，要容纳叛逆、容纳变异，容纳那些让大家想象不正常的人。

四、回到原典

最后分享《论语》这句原典，“学而时习之，不亦说乎？有朋自远方来，不亦乐乎？人不知而不愠，不亦君子乎”。

“学而时习之，不亦说乎”，我自己认为，这句话由于误读，毁坏了许多中国人的一辈子。我们总认为“习”是复习的意思。别开玩笑了，复习是多么枯燥的一件事啊。中国教育之所以失败，按照郑也夫的说法，就是因为我们强调无休止的复习——书山有路勤为径、学海无涯苦作舟，使学习本身的乐趣没有了。初三要复习一年，高三复习一年，中学一共六年，有两年算是彻底废掉了，不断地复习，你没有接触新鲜知识的机会，总是在旧知识上不断重复。我不否认复习，我更承认，学习不可能完全是快乐的，它就是不断克服人类本性的过程，但特别注重复习的学习，一般是在认知性比较差的领域，比如弹琴、开车，这些技能的掌握，确实需要反复练习。但对认知性要求比较高的、语境也趋向复杂化的，比如哲学、艺术、自然和社会科学研究，都不能简单地靠复习来获得发展和突破。但今天，把“学而时习之”当成复习理解，把所有人都弄得苦不堪言。可你看看孔子，他如何形容自己是个什么样的人呢？他说，我是个“发愤忘食、乐以忘忧、不知老之将至云尔”。他说，学习是很快乐的事情，什么是“习”，根本不是复习，而是实习，也就是把你学的东西马上派上用场，这不是件很快乐的事吗？最近我看了一本好书，明天我就和别人分享。今天我学了一个东西，明天我就在家里做着试试。孔子教弟子什么？不是教诗书礼乐射御，主要是教怎么给群众做丧事、扮傧相，学了之后，学生就可以出去挣钱了，实习生还带工资，就是“学而时习之，不亦说乎”。一定记住，在孔子的《论语》当中，出现的“学”，多达 17 次，但是说到“教”，只有 7 次。孔子更多强调的是自我学习，要自学。正是因为传统教育太早把人定了性，太早让人选文科和理科，其实人是要慢慢找自己方向的，太早定位，肯定导致学习没有快乐可言了，我们都是按照工具的方式来“造人”。德国教育所创造的 12 年义务教育，我们学了，但是德国教育中注重职业教育的部分，我们怎么就不学了？我们中国很多年来都不愿意给孩子自由选择的机会，现在一上高中，就太早被分流、定了性。没有人再愿意问，你未来的理想是什么？未来想干什么？我们整个教育体制，就不是按照这样的方式去培养人的。

我去美国哈佛参加一群华人青年的毕业典礼。中学毕业，老师说这个孩子已经考上哈佛了，鼓掌；考上斯坦福了，鼓掌。但老师说，这孩子还没有想清楚自己要干什么，大家也跟着鼓掌，而且掌声最热烈。美国鼓励这样的学生：没有想清楚，高中毕业先不上大学，也不工作，行不行？行，你首先得快乐。有很多人天生就不适合高等教育，但他可能是非常好的厨师和设计师，或者是一个好的出租车司机。一个孩子必须要考大学，也按郑也夫的讲话，这叫军备竞赛。你以为高校扩招了，就减少了大家的就业压力了？扩招以后，大家又重新比较了。大学还要分211、985呢，现在211、985都不算严格标准了，大家还要比，我是出国念的、还是在国内念的。没完没了的军备竞赛，令所有家庭在教育上不断地投入精力物力财力，毁掉了家庭对孩子最起码的认知和理解，也让每个孩子都成了挫败者。

还有一句话也想和大家分享，孔子希望，真是善的底子，善是美的前提。他听音乐，都要尽美尽善，听了音乐《韶》，曰三月不知肉味。听了音乐《武》，说尽美矣，未尽善也。因为里面有杀伐之气。我们这些孩子，我吐个槽，学校教育总是在“尽善”，希望你善，没有哪个国家的中小学校服，有中国校服这么难看的，孩子每天穿得跟大麻袋似的，未来会向善吗？他自己都没有得到过尊重，你希望他会尊重别人吗？我到香港去，香港中环太古广场的水暖工，穿一身白色的工作服去工作，我说你们为什么穿白色？多容易脏。水暖工说，这是我们公司的规定，虽然我们干最脏的工作，但是老板说，只有穿白色的衣服，才能让我们对我们的职业有一种尊严感。我们当然崇尚精英教育，但是我们一定要善待非精英。很多人最后不一定可以成为社会的精英，但我们要善待他，要让他们知道什么是善，同时还要知道什么是美。重要的还有八个字，我们知道孔子教育当中有“因材施教，有教无类”，但孔子还有两句非常重要的话，“不愤不启，不悱不发”，什么意思？如果这个孩子不想知道这个事，不要去启发他。他没有这个兴趣，非要让他去学，只能令他对学习越来越反感，你要激发他的兴趣。有一次我弟弟带着他的孩子去看了学校的音乐会，孩子看到音乐会上那个和他一样大的孩子，表演完之后一帮小姑娘去给他献花、拥抱。孩子看着心里痒痒，回去就和爸爸说，我得买一钢琴，我弟弟说买钢琴没有用。孩子说，有用有用。我弟弟说，你学钢琴三天打鱼两天晒网，孩子说我一定会坚持的。我弟弟就等着，让你自己提出来我再给你买钢琴，这时候孩子会有兴趣。但是，你要带他去能够让他产生兴趣的地方。孩子看到有那么多小女孩崇拜会弹钢琴的小男孩，他自己会有很大兴趣，会自己干这个事，他是出于乐趣在干这样的事。出于乐趣，苦也是乐的。我承认，学习一定是苦的，不可能有百分之百的乐趣，但是如果找到了方向，以苦为乐，苦也是乐的，所以要开发他的兴趣，启发他。而“不悱不发”是什么意思？在他要表达还不知道该怎么表达的时候，你提供了帮助。比如说孩子说，我想对一个女孩表达，我不知道怎么办的时候，你给他弹一段音乐，音乐打动了人，这比什么语言都更有效。家长都知道，讲故事，远比说道理重要得多。你能不能通过说故事的方式教育孩子？

人的一生会有很多挫折，孩子上学也会遇到挫折。就像孔子周游列国的时候被围困，在《史记·孔子世家》里面司马迁是这样记录的，孔子没有饭吃了，依然弹着琴唱着歌。几个弟子就问他。子路问他，夫子之道至大，既然遇到如此大的挫折，比如你考大学没考上，你找工作不顺利、甚至你失业了，夫子，是不是我们的志向错了？子路很简单，觉得我们现在都快被饿死了，前有堵截，后有追兵，是不是我们的道理错了？另外一个弟子叫子贡，是商人，他用商人的方式劝孔子：夫子之道太大了，但是不能为世所容。既然今天这么倒霉，我们能不能折损一下我们的道，适应一下这个社会？放弃一些原来的东西，原来不行贿现在行点贿，原来不求人，现在求个人，我能不能妥协一下？这时候，孔子最喜欢的一个弟子颜回说话了，颜回说：说夫子之道确实至大，所以不容于世。但是颜回又说，不能被世界所容，又有什么可抱怨的呢？正是因为夫子之道，不能为世所容，方显君子。这段故事在《论语》里也有记录，但是比司马迁的那段更简单，就一句话，子路很生气地问孔子，我们现在都落魄到这个样子，难道君子也有穷途末路的时候吗？这是最狠的一句抱怨。孔夫子的回答则非常简单，叫“君子固穷，小人穷斯滥矣”。你想做一个君子，想做一个有志向的人，想做一个人向神境去沟通的人，对吧？那么，在生活和现实当中，你就一定会遇到各种穷途末路；但是，君子遇到穷途末路，君子知道，这是他命运当中必须要面对的，我们要想的办法是如何克服它、改变它，甚至是坦然地去接受它，只有小人遇到穷途末路，就会无不用其极，无恶不作，无所不为。还是那句话，难道我们谈家庭教育，家长可以置身事外吗？您知道吗？孩子究竟能不能好，有没有创造力，愿意不愿意学习，是不是能找到人生的乐趣，真的不取决于他人，就取决于父母。言传远远比不过身教，你让孩子能做到的，你自己做到了吗？你让孩子反省，你自己反省了吗？没有人天生就具有父母的资格，也没有哪个机构颁发一张证书给你，说你从此就是最好的父母了。我们永远是活到老学到老。

徒弟子路在路上见到一个长者，长者说孔子是什么样的人？子路不知道怎么回答。回来和孔子说，我碰到一个隐士问你是什么样的人，孔子说你为什么不这样去回答？这句话很重要。你应该这样回答，你的老师是这样的人——“发愤忘食，乐以忘忧，不知老之将至云尔”。我努力起来、工作、学习起来，忘记了吃饭。乐以忘忧，不是苦以忘忧，孔子从来不认为学习是苦差事，是我们把它弄苦了。头悬梁锥刺骨，必须要有仕途、必须要当官，万般皆下品，唯有读书高，什么都是失败的，只有你当官才是唯一的。还有说玩物丧志，什么意思？你把当官当成唯一的成功之道，你当然认为其他的事都是丧志了，你只有一个志向，就是要当官，标准太单一。凡是有正确答案和单一标准的社会，大量的人是会有挫折感的，这个教育一定不是真正好的教育。所以他才说“发愤忘食，乐以忘忧，不知老之将至云尔”，活到老、学到老，都不知道将要老了。我们在生活中还有更多的人生目标要去完成。学习，对未知世界进行探索，对超乎人生之外形而上问题的追寻，你如果不找到这些，你就无法建立新的人与人的关系。

中国传统家训的当代价值

专家介绍：胡波，中山市社科联主席、广东台湾研究中心中山台湾研究所所长、中山市全民修身行动研究中心主任。中山市第九届、第十届、第十一届政协常委，中山市第四、第五期优秀专家拔尖人才。代表著作有《历史心理学》《岭南文化与孙中山》《中国人性格纪实》《香山买办与近代中国》《误读的思想传统：民本思想在近代中国的命运》《循环与守望：中国传统节日文化诠释与解读》《香山名人文化十二讲》《香山商帮》等。

今天特别高兴来到著名的上海，上海也是我非常向往和喜爱的城市。因为上海跟我们中山有密切的联系，南京路上的先施、永安、新新、大新四大百货就是中山人建立起来的。今天作为一名新中山人有机会来到大上海，和各位朋友一起共同分享中国传统文化的精神价值，可谓三生有幸。我相信，大家在回归中国传统文化的时候，一定会有很多的期待，也有很多的想法。今天跟大家一起分享的主题是：中国传统家训的当代价值。

老实说，这不是我的研究特长，只是因为长期从事中国历史文化和近代社会思潮研究，或多或少地涉及不少中国古代关于家法、家训、家教、家风和家谱等方面的文献，特别是近十几年来对家庭教育的关注，也就很自然地对中国传统家教、家训、家风有了一些接触和了解。

一、家训·家教·家风：断裂的文化传统，重建的社会呼唤

中国改革开放几十年了，在中外文化交流过程中，城市和农村发生了根本性的变化，这是大家有目共睹的，也是大家亲身经历的。但是，中国传统文化和优秀的文化传统也在现代化的进程中迅速断裂了，甚至消失了，曾经滋养过我们的好文化，规训过我们的好传统，坚守过的好道德，也离我们越来越远了。尤其是随着中国经济的发展，社会结构、家庭结构发生了很大的变化。其中最让我们纠结的就是与家风家教有关的家庭问题。

过去中国的家庭，是一个大家庭，现在大多是三口或两口人组成的小家庭了。过去是四代同堂，现在四代同堂已经十分稀少了。我家过去是一个大家庭，胡姓在当地也是一个大家族，但是现在堂兄弟姐妹之间由于居住在不同的城市，工作在不同的岗位上，平时很少联系。记得有一年，我的堂叔来到我家，但是我的太太并不认识他，说了一些不太礼貌的话，甚至怀疑他的身份和来意，打电话问我有没有这个叔叔，我说：

“是我堂叔，很早出去当兵，后来又到一家国有企业做领导，长期没跟我们联系，连我见他的机会都比较少，你不认识，不知道是不奇怪的。”所以说，现代化和城市化，影响或改变了家庭、家族和社会关系，也迫使我们丢掉了过去好的文化和精神。

过去，我们到了一个陌生的地方，假如那里有自己的亲戚朋友，比如自己家族的人，你会感到亲切、安全、踏实。过去是熟人的社会，但是今天变成了生人的社会。我有一位作家朋友写了一个小品，叫“咫尺天涯”。讲的是两位曾是中学上下铺的同学，上铺的同学经常尿床，总是淋湿了下面同学的被褥。几十年后，机缘巧合地住在一栋楼，但大家都没有见过面。他们两个楼上楼下，老是尿床的那位在楼下，下铺的那位在楼上，而且喜欢在阳台上养花，天天浇花水滴到楼下来，楼下的衣物常常被淋湿。楼下的这位打电话批评时，觉得声音蛮熟的，两个人从自家阳台上探身一看一问，都笑了，原来是老同学，而且刚好是中学上下铺的。楼上同学说：“你当年尿床撒我头上，今天我家的水淋到你家的衣物上，我们这下算是扯平了。”

这是一个真实的故事，反映了邻里之间的关系，也反映了社会的变化。今天，人与人之间的关系越来越生疏，我在香港坐地铁的时候，同行的朋友告诉我要备50元港币，因为100元港币机器不找回给你，我说：“怎么没人告诉我呢?”她说：“不过，你回到上海没关系，会有人提醒你的。”这个朋友讲的当然过于片面和武断，香港也有很多热心人，人与人之间也不是像朋友所说的那样人情淡薄，关系疏远。

其实，在内地许多地方，随着经济快速发展，社会结构变了，社会流动也越来越快了，人与人之间的关系日益生疏了。新中国诞生以后，计划生育政策实施以来，中国家庭结构发生了深刻的变化，传统家庭模式没有了，大家庭的现象不多了，家庭人口越来越少。过去一个家庭，兄弟姐妹五六个，甚至八九上十个，现在很少有这样一种现象。《汉语词典》里边有很多的字词，如表叔、表婶、表弟、表妹，甚至舅舅、姨妈这些反映家庭社会关系的字词，不久的将来可能用不着了。有一天，我接待一位客人，一看名片，我就马上鞠躬，说向太爷请安，他很诧异，他说："你怎么知道我是你太爷？"我说："看了你名片中间有一个'维'字。我是'知'字辈，我父亲是'时'字辈，我爷爷是'从'字辈，太爷就是与您同属'维'字辈。"我不知道在场的每位朋友是否知道自己的辈分，估计大多数年轻人是不了解的。

长期以来，一对夫妇一个孩子的计划生育，客观上使得一系列经济、社会、文化等方面的问题，家族文化慢慢地消失了，"辈分"这个概念也慢慢在人们心中淡漠了。随着经济的发展，社会流动越来越大，一个家族或一个家庭的人在不同的地区工作和生活已成为一种社会常态。有的即使在一个城市工作，也很少与父母居住在一起。这些情况的存在，必然导致家庭观念和家族观念淡薄。我父母亲他们那一辈，爷爷奶奶那一辈，都很重亲情，兄弟姐妹、亲戚朋友们经常聚一聚，吃饭聊天，相互走动，彼此很亲切，有什么困难大家互相帮助，这种生活环境显然给了我们一种安全、自在和温馨的感觉。但是，现在一个家族的人能够聚在一起的机会并不常有，即使凑在一起，也很少有亲切而广泛的交流。《常回家看看》这首歌之所以曾经红遍大江南北，就是因为它道出了大家的心事，也反映了一种新的社会现象。改革开放这么多年来，计划生育以及生产方式和生活方式的变化，直接影响了中国传统文化的传承和发展。

我经常说，今天的中国是舌尖上的中国和指尖上的中国。最近《舌间上的中国》电视纪录片很火，说明今天的中国人只有味蕾的感受了。现在的中国人大都不写字了，都是用手指在键盘上点一点，离开手机和电脑就没办法工作了。即使是老一辈人，也开始使用电脑了。现在一个家庭在一起的时候，基本上不面对面交流，各自玩自己的手机。大家不写字了，汉字简化后很多人也不会认了；几代人生活在一起的大家庭也不可能存在了。家训、家风、家教的缺失所带来的伦理道德等许多问题，引起了社会广泛关注和党和国家领导人的高度重视，也就成为今天社会关注和讨论的话题。

二、郑观应、王云五、胡适：不同的家庭出身，相似的人生结果

在讲中国传统家训之前，我想先讲两位近代名人家训的

故事。

首先要说的是近代广东香山人郑观应的《卫生歌》。我相信，在座的老一辈上海人大都熟悉郑观应和他的著作《盛世危言》。郑观应和上海有密切的关系，他 17 岁参加科举考试，未能如愿以偿后，就跟随叔叔来到上海。后来成为著名的买办实业家和改良主义思想家。郑观应在上海先后任英商宝顺洋行和太古洋行买办，因勤奋刻苦、任劳任怨、忠于职守，成绩突出，声名鹊起。后来，受李鸿章之请入轮船招商局，成为近代新式企业的重要开拓者。在以后的几十年里，他于招商局三进三出，为招商局的发展立下了汗马功劳。

难能可贵的是，郑观应不仅仅是一名买办商人和企业家，更重要的是一位有影响的思想家。他非常关心社会，关心国家，关心民生，也特别注重家庭教育。他的《盛世危言》，影响了康有为、梁启超，也影响了孙中山、毛泽东。郑观应之所以能够从普通的商人成长为著名的思想家，他的思想和行动影响了一个时代，在很大程度上是因为他家的家训、家风感染和影响了他。郑观应在《先考荣禄大夫秀峰府君行状》中就说："观应夙秉庭训，饫闻先曾祖璧庄公性耿直，胆识兼优，……先祖鸣岐公俭朴寡言，敦品励节，……先荣禄公，……夙承家学，……手录先贤格言，编辑成帙，名《训俗良规》，藉以振聋发聩。一言一行，动为世法，性孝友，重然诺，慷慨好义，有古杰士风。"郑观应的父亲郑文瑞，是一位无功名的读书人，在家乡设帐授徒，培养了不少有德有能的人才，在地方上有一定的名望。他像他的先人一样，十分重视子女的身心教育。郑观应小时候身体不是很好，但他在父母的教育下，一直坚持锻炼身体、读书学习，积极参与一些慈善和公益事业。他后来撰写的《卫生歌》和《训子》以及《训儿女书》，其实就是要告诉他的孩子和侄孙们如何读书学习，如何做人做事。尤其是《卫生歌》，特别强调子侄要注意养成好的生活习惯，说明卫生和养生对于个人的必要性和重要性。

卫生歌

屋宇东南向，门窗透日光。绒衣能护热，寝室贵通凉。
蒸水除胶质，酸磷益脑浆。柠檬宣胃汁，果实润肝肠。
欲节精神壮，体操筋骨强。晚食宜少进，晨酒勿多尝。
散步依昏晓，遵行寿且康。

这实际上也是一种特别的家训，只是它以诗歌的形式来表现。这也反映了1870年代至20世纪初郑观应的生活观和世界观。平时，郑观应对子女的要求非常严格，经常给孩子们写信、写诗，通过一些诗歌、格言、时论，告诉他们怎么做人，如何做事，这样既不古板僵硬，又达到了教育训诫的目的。

第二个要讲的是胡适和他的父亲胡铁花。胡适和郑观应一样，跟上海也有关系。胡适在20世纪新文化运动期间一举成名，对中国的学术、中国的文化都有杰出的贡献。胡适很小的时候，父亲胡铁花就去世了，是母亲把他拉扯大的。胡适小的时候就熟悉他父亲留下的家训诗：

为人之道，在率其性。子臣弟友，循理之正。谨乎庸言，勉乎庸行。以学为人，以期作圣。凡为人子，以孝为职。善体亲心，能竭其力。守身为大，辱亲是戚。战战兢兢，渊冰日惕。凡为人臣，夙夜靖共。敬事后食，尽瘁鞠躬。国恬宠利，而居成功。小心翼翼，纯乎其忠。曰兄曰弟，如手如足。痛痒相关，亲爱宜笃。有思则和，有让则睦。宜各勉之，毋乖骨肉。夫妇定位，室家之成。诗嘉静好，易卜利贞。闺门有礼，寡妻以刑。是谓教化，自家而行。朋友之交，惟道与义。劝善规过，不相党比。直谅多闻，藉资砥砺。以辅吾仁，以益吾智。凡此五者，人之伦常。君以教民，谓之宪章。父以教子，谓之义方。宜共率由，罔或愆忘。五常之中，不幸有变。名分攸关，不容稍紊。义之所在，身可以殉。求仁得仁，无所尤怨。古之学者，察于人伦。因亲及亲，九族克敦。因爱推爱，万物同仁。能尽其性，斯为圣人。经籍所载，师儒所述。为人之道，非有他术。穷理致知，返躬践实。黾勉于学，守道勿失。

胡适父亲胡铁花留下的这首家训诗，告诉他孩子的就是要怎样为人处世，要怎样修身、立德、立志、践行。与郑观应的《卫生歌》在内容上虽然有较大的差异，但目的和形式基本相同，都是一种诗歌化的话语、伦理化的说教，都是一种情理并重、通俗易懂的思想和情感表达。

还有一位很有名的人叫王云五，在座的老一辈都知道上海商务印书馆的发展跟王云五有密切的关系，他曾做过商务印书馆的经理。现代图书分类法也跟王云五有关，是他把西方的图书分类法介绍到中国，也是企业现代管理在国内的最早推行者。我们今天的中山人，喜欢讲王云五的财产有“四百万”，即《四角号码字典》《百科全书》《万有文库》。

王云五与孙中山是同乡。他的家庭很穷，父亲王光斌早年来到上海做生意，王云五在上海出生，回家乡念书，最后又来到上海。他父亲虽然经商，但对子女教育从不松懈，王云五从小跟随大哥二哥学习儒家经典和传统文化，有着深厚的功底。王云五不仅国语讲得好，上海话和英文也非常棒。他和宋耀如都是胡适的英文老师，王云五同时还做过孙中山和蔡元培的秘书。王云五到商务印书馆编译所工作，就是由胡适推荐的。胡适在日记中曾写道：“王云五是一个完全自学成功的人才，读书最多、最博。家中藏西文书一万二千本，中文书也不少。他的道德也极高，曾有一次他可得一百万的巨款，并且可以无人知道。但他不要这种钱，他完全交给政府。……此人的学问道德在今日可谓无双人选。”

我在这里特别提到郑观应、胡适、王云五三个人，都是因为他们都有很好的家教，他们自己后来也都非常重视家庭，更重要的是他们三位与上海有缘而又彼此相知。他们分别是工商界、思想界、学术界、文化界、出版界的代表。郑观应参加了科举考试，后来弃文从商来到上海，在洋行做买办，到民族企业做管理者，无论是作为买办为洋人服务，还是办民族企业与洋人竞争，始终都能保持一种爱国济民的情怀。他的《盛世危言》在思想文化和晚清政治运动中都具有重要影响。郑观应非常重视慈善事业，在慈善事业方面一直有着良好的表现。胡适在新文化运动和现代中国思想文化和学术研究中的地位和作用，早已有了很多的评价，相信大家对胡适不会过于陌生。王云五没有进过大学，自学成才，是一位文化巨匠。王云五家族的家训我们还没有找到具体的文本，但他从小时候起就受到家庭教育和社会文化的熏陶，思想和行为自然趋向于多元和开放、开拓和创新。郑观应和胡适父亲的家训，不是像中国历史上的一些家训那样严肃古板，而是通过诗歌的形式让孩子们喜闻乐见，烂熟于心而习惯于行。郑观应、王云五、胡适三位在各自的工作岗位和从事的行业里都有骄人的业绩，他们从小都受到严格的家庭教育，后来又特别重视家庭教育。

这三位人物成就的事业和人生的经历，都和他们各自的家庭教育有关。他们背后都有一个大家庭和大家族。中国有句古话说“富不出三代，穷也不过三代”。为什么会出现这样的现象？是家庭经济社会问题？还是家庭人口繁殖和文化血脉传承的问题？我想更多的应该是家庭教育方面的问题。这三位人物的家庭教育就给了我们很好的启发。他们都是旧中国时代里的一个普通的大家庭，他们小的时候都经历了很多的磨难，人生也有过不少的曲折。胡适很小的时候就没有父亲，而且是在母亲、大哥、大嫂的教育和影响下成长起来的。郑观应是在父亲的督促下读书，参加科举考试，然后又在父亲的安排下来到上海，跟随大哥学习英语和商务。王云五也是在父母的安排下回家乡跟随大哥二哥一起读书，然后又受父母之命回到上海谋生。他们的成长表面上是被动地接受传统的家庭教育，缺乏年轻人应有的主动性和创造性，但是这似乎并不妨碍他们成人成才。他们之中，一个是成功的企业家，一个是著名的专家学者，一个是有影响的出版家，他们三位在中国近代历史上都作出了很重要的贡献。他们各自的家庭背景和成长的经历也许不同，但他们有一个共同的特点，那就是从小受过良好的家庭教育，他们本人也非常重视家教、家风和家训。

三、家训的前世今生：
中国家训文化的“变”与“常”

什么叫家训？通俗地说就是长辈对晚辈的训诫、指导、劝勉，就是长辈告诉晚辈和家人要怎样做人和如何做事。它是家庭内部的教育，是和社会教育、学校教育不一样的内容和形式。家训在不同的时期有不同的呈现，也表现出不同的特点。但无论它怎么变，其基本特质和精神始终没有变。从整体上看，家训是家庭教育里面的一个很重要的内容，其着重于家庭成员的志向、节操、人格、品性、情感、道德、伦理等方面的培养和训导。

家训在中国历史上很早就有了。据历史记载，《尚书·五子之歌》记载夏启之子追忆先祖大禹的三则遗训，可以算作中国早期家训之嚆矢。古代商周时期，由于家族宗法制度的逐渐完善，家庭教育因此开始受到重视，家训也就应运而生。大家都知道，周文王、周武王相继有训诫子孙的言词，而周公的训诫更加系统，《尚书》里的《康诰》《酒诰》《梓材》《无逸》《多士》《立政》《顾命》等，就是家训的前身。从商周时开始，家训就一直没有中断过，而且内容和形式越来越丰富多彩。不过，历史上每个时代的家训，其内容和形式也是不完全一样的。周公的家训，一是注重家庭内部成员的个人道德修养，二是强化成就大业的人格和精神特质，当然这是一种帝王的家训。秦汉时期，开始重视家庭和家庭教育。尤其是汉魏六朝的时候，就有不少凭孝道入仕的事例。大家是否读过李密的《陈情表》，反映的就是社会和朝廷对个人品德和家庭孝道的重视。九品中正制，更是根据品德来推选官员的制度设计。在科举考试之前，中国官员的选择首要条件是个人的品德和家庭的门风。如果你这个家庭家风不好，个人品德不好，就不可能出将入相，升官发财，受到社会的尊重和朝廷的重视。按照我们今天的说法，就是一票否决，历代统治者都把个人的“德”放在选拔、任用和评价人才的首位。《淮南子·人间训》中就有所谓“天下有三危：少德而多宠，一危也；才下而位高，二危也；身无大功而受禄，三危也”，强调为官必须在德、能、勤、绩几个方面都有出色的表现。从孔子到曾国藩，都重个人的德性，此所谓“为政以德，譬如北辰，居其所，而众星拱之”。

为什么要把德放在第一位？一个好人，一个有德行的人，对这个社会起码不会带来很大的危害。但是，一个有才却又缺德的人，对社会带来的危害也许特别大。所以，古代对官员的选拔，品德放在首位。西周时，官德有智、仁、圣、义、中和“六德”以及孝、友、睦、姻、任、恤“六行”。隋唐以后，科举取仕，考试的内容偏重于孔孟儒家的思想文化，强调伦理道德方面的修养。儒家思想文化成为中国传统文化的主导地位，家庭教育受到前所未有的重视和发展。儒家思想文化的核心有两个，第一个就是仁，第二个就是礼。仁就是爱的问题，心的问题，情的问题，培育的是人的情感和情操。礼就是礼节、礼仪、规矩，约束和规范人的行为。“仁”和“礼”的内外有机结合和健康发展，个人才能够成为真正的君子或圣人。即所谓“政者，正也。子帅以正，孰敢不正”。古人认为立德、立功、立言，是人生三大不朽的事业，而其中道德修养始终是第一位的。

过去，我们对儒家文化所强调的“仁、义、礼、智、信”和“三纲五常”，采取的完全是评判和否定的态度。“三纲五常”对不对？我们不能一概否定。“三纲”肯定不合时宜，“五常”倒是可以重视的。我在香港一家酒店里吃饭，看到讲礼节、有谦让的人，大都是那些外国人。孔子说“礼失，求诸野”。我们中国人见面，只跟熟人打招呼，相互谦让，但是在生人面前，礼节和谦让还是很不够的。礼是讲礼貌和懂规矩，没有规矩就不成方圆。现代交通，如果没有左右行驶的规矩，没有斑马线，没有红绿灯，肯定没有办法正常出行。

按照胡适的考证，儒家的老祖宗过去都是帮人办丧事的儒人。古人是非常重视丧葬礼仪的，它既是对逝者的尊重，又是对生者的训导。现在我们一切都向西方学习，礼仪礼节越来越简单。周朝的人是很懂礼节的，这个礼是很重要的。秦汉以后家族的家训也非常重视品德的磨砺，非常重视等级和秩序等方面的规矩和规范。所谓长幼有序，男女有别等，都非常看重，也格外讲究。事实上，这些礼节重视以后，社会秩序就不紊乱。

我们有了传统文化下的这些礼节，大家懂得各种言行方面的规矩以后，一切事情也许就好办多了。有些人有能力，有热情，有闯劲，但是做人做事没有分寸。分寸是涉及很多方面的，不守法也是没有分寸，不守规矩也是没有分寸，干活没有底线也是没有分寸。大家都知道，中国人年轻的时候是儒家，到中年的时候是道家，到晚年的时候则成了佛家。通常，年轻的时候人心想成为儒家，要改天换地，要有所作为，要自强不息，完全是儒者的做派；人到中年，很多人生的理想难以实现，于是就开始向道家靠拢，喜欢说无为而无所不为，而且变得非常圆滑，非常世故，看问题一分为二，待人比较宽容、平和，表现出一种超然的姿态和道家的遗风。步入老年后，就开始信佛了，慈善，和蔼，亲切，一切都无所谓，样子很像一个佛教徒。 中国人对儒教、道教、佛教几乎一视同仁，但更多的时候是推崇儒家。儒家非常强调修身齐家、治国平天下，比较符合大多数中国人的口味。郑观应是很信道教的人，胡适是相信科学的人，王云五可能是一位儒教的践行者。这三位名人，一个信科学，一个信道教，一个信儒教，但并不妨碍他们的事业拓展和人生价值实现。

隋唐以来，中国有了科举考试。传统家训里因此增加了一些读书做官的内容，要求子孙立志读书，忠君报国。所谓“耕读传家”“诗礼传家”，就是大多数家训的价值取向。孔子告诉他的儿子说“不学诗，无以言”，“不学礼，无以立”，还处在个人和家庭层面训诫子孙的境界。隋唐至宋元明清时期的家训，就非常重视孩子读书学习，所谓“学好文武艺，卖与帝王家”，把科举考试，入朝为官作为人生奋斗的目标。到了近现代，像郑观应、胡适、王云五的家训，又增加了一些新的内容，如学习西方的科学技术，有一技之长。还有在郑观应、胡适、王云五、曾国藩、李鸿章的家书里边，都要求学好外国语言，学好自然科学知识，以便安身立命。即所谓“家有金钱万贯，不如学技防身”。

中国的家训，从周公开始到近代郑观应、王云五、胡适这一批文化界和工商界的名流，都特别重视家训、家教和家风。在漫长的岁月里，家训虽然在内容和形式上发生了不少的变化，但是家训的目的动机、基本内容、基本精神等，并没有根本性的变化。历代家训概括起来，大约有以下几方面的基本内容：

（一）孝亲敬长、睦亲齐家

这是家训里边最重要的一块，前面郑观应、胡适、王云五三个家庭的家训就体现了这一点。中国所有家训里边有一个共同的特点，即孝道是首要的。孝敬父母、尊敬长辈、睦亲齐家，也一直是今天家庭教育的核心。无论是帝王将相的家训，比如唐太宗的《帝范》，颜之推的《颜氏家训》，都强调孝敬父母，尊敬兄长，友爱朋友。我们过去都必须听父母的教导，父母告诉我们怎么做我们就怎么做，可是现在很多孩子说父母没有民主的观念，没有平等的观念，强调自己跟父母是平等的。我有一个朋友孩子从国外回来，对他的父母、叔叔阿姨，都是直呼其名，他的父母已经习惯了，但我们听起来却浑身不舒服。

深圳一位领导到了中山市，看到“孙中山故乡人民欢迎您”的广告牌，就跟我说，你们中山人对孙中山先生很不尊敬。我说我们很尊敬中山先生，他说你们中山人怎么直呼“孙中山故乡人民欢迎您”，应该是：“中山先生家乡人民欢迎您”，怎么能直呼其名？的确，她讲得很有道理，因为古人不能直呼长者、尊者之名。

（二）治家谨严，勤劳节俭

首先是治家严谨。据有关专家考证和统计，从魏晋南北朝到清代共有家训著作是117种；从汉代到清代共有训女书34种。这些家训很重要的特点，就是家庭教育非常严格。过去

“家严”指父母，但“家严”后来指父亲、“家慈”指母亲。这也表明，一个家庭内部父亲要严厉，母亲要仁慈，一个唱红脸，一个唱黑脸，对孩子的成长会好一些。一个家庭如果父母两个都严或都慈，对孩子的成人成才肯定影响不好。有的父母认为棍棒之下出孝子，其实也不尽然。如果孩子悟性不够，以为严厉和打骂是因为父母不爱他，这样会导致逆反心理或心理不健康。但是有的父母从来不表扬孩子，也同样会影响孩子的自信心。因为一个不会表扬孩子的父母，往往会使他的孩子变得无法表扬。当然，经常受表扬和受关注的孩子，心理上一定会有很大的压力，也会造成精神紧张。其次是勤劳节俭。现在的孩子在家基本不做家务，在外也很少劳动，父母和老师甚至认为劳动会增加他们的负担，孩子在校就是学习，为什么让他们劳动？现在学校里的清洁都是专职卫生人员做，过去都是学生自己干。其实，学校要培养学生树立一种劳动的观念和勤奋节俭的精神。过去，在所有家训里，都特别强调勤劳和勤俭。《弟子规》里开头就讲黎明的时候要把院子扫得干干净净，天黑了要检查一下门锁了没有，这就是劳动，就是勤劳。至于节俭就更成问题，现在很少有人穿有补丁的衣服，使用的基本上是一次性的物品，实在是太浪费了。一些发达国家的人，其手机是旧的，电视机是旧的，房子和家庭日常用品都是旧的，住宅外观也不是什么崭新的高楼大厦，但是中国人现在都追求新的东西，日常生活用品更换太快。还有吃饭的问题，浪费也特别厉害。中山市开展全民修身行动，我就认为修身就是“进口”和“出口”的问题，“进口”管住了，“出口”管住了，修身就修好了。“进口”是吃，管住嘴巴，不要大吃大喝，健康就有保障。所谓“出口”，就是说话，俗话说“病从口入，祸从口出”，说话说不好，就会带来祸害。总之，“进口”就是要修身，“出口”就是要修心。

（三）贵名节，重家声

重名誉和节操，倡导良好家风，维护美好家声，是古代家训的突出特点。宋代欧阳修就把“守道义、行忠信、惜名节”看得同等重要。明代名士罗伦说：“有好名节，与日月争光。”另一位明代的李应升也告诉儿子：“吾居官爱名节，未尝贪取肥家。”明末瞿栻耜批评儿子执行清统治者的剃发令是有损名节的“亏体辱亲”的行为。现在的年轻人把利看得很重，一切向钱看，说话做事没有底线，不计后果，不重名节。过去的人尤其是传统家训，把名节看得比什么都重要，特别重视家庭的声望。有的家训规定，族人犯法了，将来就不能入族谱，不能进祠堂，死了以后不能入祖坟山，可见惩罚是非常严厉的。

（四）勤政谦敬，安国恤民

这在帝王和官僚家庭的家训中尤其突出。唐太宗李世民的《帝范》和清朝康熙皇帝的《庭训格言》最有代表性。《帝范》共包括《君体》《建亲》《求贤》《审官》《纳谏》《去馋》《诫盈》《崇俭》《赏罚》《务农》《阅武》《崇文》等12篇，强调为君做官必须亲政廉明，以仁德为本。宋代包征训诫子孙说：“后世子孙仕宦有犯赃滥者，不得放归本家；亡殁之后，不得葬于大茔之中。”清末名家吴汝纶在《谕儿书》中说：“作官之钱，皆取之百姓，非好钱也。做好官必不爱钱。”

（五）照章完粮纳税，严禁乱砍乱伐

这种训诫在明清以后的家训里就比较多。清代太常寺少卿王时敏的家训里就有“早完国课”的要求。现在农民不交税，不交公粮，国家还有补贴，农民耕地种粮的积极性没有了，土地撂荒的现象比较严重。其实，权利和义务是相辅相成的。古人都知道按时交税，是每个人的应尽的义务。古代家训里就对按时完成国课、按章交纳钱粮、做一个遵纪守法的良民。十分难得的是，古代家训也重视环境保护，教育子孙不要乱砍乱伐，要爱护花草，注意保持清洁卫生，养成节俭、朴实、自然、清新的品格。

（六）立志高远，治生自立

在科举考试没有废除之前，几乎所有的家训都要求子女勤奋学习，成人成才，读书是为了明理和做人做事，不一定要升官发财。而且一些家训还提倡习业农商、治生自立。过去误以为中国古代社会重农轻商，但是古代家训对工商也极力提倡。宋代王旦在家训中规定：“子孙不守士农工商，而惑于僧道及下流无耻，为人奴隶，犯奸作盗，致干有司杖徒以上，即削去其

名，不许登谱，亦不许与祭宴之列。”到了近代，受西方近代科学技术和思想文化等方面的影响，一些开明人士的家训也表现出崇尚科技、贬拒迷信等新时代的特点。曾国藩就告诉子侄要学习科学技术，不要相信巫术迷信。尤其是僧人不要交往，巫婆不要交往，道士不要交往，总之，要慎独、慎交。要交益友，不要教损友。同时，做人要宽厚恭敬，要谨言慎行，要忍耐谦让。现在的有些人缺乏耐心，很浮躁，很任性，讨不到说法要么跳楼，要么动刀子，要么集众闹事，非常的不理性。谨言慎行，三思而后行；对人要恭敬谦虚，要忠厚诚实；要洁身自好，不要沾染恶习，酒、色、财、赌、毒这些不好的东西不能沾，要养成良好的生活习惯，所有这些劝诫，都是家训中的要义。郑观应的《卫生歌》就要求子侄注意清洁卫生，养成良好的生活习惯，才能身体健康，延年益寿。现在很多父母一门心思地想把孩子送到最好的幼儿园，最好的小学，最好的中学，最好的大学，以为这样就可以放心，孩子的前途有希望有保障。其实不然，幼儿园主要是让孩子快乐，养成一个好的生活习惯，而不是读书识字，要知道幼儿在幼儿园重要的是玩耍。小学主要是养成一个好的学习习惯。胡适曾经说“习惯重于方法”，你的学习习惯不好，后面就完蛋了。现在很多家庭和学校都看重孩子的知识和技能，对孩子的智力过早开发和过早使用，其实结果适得其反。现在，大学生当作小学生管，小学生当作大学生教。我们觉得，教育循序渐进是非常重要的。孔子就提倡因材施教，循序渐进。过早过急地开发智力是会有问题的。美国的小学教育特别强调寓教于乐，而不是一味地进行语言的灌输和知识的背诵。他们寓教于乐的方式可以概括为"三导"：引导学生观察、感受和热爱自然；指导学生查阅、收集和分析材料；诱导学生了解、关心和融入社会。轻松有趣的课堂学习，丰富多样的课外活动，使美国学生学习像过节日一样高兴。在这一点上，中国古代的家训与美国的教育方式有异曲同工之妙。

四、原则·途径·方法：
中国传统家训的"情"与"理"

中国古代家训，表面上看只是各个家族和每个家庭自己的事情，但在几千年的社会历史演变中，仍然有自己的原则和模式，概括起来有以下几个原则：

（一）爱教结合

对孩子进行爱的教育，其实非常重要。现在的家庭和学校特别强调智力教育、知识教育、技能教育，却忽视了孩子爱的教育和情感操练。孩子的情感是需要培养、历练和熏陶的。我的孩子在读中学的时候，离家比较远。有一天，下着大雨。我下班回到家里，看到孩子还没有回来，就立即去接他。我本来可以开车去的，但我没有，只是手上拿着一把伞，步行去接。为什么？因为开车和步行对孩子的影响是不一样的。其实，过程往往比结果更重要。在回来的路上，我们父子之间有机会边走边聊，有比较充分的时间进行思想和知识情感和理性等方面的交流。很多做父母的没有用心对待孩子，心理不够细腻，情感比较粗糙，方法比较简单。父母对孩子进行爱的教育，要“和风潜入夜，润物细无声”，这样对孩子的情感涵濡一定会有积极意义的。也有很多父母以为把孩子送到学校，就万事大吉了。其实，孩子爱社会，爱他人，爱自己的这种爱，就是一种责任，一种义务，一种权利，一种人格，一种昂扬向上的精神。今天的一些中国人，一是不要脸，二是不要命。前者没有羞耻感，后者没有敬畏感。通常，与不要面子不要脸的人在一起，肯定不安全；与一个很要面子的人在一起居住，你一定会有安全感。因为一个不要脸不要面子的人，什么事情都干得出来。不要命的人没有敬畏感，但凡人是要有敬畏感的。现在很多人没有敬畏感，不敬畏老人，不敬畏长辈，不敬畏权威，不敬畏法律，一切都无所畏惧。没有敬畏感的话，一个人就会无法无天，什么坏事都可以做。他们往往不要自己的命，也不顾别人的命。喝酒开车，害人害己。冲动任性，一点小事不合，就发生冲突，动刀动枪。古人十分爱惜生命，在家训里边对生命就特别重视。所谓发肤皆为父母所赐，爱惜身体，珍惜生命，也是一种孝的表现。

（二）早教和胎教

古人很早就讲胎教的问题，传统家训主张养正于蒙，将早教上延到胎教。据说周文王的母亲太任就是最早进行胎教并获得成功的母亲，她使“文王生而明圣”，“卒为宗周”。汉代进一步发展了胎教思想，提出了别就宴室、环境清静、饮食有节、情绪稳定、慎感外物等优生优育的思想。早教思想在《颜氏家训》里得到了总结和提升。明代金铉的《胎教说》在强调胎教重要性的同时，还特别指出胎教必须与早教相结合才能产生好的效果。现在很多年轻人在自己没有准备好的时候，就稀里糊涂地做了父母，结果是误了孩子，累了自己。因为他们自己都没有长大，心理都没有成熟，怎么能教育好孩子？古人特别强调怀胎十月之间的胎教。女人怀孕后，除了不违背传统的乡规民约和风俗习惯外，还要保持健康的身体和乐观的情绪，修身养性。因为在古人看来，胎教对孩子的成长非常重要。胎教和早教，目的都在于孩子的道德品性和天赋品质，而不是强调一定要学多少知识，学多少文化，强壮的体魄，良好的心态，高尚健康的品德，才是最重要的。

（三）严慈相济

父母教育子女，既要严，也要慈。一些父母经常粗暴地训斥孩子，而不是和风细雨地影响。如果长期训斥孩子，容易使孩子产生逆反心理。现在很多做父母的不一定注意这个问题，有的父母将工作上的不顺心和不愉快的情绪转移到孩子身上。通常，慈严相济，一手硬，一手软，才能使孩子既有敬畏感，又有羞耻心；既懂规矩讲礼节，又乐观自信、健康向上。《颜氏家训》就认为："父母威而有慈，则子女畏惧而生教矣。"中国最缺的是母仪的力量。"母仪"二字不立，孩子难以成人成才。母仪就是为母之道，做母亲的仪范。家风的清正需要母亲的教导和净化，摇摇篮的手是推动世界的手。母亲对孩子的教育，最重要的不是教他们文化知识，而是教他们学习的态度、做人的标准。因此，人们常说，母亲的修养是一个孩子的道德和精神力量得以提升的可靠保障。母亲的作风影响孩子的人生观，好的作风是正面的引导，坏的作风是负面的深渊。耐心是母亲给予孩子最好的礼物，它能培养孩子有一颗感恩、宽容的心。苏霍姆林斯基曾说："大声叱责，这是人们相互关系中修养最差的基本特征，凡是出现大声叱责的地方，就有粗鲁行为和情感冷漠的现象。用大声叱责教育出来的孩子，失去了感觉别人最细腻的感性的能力，他看不到也感觉不到周围的美，他非常冷漠无情，毫无怜悯心，在他的行为中有时会出现的往往是人身上最可怕的表现——残忍。"

（四）言传身教

对孩子的教育，其实更重要的是父母言传身教，以身作则。很多成人成才的孩子，其父母并没有太多的文化，但是他们健康的人格和高尚的品德，对孩子的影响可能比有文化却没有好品德的父母更大。胡适的母亲没有太多的文化，虽然父亲留下了自撰家训，但更重要的是母亲的教育直接影响了胡适的一生。胡适是一个思想非常开放的人，是一位积极主张自由、平等、博爱、民主和科学的人，但他在家庭生活和人际交往等方面依然非常保守，对他的母亲敬重孝顺，对他的夫人言听计从，对他的孩子恩威并重。因此，我们做父母的，既要言传，更要身教。自己做不好的事情，就不能强迫孩子去做。传统家训主张不仅要用口头的或书面的语言，更要用自己的实际行动教导子女，尤其是要率先垂范，发挥父母榜样的作用。

（五）读书躬行

即读书与实践同时并举，知行合一。读死书，死读书，结果只能是读书死。“纸上得来终觉浅，绝知此事要躬行”。古代家训特别重视读书学习和做人做事相结合，理论和实践相结合，知与行相结合。古代的颜之推，近代的曾国藩，他们的家训对知与行的强调，就有代表性。曾国藩一生就在立德、立功、立言三方面均有出色的表现，在内圣外王的人格塑造方面同样成为后世的楷模，他的秘诀就是要知行合一。孙中山同样重视知行合一，但他更看重“知”先“知”难，认为只有先知才有后行，能知亦能行。可以说，古代家训看重的是知行合一，理论与实践相结合。

五、功能·地位·作用：
中国传统家训的价值与意义

中国传统家训毕竟在内容和形式、思想和精神等方面与今

天的社会现实之间有一定的距离。我们今天重新讲述中国传统家训，到底有什么价值与意义？我认为，首先从社会历史进步和文化教育发展两个方面来看，古代家训具有多种特点：

（一）官方文化的通俗化

为什么说家训是官方文化的通俗化？魏晋南北朝是家训写作最多的时候，像王羲之、谢灵运等大家都参与了家训的写作。中国最重要的家训之一《颜氏家训》，就是在南北朝时期出现的。自唐宋至明清把“孝”和“忠”作为最基本的人生准则，在家讲孝，在国讲忠；在家讲慈，在国讲爱；在家讲兄弟孝悌，在外讲四海之内皆兄弟，要求秉持本性，与人为善，治家严谨，勤俭节约，但最基本的内容主要是家庭伦理和社会道德，这就与官方的伦理道德要求和思想文化的主旨相一致。可以说，早期的家训传递着官方的文化，或者说官方文化就是把儒家文化官方化、通俗化。

（二）儒家经典的普及化

孔子、孟子、老子、庄子等儒家道家思想，在历代家训中都有充分的体现。其实，不仅仅是儒家的思想文化，中国先秦诸子百家的思想在家训里同样得到了体现。从内容上看，主要反映了儒家文化精神。先秦时期的家训，集中体现在《诗》《书》《礼》《易》《春秋》《论语》《孟子》等典籍中，汉代以后出现的诸葛亮的《诫外甥书》、颜之推的《颜氏家训》、陆游的

《放翁家训》、吕祖谦的《家范》、方孝孺的《宗仪》、黄佐的《泰泉乡礼》、吕坤的《闺范》、孙奇逢的《孝友堂家规》、陈宏谋的《教女遗规》、胡达源的《弟子箴言》、曾国藩的《曾文正公家训》以及左宗棠的《左宗棠家书》等，体现的主要是儒家文化精神。从家训著作所使用的话语如“忠孝仁爱”、“存心尽公”、“三纲五常”之类的儒家术语中，我们就能看到历代先贤都自觉地把儒家文化精神融入到家训之中，这种做法，无疑有利于儒家文化经典的普及。

（三）家庭教育的渐进化

对孩子的教育应该是一个循序渐进的过程，不能操之过急。完全脱离孩子身心发展的实际，任何超强度或超负荷的教育，对子女的身心发展只能是有害而无益，历代家训就充分注意到了这一点。《颜氏家训》就说：“当及婴稚，识人颜色，知人喜怒，便加教诲，使为则为，使止则止。比及数岁，可省笞罚。父母威严而有慈，则子女畏慎而生孝矣。”总之，传统家训强调“早期教育、德教为先、人格培养、不断学习”，从而形成“慈严相济、以身示范、因材施教、环境塑造”的传统。

无论是从家训形成的特点还是从其所起的作用上看，家训不仅通过治家之道、教子之道和修身之道等方面的训导，维系了家庭家族的血脉，传承了家庭家族的文化，而且丰富了中国传统文化，促进了社会和谐发展。那么，传统家训在当代有什么价值？对我们今天的家庭教育和社会教化有什么启发和借鉴？我以为中国传统家训至少有以下几个方面的价值：

（一）文化的价值

一个民族能不能生存和发展下来，一定跟文化有关。家训本身就是传统文化的一部分，也是家风、门风形成的抓手和力量。因为家训本身凝聚了那么多儒家的经典和传统文化的精神，凝聚了那么多大家庭和大家族的历史和文化，其价值是毋庸置疑的。一方面，家训推动和强化了家族形态的凝结，形成了良好的家风和门风，使累世同居的世家大族得以薪火相传。历史上的江州陈氏家族，在唐代有3700多人同居，19代共炊，被朝廷赐为“真良家”；浙江浦江郑氏家族，横跨宋元明三代，被元明皇帝屡次旌表。另一方面，家训丰富和发展了中国家庭教育和中国传统文化的内涵，在不断探索和实践中形成了形式多样、各具特色的家训文化。在家庭教育的方式上，传统家训坚持教家立范与修、齐、治、平相统一、亲情感化与约束惩罚相统一、内容要求的一致性与形式方法的多样性相统一、晓谕勖勉和榜样示范相统一、抽象的哲理训导与具体的可操作性相统一、教诫的一贯性与具体内容的阶段性相统一、现实性与理想性有机统一；在家庭教育的方法上，采用语言、文字、实物、实践锻炼等多种形式，教育或引导孩子修身养性、成人成才。如展示有纪念价值的物品，训导子孙；饮水思源，引导子孙感恩报恩，不忘本；折筷喻理，说明团结合作，互相帮助的重要性。传统家庭教育还要求孩子参加生产劳动，以此增长知识和才能，或参与商政军务，以此增长阅历和经验，或鼓励孩子广泛交游访友，以此增加见闻和友谊。这种家训的内容和形式、途径和方法，就具有启发和借鉴的文化价值和教育意义。

（二）思想的价值

传统家训里固然充斥着一些陈腐的思想观念，鼓吹男尊女卑，宣传因果报应，轻视劳动人民，提倡明哲保身，追求读书做官，但其中也包含着丰富的爱国爱家的爱国主义思想，言传身教、循序渐进、宽严并重的教育思想，重视天道地道人道、追求和谐发展的社会思想等健康的哲学思想和人文精神。我们今天是科技有余而人文不足，重视物质文明而忽视精神文明。过去我们特别强调科技的发展，看轻了社会科学的作用，但是科技发展的今天，由科技引起的不良反应也同样令人忧虑。其实，科学技术固然惠及人类，但科学技术本身也是人类自己创造的产物。科学技术能否给人类带来福音，根本上取决于人的道德水平和基本素质，取决于掌握科学技术之人的科学伦理和人文关怀。中国传统家训里边蕴涵着强烈的人文精神，其中强调的立志、进德、勉学、勤俭、廉洁、报本、宽厚、谦恭、经世、平和等，都是儒家的思想和道家的情怀。家训告诉我们怎么做人做事，怎么待人接物，怎么修身养性，都是一些老老实实做一个对社会有用的人的道理。有了这些具有人文关怀和实践理性的家训文化对人的训导，我们对待科学技术就会更加理性了，就会在强调科学技术的同时，也特别重视社会科学和人文学科。

我们人生的轨迹虽然有一个从幼儿到成人到老人的成长变化过程，但我认为人生有三命：性命、生命、使命。家训就告诉我们，作为一个有性命的个体，你首先是一个跟动物一样的生命，有自己的本能，有生有死。但是人的生命延续不仅仅具有动物性和兽性，还必须有文化性和社会性。人是有情感和理性的高等动物，有责任和义务，也有权力和权利；也有生与死，只是生有生的价值，死有死的意义。只有这样，人才可以说是一个具有灵与肉有机统一的生命。古人常说“人过留名，雁过留声”。人在这个世界上不是为了活着而活着，而是追求有价值有意义地活着，这就是人的使命。使命是让我们为社会、为人类有所作为有所贡献，在成就自己的同时，也改变这个世界；在实现自己的梦想的同时，也造福于人类社会，为世界留下一份宝贵的文化遗产。所以，中国的家训具有思想的价值。

（三）道德的价值

大家知道，所有的家训都离不开伦理道德。中国是一个重视道德伦理的社会，中国人把德放在第一位，不仅是为了家庭家族的绵延不绝和世代留芳，也是为了社会的文明和谐与世界的和平稳定。广东的“小悦悦事件”，北京的“李天一案件”，这些事情发生以后，让人们重新思考当代家庭教育的问题，思考社会伦理道德的问题，拷问领导干部的腐败问题。许多违法乱纪的领导干部，在人们的眼里是个能人，但能人并不代表他是一个懂法守规矩的人。古人讲慎独，有些干部在台上说一套，台下做一套，言行不一；在有监督的情况下是一套，没有监督的情况下又是另外一套，没有慎独的功夫。我认为领导干部用人有几个标准：德才兼备的人要重用，有德无才的人要培养，有才无德的人要教育，无才无德的人要管教。因为有才的人缺德更害人，所以德是非常重要的。因此，古代家训把伦理道德放在首位，反复强调个人的修养和人格的陶铸。其有关道德伦理的训诫，对今天的每一个中国人来说，都具有学习和践行的价值与意义。

（四）精神的价值

冯友兰认为人生有四个境界：自然境界、社会境界、道德境界、天地境界，其中天地境界是最高的境界。一个人在其人生漫长的岁月里，肯定要有所追求，有所梦想，甚至有所寄托。如果一个人没有追求没有梦想没有寄托，也就没有前进的动力。通常，一个人应该有自己的信仰，这样活得才有意义。一个有信仰、有爱的家庭，一般都会培育出许多好人，产生许多给社会带来正能量的人。一个没有信仰，没有爱的家庭，一定会产生较多的不干好事尽干坏事的坏人。所以，古代家训特别注意提升子女及家人的精神境界，通过日常生活中的一些细节，引导他们不断学习，不断追求，努力实现自己的人生奋斗的目标。古代中国人在嫁娶之前，首先要看对方的家庭家族的历史和现状，要了解对方家庭的社会关系和经济关系，特别重视家庭的教育和在当地的名声，看重的是“门当户对”和“郎才女貌”，为什么？从家庭家族的家教和名声里面，就可以看到对方的道德水准和价值追求，就可以比较清楚地看到自己儿女的人生和这个家庭的未来。高尔基说过，一个人的追求越高，对社会的贡献就越大。鲁迅先生也说，不自满是向上的车轮，永远有不自满的民族，永远有希望。我想，这些都表明，家训、家教、家风，是造就人才，推动社会进步的原动力。总而言之，中国传统家训无论是内容还是形式，也无论是知识、经验还是思想和精神，都特别注重人文精神的培养和人格的塑造。中国社会虽然经历了多次震荡和战争破坏，但仍然如金观涛所说的始终保持着“超稳定”的状态：中华传统文化虽然遭遇过多次外来文化的冲击和内部认为的割裂，但仍然薪火相传、绵延不绝，其原因固然有所谓的家国同构，宗法一体的因素影响，家庭内部的强化如家训、家风、家教也是不可或缺的因素。因为中国古代家教重视提高“生命质量”和培育“生存意义”，重视塑造人、塑造优秀人性、重视知识教育，也从不偏离人文教育的前提，把德、智、体与真、善、美的教育始终结合在一起，从而在立人的努力中，使家庭、家族真正是书香万代、血脉永存。

互动空间

提问 1：谢谢专家的精彩演讲，请问家训和家教、家规、家风有什么区别？中国传统家训确实是一个传家宝，为什么给丢掉了，现在捡回来有什么速成法？

胡波：这个问题，问得特别好。家风就是门风，家训是家教里边的一个重要内容，或者是一个不可缺少的重要方式和方法。家训是家教的一个很重要的组成部分。首先它是家教的核心内容。有好的家训，就会有好的家风或好的门风。两个是一回事，又不是一回事，有深和浅、大和小的区别。有没有速成法？这个比较难说，就像社会主义核心价值观，国家花了很多钱，请了很多专家，搞了几年研究，结果还是从国家、社会和个人三个层面用 24 个字来表述社会主义核心价值观。这就说明总结提炼社会主义核心价值观，并不是人们想象的那样简单。同样，家训的编写可以有速成法，但家训的践行没有速成法。家训的价值要在日常生活中体现，它需要一代又一代人的共同努力，才能形成好的家风和门风。如何速成新的家训？我认为首先要熟悉传统家训，其次要了解家庭的历史积淀和文化特质，再次要找到家庭和家族共同向往的东西，也要寻找历史和时代同时追求的东西，三者结合，古今融合，就会形成富有历史感、时代感和未来感的新家训。因为家训在历代不断变化，要与时俱进，而且每个家庭都不一样，有的人希望孩子从政，有的要求子女经商，有的喜欢子女从文，因此要根据家庭的特点和自己的诉求以及社会发展的需要来构建自己的家训，才有实质性的价值与意义。

前面已说过，现在的一些人没有敬畏感，没有羞辱感。改革开放以来，社会流动较大，一切以经济和金钱为标准，大家都向“钱”看，传统家训早就起不到训导和教化的作用了。我觉得习总书记讲得非常好，他看到了今天中国的症结所在，强调中国优秀传统文化的历史价值和现实意义。要求我们用自己的话语，讲好中国故事，传播中国文化。美国文化对中国文化的渗透太厉害了，概括起来就是三片：第一，薯片；第二，芯片；第三，影片。薯片，破坏了我们的身体，改变了我们的饮食结构，甚至影响了我们的身体结构。芯片改变了我们的学习方式和思维方式，使我们成为电脑、手机、互联网的奴隶。影片，赚足了中国人的钱，传播了美国人的文化，改变或影响中国人的价值观。因此我们要增加的是“常识”、是“见识”、是“赏识”。几十年来，我们“常识”丢掉了，“见识”没有了，“赏识”不做了。中国传统文化最基本的东西没有了，礼义廉耻、仁义礼智信也丢掉了。习总书记强调要把中国的优秀传统文化捡起来，强调中国文化的正能量，发出中国的声音，我觉得家训就是帮助我们回归到我们自己的家庭，回归到我们中国的传统，回归到我们中国的文化，是我们中华民族的伟大复兴的重要支点。

成功与幸福从现代家教开始

专家介绍：孙云晓，中国青少年研究中心研究员、家庭教育首席专家，中国教育学会家庭教育专业委员会常务副理事长。著有《孙云晓教育研究前沿书系》《习惯决定孩子一生》《用心教养——孙云晓与中外心理学名家对话》等。

我从事儿童教育和研究工作40多年了，家庭教育课也讲了很多次，但这次我讲一个新的内容，题目叫作《成功与幸福从现代家教开始》。有人说，讲成功太功利了。为什么要成功，幸福就可以了。但实际上我们想一想都明白，一个孩子不成功谈何幸福？生活中充满了失败谈何幸福？根本就不现实。如果说你很多追求都失败了但是你很幸福，可能吗？不可能。但的确幸福又不是简单地等同于成功，更不是功利性的成功，而是一个对生活更深刻的体验、更本质的追求，是一种更有价值的生活导向。所以我们来探寻一下什么是真正的成功与幸福。

今天我谈三个问题：一、对成功与幸福的渴望和困扰。二、真正的成功与幸福。三、获得成功与幸福的方法。

一、对成功与幸福的渴求与困惑

我们说到对成功的期盼时，很多人说我的孩子将来一定要上个好学校，上个名校，这的确是重要的成功标志。2015年5月底的时候，我女儿很开心地专程从日本赶回来，参加母校复旦大学毕业10周年的聚会。我想，她可能体会到一种成功感、幸福感。

但是，我们在生活中也发现一些让人困扰的问题，比如说一个女生在中国读到博士，在美国又读到博士后，却被遣送回国。 她现在还没有工作，她说我就会学习，别的都不会干。2014年11月30日，我们在清华大学举行全国青少年发展论坛，我受中国青少年研究中心的委托，在会上发布全国六大青少年群体研究的报告。其中一个群体，是“未就业大学生”。为什么现在中国出现了一个群体叫“未就业大学生”？你说谁家的孩子大学毕业找不到工作不着急？为什么他们找不到工作？求职被拒绝的首要原因是缺乏工作经验。在没有实习经历的人中，未就业大学生的比例为26.8%，比有过实习经历的高8.2%。在求职被拒绝的原因中，缺乏工作经验是首要问题，占54.6%。也就是说，一半以上的未就业大学生是因为没有实践经验，专业不对口排在其次，占45.9%。缺乏面试经验排在第三。

父母们很想让孩子成功、幸福，可是你想想，第一，读到高三的时候，有多少孩子知道自己适合什么专业？以后打算走什么道路？如果这个你都不知道，几乎等于为失败埋下了伏笔。第二，到了大学毕业找工作的时候，你有多少实践经验？如果没有，就业失败的可能性就很大。我们的全国大型调查的结果发现，缺乏实践经验、缺乏人生目标和计划，可能是有知识而发展得不理想、或者发展受挫的重要原因。当然，还有一些更极端的案例，比如复旦大学高材生林森浩投毒案。

综合来看，许多青少年的违法犯罪行为起因都是生活琐事，犯案者都是亲友心目中的高材生，但性格偏执、情感匮乏，人际交往能力低。虽然智商很高，学习成绩很好，但对生命都很漠视。犯案者的家境也通常不太好，家庭教育对孩子道德底线的忽视，这就是问题之源。

我看过崔永元在东方卫视主持的一个节目，判了林森浩死刑的那天，节目组把他的父亲请到了演播室。然后就问他，你孩子出这个问题，你回想一下家庭教育方面有什么缺失？那位满脸沧桑的父亲说，我们跟他说他听不进去，我们说什么都没有用，家里已经没有办法沟通了。所以，这就是教育的失败。家庭偏重学历忽视素质，高分低能，这就出现一个问题，你可以发现，当孩子只是学习好的时候，确实并不意味着他一定会成功和幸福。到底什么是真正的成功、什么是真正的幸福？值得我们来探讨。

我在微博上看到有人晒两份名单，也很有意思。第一份是我们都不认识、没有听说过的名字。第二份，都是大名鼎鼎的，袁世凯、李渔、洪秀全、顾炎武、蒲松龄、黄宗羲、金圣叹、吴敬梓。但第一份名单是清朝的科举状元，第二份名单都是落第的秀才，让人感慨。为什么科举制度要灭亡？这么下去不灭亡都不行了。那些状元成就不及落第者，不被人所知；落第的反而都很厉害，说明评价制度、方法肯定有问题了。现在虽然不是完全这样，但也有类似的问题。

还有一份四个美国人的名单，没有傲人的考试成绩单，却为世界作出了巨大的贡献，也让人惊讶。第一个是世界首富却没有大学文凭，他是哈佛的退学学生，比尔·盖茨；第二个年年挂科，最后辍学，却把电脑卖了569亿美元，这个人是谁？迈克尔·戴尔。第三个人也很厉害，詹姆斯·卡梅隆，创造了电影史上一个奇迹《泰坦尼克号》，还有《阿凡达》，他没有上完大学。第四个人是美国最有价值的电脑公司苹果公司的创始人乔布斯，也没有大学毕业。

当然，以上案例并非证明学习不好才能成功，也不是说学历越低越容易成功，而是说明综合素质特别是创造力更为重要。

二、真正的成功与幸福

中共十八大提出了“人人皆可成才”的观点，认为人人皆可成才，希望人人尽展其才，这是现代中国的新境界和新追求。要加快培养创新型的人才，创新型人才已经成为国家第一位的战略资源。为什么国家在转型？大家可以发现，在中国过去很多年来，我们辛辛苦苦地劳动，最大的利益被别人拿走，因为很多的品牌专利是人家的。

2013年，我和原上海市长徐匡迪院士到德国去参加中德论坛，他是中国代表团的团长。论坛的间隙我和他聊天，他就很感慨，说过去有的产品大部分利益被外国人拿走，因为人家享有专利，我们得到的利益很小很小，这就是创造的价值。包括原外交部长李肇星戴的手表，他有一次和瑞士表制造业的人说，你看我的表怎么样？那个人看，说你这手表是深圳生产的，但使用的是瑞士的工艺和材料。深圳生产，获得的利益非常微薄，大部分的利益都要给专利的所有者。显然，创造力已经成为最重要的生存能力。

许多人可能难以理解，孩子的创造力与玩耍密切相关。哈佛大学创新实验室的瓦格纳教授认为，玩耍是一种基于探索的学习，它可以使年轻人产生激情并转化为更深层的信念。而对学习真正激励的主要原因就是玩耍、激情和信念。所以，有意义的玩耍，比学习成绩重要得多。

各位有没有发现，孩子在上学之前都非常爱学习，主动地探索，你不让他玩都不行，什么东西都想尝试一下，充满了幻想和创造。

韦钰院士当教育部副部长时说了一句话，就是“不要让孩子输在起跑线上”。这话后来就变味了，大家一说这个就赶快上补习班，赶快从小认字做题，结果搞得怨声载道。其实，这是全民的误解。韦钰院士说的不让孩子输在起跑线上是什么概念？是根据国际上脑科学、心理学的研究，发现早期教育很重要。比如父母对0至3岁、0至6岁孩子的陪伴、关爱，充分的玩耍，给他很多刺激的机会，这样的孩子智力会超常，情绪是正常化的。她提了一个重要的概念——社会情绪能力，就是认识自己，认识别人，学会跟别人沟通、合作的能力。她说，一个智商低的人，可能他的生活质量有点问题，但不会有致命的危险。但一个社会情绪能力低下的人，就可能有致命的危险。

韦钰院士的忠告是值得重视的。你看那么多你杀我、我杀你的高材生，都是社会情绪能力低下。但这种“低下”，其实3岁前，是不可能发展的，因为孩子3岁前还没有合作的概念。但是孩子在3岁以后，一个重大的变化和需要，就是跟别人的合作。这时候你怎么做？你把你的孩子看得那么紧，不许别人碰，不能交往，出一点事就打官司，弄得谁都不敢跟你孩子玩，能行吗？孩子这时候一定要学会玩具大家玩，你爱我、我爱你，大家互相帮助。怎么让孩子学会交朋友？北京一位专家有一个很具体的经验，她跟孩子玩的时候，比如玩球，把球故意滚到别人那里，孩子为了拿这个球，走到伙伴当中去了，通过这个扩大孩子的视野。孩子都想玩一个玩具的时候，大家商量商量怎么玩。这里面有很多的学问，如交往能力、语言能力，这些能力一定是从小的时候养成的。

什么是成功？我会讲两组新概念，第一组概念，人人可以成功；第二组概念，关于成功智力。人人可以成功有三个支撑性和逻辑性的概念。

（一）成功就是发展

成功一定不是和别人比较是前多少名。我们中国青少年研究中心有一个调查发现，83.6%的中学生父母，要求孩子考试考前15名。各位想想，什么叫前15名？那就意味着85%的人是永远不可能成功，必然失败，所以这是不符合实际的。成功，只要在原有的基础上获得提高和发展，就叫成功。“你看，你学习成绩这么差，你看看别人的孩子！”孩子都特别讨厌这样的话，不要和别人比，每个人之间的差异很大，和孩子自己比，是不是进步了？有一点点进步就是成功，成功就是发展，这才是科学的成功观。

（二）成功就是选择

天才就是选择了适合自己的道路。蠢材就是选择了不适合自己的道路。我觉得选择非常重要，要选择适合自己的路。

刚才我来报告厅之前，有一位舞蹈家朋友给我打电话，她是我在青岛市四方区少年宫的学生。在上海芭蕾舞团的时候，她是《天鹅湖》中白天鹅、黑天鹅的扮演者。后来退下来，到上海师范大学做舞蹈专业的负责人，也是副教授。她从小喜欢跳舞，但她的母亲特别心疼，怕她跳舞太辛苦，可她就是酷爱舞蹈，没有办法。我到现在都能想起来她小的时候亮晶晶的黑眼睛和微笑的表情，她似乎就是为舞蹈而生，一上台更是精神抖擞。直到现在，她的微博微信内容几乎全是舞蹈，我们见面谈及舞蹈，她充满了幸福感。显然，她的成功与幸福就是因为选择了适合自己的道路。

（三）成功就是和谐

在生活中，什么样的人幸福？一定是人际关系很和谐，身心发展很协调的人。大家有没有发现，有的人学历很高、本事很大，并不一定就受欢迎。有的人到什么地方，什么地方就鸡飞狗跳，为什么？他搬弄是非，挑拨离间、自私自利，你肯定不喜欢这样的人，他自己也不会幸福。相反，什么样的人受欢迎？善解人意，很讲诚信，很愿意帮助别人，你肯定喜欢这样的人。

我曾经在上海闸北八中作调研，对该校的教育方法非常感兴趣。闸北八中发现的规律是：成功教育就是变反复失败为反复成功。因为反复失败的孩子越来越差，反复成功的孩子越来越好。

有人问，怎么让学习差的孩子有成功的体验？有很多人说，我的孩子根本不爱学习，他学不好怎么成功？闸北八中的老师还真有新思维，他们制定了一个特别的标准。老师说："同学们，我们有一个新的评价标准，上课的时候，谁敢提问，不管你会不会，你敢举手，20 分。"学生一听，那行啊，咱学习不好胆子不小，举手是敢的。举手，20 分。举手之后老师让你发言，你要站起来，20 分。但是这个站起来要站直了，不能歪着。你看学习不好的人，他往往就站不直，因为他不自信。第三个，回答问题，说得对不对没关系，声音洪亮，20 分。什么叫声音洪亮？教室长 7.5 米，你站到最后一排，让全班同学都能清楚地听到你的发言，20 分。

各位想想，这是什么？用各种方法对学习过程做了一个精细化的激励措施。当一个人又敢提问，又能站直，又敢大声回答问题的时候，就是作好了充分的学习准备，进入学习状态，这就 60 分，及格了。你要再回答得靠点谱，又 20 分。你要回答基本对了，那就是 100 分。通过这样的一种新标准孩子就变了，这就是让孩子有成功的体验，所以这个学校让很多有原先落后的孩子成长起来了。

闸北八中有个姓楚的男生，他爷爷是冯玉祥的保镖，武术世家。这个孩子武术也很厉害，得过上海少年武术冠军，但闯祸也很厉害，一拳能把玻璃门打碎。闸北八中在激励他进步后，给他一个机会：你有没有兴趣报考上海警官学校？他说我最喜欢当警察了，我想保卫大上海！他拼命地学习，后来考上了上海警官学校，如今在上海某个劳改机构管犯人。

当我采访他的时候，小伙子虎虎生威，加上合身的警官服，真是非常帅气。我问他工作中有什么感受？他说："我现在管犯人，经常产生一个感觉，如果没有闸北八中的成功教育，我可能就是被关在里面的人。"你想，什么是教育？教育是真正能改变人命运的事业。

闸北八中的体会是，失败是成功之母，但成功更是成功之母，因此，孩子最需要成功的体验。我自己有这样的人生感悟，即成功就是选择，对一个肯奋斗的人来说，成功在于选择，而选择在于自知。成功者，就是选择了适合自己的道路，失败者是选择了不适合自己的道路。各位想想，您工作的成功与幸福，是不是和您成功的选择有关？做喜欢的事情，更有可能做得好。

什么是幸福？家庭的和谐是幸福，亲子关系密切是幸福。你说你再成功，父母跟孩子没有话，不能沟通，你幸福吗？大家对此都有感触，现在多少家庭变成了难以沟通的无语家庭？特别是考试阶段，有些父母在家里似乎连气都不敢喘。

近日有一个报道，孩子在紧张地准备考试，妈妈在另外一间屋里听音乐。妈妈操作设备的水平比较低，音乐的声音很大，儿子就说烦死了。“你干什么呢？你是不是不想活了，你再出声音我打爆你的头！”过了一会儿听到铁棒子移动的声音，妈妈一听害怕了，赶快跑了，不敢回家。她怕儿子真能打爆她的头。

我们以前常说孩子离家出走，现在成了妈妈离家出走，这样的家庭还有什么幸福可言？学习好不好还有什么用？所以说和谐非常的重要。什么叫幸福的家庭？打架的家庭、家暴的家庭有幸福吗？

成功与幸福自然是人人关心的问题，但这个问题很复杂。国际学术界对成功有什么样的最新认识、最新的理论？或许应该说一说斯腾伯格的成功智力理论。斯腾伯格，美国著名的心理学家，耶鲁大学的心理学教授，当过美国心理协会的主席。

斯腾伯格走上心理学之路很有意思。他在小学和中学的时候，智商测验不及格。同学笑话他，叫他白痴，他很愤怒，就问老师："什么学问是研究智商的？"老师告诉他："心理学。"他说："我长大了一定要学心理学，学习成功之后，我一定会写本书，这本书叫《成功智力》。"结果他后来真的读到了心理学博士。在美国一般来说，从博士到正教授，大约需要15年。他只有5年就做到了，因为他写了很多论文、很多书，其中影响最大的一本书就叫《成功智力》，让我们看看他的观点。

斯腾伯格认为：一个成功的人，要具备三大成功智力，这个观点被国际学术界公认，值得我们了解。（一）分析性智力。他认为分析性智力包括智商和学习能力，如解决问题、决策的能力。（二）创造性智力，这主要指能发现问题的要害，形成新的思路，有创造性解决问题的能力。（三）实践性智力。这主要指理论能转化为实践，解决实际问题。在他的心目中，实践性智力、创造性智力更为重要。

关于实践性智力，斯腾伯格讲了一个很有趣的故事。他说他有一次要到某个地方去发表学术讲演，那天他身体非常不适，乘着出租车往会场赶，觉得实在坚持不了了。他突发奇想，就和出租车司机商量说："先生，我和你商量一件事。今天我去开会，身体很难受，我怕坚持不了。您能不能代我在会上宣读我的论文？您就说您是我，麻烦您宣读论文，因为我不能失约。”司机诧异地说：“您是教授我是司机，我怎么能代替您？”他说：“讲演稿我都写好了，很清楚，您读一遍就完了。我给您 50 美元。”司机一想，读一遍有 50 美元，不错。司机说：“行，我试试。”他的反应很快，说：“我读论文的时候您要在底下坐着。”斯腾伯格说：“行，我在底下，坐第一排。”

司机打好领带，到了会场。当主持人宣布说请斯腾伯格教授发表讲演，司机就上去了，把论文读了一遍。没想到刚读完论文下面就有人举手，问到其中一个问题。这个司机当然回答不了问题，但他不慌不忙，说这个问题很简单，我让我的助手回答您。斯腾伯格就站起来，对这个问题作了一番解释。

斯腾伯格后来说，这个司机的实践性智力就很强。我们生活当中有体会，您把某件事交给张三去办，张三可能办不成。交给李四去办，李四可能办得很好。李四不一定送礼，可能是把问题想得很周到，各种方案都设计好，跟人商量的时候，各方利益考虑得很好，结果就做成了，这就叫实践性智力。

关于创造性智力，我今天不展开说了。我们就说马云，不评论功过是非。咱们单说一条，谁能解决 1000 万人就业？马云做到了。为什么？他用了一个互联网就业的方式，这就是创造性，创造了很高的价值。在美国，克林顿和马云聊天。克林顿说：“你做的这些事情，不就是电子商务吗？美国早就有了，怎么美国人没有成功你成功了？”马云想了想，说了句大实话，说：“中国的商业环境不够完善，所以我就成功了。”你想想这话挺有意思的。在中国，没有淘宝之前谁要开个公司，申请执照、筹措资金、租房借屋等，很复杂。淘宝一开，扁平化，非常简捷，谁都可以办公司，他用了这样的新思维新方式。所以，你不能不说这是一种创造性。

我这几年做了一件很开心的事，就是我和一批中美脑科学家、心理学家对话（见拙作《用心教养——孙云晓与中外心理学名家对话》），其中一个就是和哈佛大学教授、多元智能理论的创始人霍华德·加德纳对话。加德纳认为，每个人至少有8种不同的智能，语言智能、数学逻辑智能、空间智能、身体运动智能、音乐智能、人际关系智能、自我认知智能、自然智能等，但每个人的智能结构是不一样的，也就是排序不一样。比方说，像李娜、刘翔、姚明，他们能达到的体育能量不是一般人所能达到的。但是你一定有你的优势，而且你的优势一定是有顺序的，什么最擅长？第二是什么？第三是什么？不是喜欢就能做到最好，要具有潜能优势的才可能做到最好。

在这一点上，我觉得原美联储主席格林斯潘就是很好的案例。美国人说，格林斯潘一打喷嚏美国的经济就感冒，因为他的作用之大可以影响美国经济。但你能相信吗？格林斯潘最早是学音乐的，他妈妈拉小提琴，他深受影响，以为自己也适合学音乐。格林斯潘后来在波士顿乐团担任演奏员，那已经走上专业道路了，但是他怎么演奏都发现自己不是一流的，而且离一流很远，几乎是遥不可及，他这时候才发现不适合走音乐之路。后来他发现自己对金融特别敏感，特别有兴趣，于是退出乐团到华尔街学金融，走上银行家的道路，取得巨大的成功。

这一成功的背后就是发现并且发挥了潜能优势。

我曾经问过霍华德·加德纳教授，怎么发现孩子的潜能优势？他说最简单有效的方式，就是经常带孩子去参加各种各样的活动，到博物馆、科技馆去，给孩子尽可能多体验的机会。你看看你的孩子对什么最感兴趣？什么做得比同龄人好、做得快？可能就是他的智能优势。所以父母千万不要以自己的喜恶为标准。孩子什么都不喜欢，就喜欢画画，或者就喜欢写作，有的父母就急疯了："你再写我给你全烧了，你学这个没出息！没希望！"或许将来可以成就他一生的，就是他最爱好的东西，不仅是成功，而且是幸福。

关于这一点我自己深有体会，我一直清楚，自己是个很笨的人。但是我一直过得很快乐其原因就是因为我喜欢读书，喜欢写作，喜欢研究，并且一生与读写和研究为伴，这是我的职业更是我的爱好。先是从事了多年新闻和文学写作，1993年，因为发表中日少年《夏令营中的较量》引发大讨论，使我专心致志地转向了与教育相关的研究，一生基本都在读书、写作、研究之中，所以我过得很快乐。我想，如果让我当会计我一定是个最笨的会计，因为我对数字反应迟钝，其他的很多工作可能都干得不好。所以，我很幸运选择了自己最喜欢也最擅长的工作。

各位一定深有同感，当你做不适合、不喜欢的事情，怎么可能做得好、怎么可能快乐？我看到许多会计经常加班，我觉得他们太了不起了。整天守着这么多数字怎么能快乐？很多人选择财务工作如普华永道等会计事务所，别人一看很热门，我一看脑袋都大了。所以，人与人一定是有差异的。

什么是幸福？亚里士多德的观点：幸福是人类生活的最高目的，幸福是家庭美满和事业成功的综合体。

英国爱尔兰著名学者巴克莱认为：幸福的生活有三个不可缺少的因素，有希望、有事做（有事业），能爱人。

古希腊的哲学家柏拉图认为：幸福的生活就像两股清泉在心中流淌，一股清泉是快乐，可以比作蜜泉，甜蜜而可口。一股清泉是智慧，如同清凉剂。两股清泉单独都不能给我们幸福，只有利用我们自身的力量，使两股清泉合理配置，才能够成为理想和幸福。他认为要有智慧、有快乐。

英国学者卡尔和皮特认为，真正的幸福包括生存、个性、高层次三个要素。生存是什么？身心健康，收入状况、安全感和各种选择的自由程度。个性包括性格、脾气。高层次是什么？自我评价、期望水平、抱负和幽默感。

哈佛大学沙哈尔博士风靡哈佛的幸福课，有很多的说法，幸福是快乐与意义的结合。声望、金钱是幸福的手段，幸福是所有目标的最终目标。幸福是一种能力，可以通过学习获得，用积极的眼光看待孩子成长的问题就是幸福。

儿童教育或家庭教育首先是儿童观问题。比方说，如果你不能正确理解孩子，你觉得养一个孩子麻烦极了，简直是做牛做马，你就会很痛苦。换一个角度，觉得孩子就是这样的，孩子这样都是正常的，你就会快乐。如孩子撒谎这件事，有的妈妈和我说："孙老师，我孩子撒谎。"我说："怎么撒谎？"她说："他明明说不那么做，转身就那么做。"我说："你的孩子一点都没有错，很正常。"她说："怎么正常了？"我说："孩子说，妈妈我再也不那么做了，我要做个好孩子。这是表达了一个真诚的愿望，他过高地评估了自己的能力，他不可能不犯错误，一定犯错误。你听孩子的话要听他的本意是什么，小孩就是这样。"小孩当着你的面把碗砸了，小孩睁着眼说："不是我。"你说："证据确凿，你还不承认，睁着眼睛说瞎话。"孩子就说："不是我，不是我。"孩子的本意是什么呢？翻译过来，我不是故意的，我不是想这么做的，我也不知道怎么就掉了，那是他能力和愿望不匹配，这不就是成长吗？所以你要不理解这些，你和孩子都烦恼极了。

没有秘密的孩子长不大。比如孩子有时候有秘密不跟父母说，父母就可能难以理解："这么小就跟我隔着心？我白养你了，你怎么这样呢？"其实孩子有秘密不和你说是长大的表现，没有秘密的孩子长不大。为什么呢？孩子有秘密了，说明他开始独立、有自我。特别当孩子之间约好，这件事谁也不能说，不许告诉别人，谁要说是叛徒时，孩子就要保守秘密，他保守秘密就对了，一旦秘密都不能保守，谁能信任他呢？所以父母要判断，这个事没有很大的危险，你允许孩子沉默，允许孩子保守秘密。你非得问个底朝天，必须得说出来。孩子说出来的同时，会感觉我失败了，我完了，我就是叛徒。各位想想，谁没有秘密？一个没有秘密的人很可怕，谁都有秘密。有秘密才有独立，有秘密才意味着学会尊重，学会承担责任。

要重视幸福教育。我看到媒体报道，苏州2015年对5000多个中学生进行调查，发现动过自杀念头的占30%以上。各位想想多可怕？认为生活不如意，死了也不错，这样的比例挺高，而有的孩子动不动就真自杀了。考试的季节，是自杀率高的季节。为什么孩子会自杀？和缺乏幸福教育有关。你看贵州毕节的4个留守儿童为什么自杀？其实，他们不缺吃也不缺穿，但是妈妈改嫁走了，爸爸出去打工了，没有人管他们，他们过得好不好没有人关心。四兄妹特别是13岁的哥哥感到很绝望于是自杀了。我们怎么让孩子心理变得强大？首先最根本的一条，让孩子觉得有人爱他，他感到安全、感到幸福，感到生活有意思有希望。

我跟大家说一个具有挑战性的话题，暑假马上来临，你能让孩子过一个快乐的暑假吗？什么是学生的假期？假期的本质含义是让孩子过一种不同于学校与家庭的生活。如果孩子整天就是在家里和上学，生活太单调了，这对父母是个很大的考验。你怎么让假期变成让孩子成长的幸福乐园，让他有幸福的体验？你不要光想着再去补课，让孩子觉得苦难的假期、生活一点意思都没有，这样，他的心里就会很脆弱。

我教育自己的孩子时也不是很有经验，但有一点我做到了。我从我女儿小学高年级开始，寒假、暑假、长假一个基本的活动是旅行，带着孩子走南闯北。我没有想到，我女儿在考上大学之后，她写了篇文章，说：“我最感谢父母的是，在我

18 岁之前，带我走遍了全国 13 个省。”她觉得这是对她最大的帮助。

当一个孩子感到生活幸福的时候，这是他顽强生活下去的最主要条件，有爱、有希望、有事做，这非常重要。这也是我们父母最需要做的。

三、获得成功与幸福的方法

成功和幸福，人人都想得到，那怎么才能得到呢？我总结了六个方法，第一，树立现代的儿童观。第二，创造良好的成长环境。第三，培养积极的思维与情绪。第四，关爱与管教相结合。第五，引导孩子创造性学习。第六，养成良好的习惯。

（一）树立现代的儿童观

这是首先要有的观念。什么是现代的儿童观？儿童是人，是未成熟的人，要尊重儿童的权利，相信每个孩子都能成功。我们甚至要相信童年是成人之父，这是一个教育学的著名观点。每个人的童年都非常重要，童年是心灵的故乡。童年的幸福是一生幸福的源头，童年的不幸是一生不幸的开端。童年的各种经验，将潜移默化地影响一生，童年形成的品质，养成的习惯会影响一生，这不就是成人之父吗？每个人的成年，都是他童年的一种发展。所以爱孩子，首先要给孩子一个幸福的童年，一个生机勃勃的充满希望的童年。

有人说，孙老师你说的理论我们都觉得很好，但用在我孩子身上不行。我给大家讲一个“孩子不行”的办法。

北京有个女作家叫曲兰，儿子什么都好，就是学习不好。初中毕业都很困难，怎么办？后来勉强读了个中专。结果中专还读不下去，死活要退学。妈妈说你既然这么不想学，退就退吧，但要想好今后的路该怎么走。

你想，连中专都读不下来的学生，有什么好的就业渠道？这孩子发现自己有什么优点？计算机玩得好，于是玩计算机，上网经常碰到一些外国的青少年，聊天的需要促使他把英语学得很好。于是，他就两条优点，计算机好，英语好。后来他报考了微软的认证专家，成为亚洲最年轻的数据库专家，被香港一个大公司聘请做计算机中心的主管。

各位想想，一个人如果能把自己很少一点点的优点发掘出来，便可成为有用之人、幸福之人。所以说，我们要相信孩子。我们的很多孩子可能比这个孩子的条件要好多了，所以说都是有希望的。

斯腾伯格说，在创造性智力培养的途径当中，首先要有好的创造力的榜样。你如果想让你的孩子发展创造性的智力，最有效的办法是将自己树立成一个有创造力的榜样。只有你展示给孩子看，而不是只告诉他们该怎么做的时候，他们才会更容易发展并提高其创造力。所以，父母在生活中，有很多生活的智慧可以给孩子做出榜样。

培养实践性智力，暑假是个天堂，让孩子学会生活，学会做饭，学会提高生活的乐趣，这些孩子都可以做。孩子最初的时候都喜欢做饭、喜欢洗衣服。但是往往大人说，这不是你的事，你学习好就行了。孩子渐渐就靠边了。其实你看，做饭要择菜、买菜，这个过程对孩子来说充满魅力。

我最近看了一本书特别感动。日本有一个妈妈名叫安武千惠，患有乳腺癌并且恶化了，当她意识到自己不久于人世的时候，她培养她 5 岁的女儿安武花学会做各种各样的饭。后来他们全家写了一本书，名为《会做饭的孩子走到哪里都能活下去》，会生活，能够活下去。

各位想想看，现在多少家庭忽视让孩子做饭？多少年轻人不会做饭、不想做饭？一个人活在世界上不想做饭、不会做饭，这麻烦就大了。会做饭的人，享受多少乐趣？相信孩子，培育幸福的家庭，是孩子成功的保障，是孩子人格培养的基础。

（二）创造良好的成长环境

习近平在 2015 年春节团拜会讲，不论生活格局发生多大变化，我们都要重视家庭建设，注重家庭、注重家教、注重家风。其实，总书记讲话都是有根据的。比如说，很多贪官的落马和他的家庭有密切的关系。有的贪官就是为了孩子、为了爱人，有的甚至说我管不住家里人，家里人要发财，我管不了了。所以，家庭建设多么重要！很多人只是重视家庭教育、家风，但我觉得最重要的是家庭建设、家庭生活。夫妻关系是不是和谐的？家庭生活是不是幸福的？是不是一种正能量的？是不是健康的生活？这个太重要了。

有一次青岛市妇联评选好母亲、好父亲，请我当顾问，出书了让我写序。我注意到，当选为好母亲的女性中有一个美国母亲。因为在青岛工作的也有很多外国人。这位美国母亲写的体会说，她小的时候有一次问她爸爸，说："爸爸，你给我们最好的礼物是什么呀？"爸爸沉默了一会儿，说："我给你们最好的礼物就是永远爱你们的妈妈。"她当时听不懂，但是她年龄越大，越体会出这句话的分量。夫妻关系是最重要的家庭关系，也是给孩子最重要的环境。所以，儿童教育首先是生活教育而不是知识教育。

我经常谈的一个观点是，改变教育从改变关系开始，改变孩子从改变父母开始，改变明天从改变今天开始。你比方说陪伴，每天要有时间陪伴孩子。能不能在孩子 12 岁之前，特别是 10 岁之前，父母每天晚上在孩子睡觉前给孩子读书或一起听音乐，这都是很棒的关系。

（三）培养积极的思维和情绪

成功与幸福最需要的就是积极的思维与情绪，这个非常关键。在《用心教养——孙云晓与中外心理学名家对话》中，我特别介绍了美国积极心理学之父马丁·塞利格曼的研究成果，并且把积极心理学的理论引入儿童教育。

我给各位讲一个最常见的问题，你怎么解释孩子的行为？

好的关系需要好的解释，好的解释才是好的关系。父母积极的解释风格，可能导致孩子乐观。消极的解释风格，可能导致孩子悲观。什么叫消极的解释？什么叫积极的解释？比方说，我们作为父母、作为老师有什么特点？每天都要解释孩子的生活。为什么这样？为什么那样？这当中，特别看水平的地方就是你怎么解释。具体来说，孩子遇到了挫折或失败，你将原因解释为永久的、普遍的、人格化的，即不可改变的，就是消极的解释，反之则是积极的解释。

还有一种解释也不可忽视，就是父辈或祖辈怎么对孩子解释自己的生活？例如说我们这一辈子算是完了，全靠你了，就是消极的解释。有的父母不说出来，但是一下班就看电视，打麻将，不读书不看报，或者是天天抱着手机上网聊天。这样的父母给孩子都是消极的影响。反过来，父母不屈不挠，不断地学习、不断地上进，不怕挫折，你给孩子就是积极的影响。所以说，有的时候我们光责备孩子是不明智的，家庭教育的本质是改变父母自己。不改变自己怎么可能改变孩子？

现在很多人找我咨询，包括一些企业家和官员，有些人的思维特别简单，希望把孩子领到我的面前，让我教育教育就好了。我往往倒过来，我说我先不见孩子，先见见父母。因为父母不能当着孩子的面，和别人说我孩子哪儿不好，这不可以，你这么说肯定没有好结果。最好是分开见面，要一起见面的话，一定要避免谈一些否定性的话，这是有规则的。

所以你看，这件事是不是很重要？积极的解释导致乐观，消极的解释导致悲观。我们不仅不能用消极的解释，而且要让孩子学会对消极情绪进行反驳。不要盲目地接受对自己的侮辱。怎么做？收集证据。孩子虽然小，但有的孩子承受了很多的侮辱。有人说，我看你将来就是进监狱的料，你要能学好太阳从西边出来了，全班人都能成才，就你不行。怎么反驳？首先收集证据，找出 1、2 个证明孩子行的证据，这是一定行的，作出选择，分析后果，开始反攻，让孩子慢慢变得自信起来，这是非常重要的教育策略。

（四）就是关爱与管教相结合

简单来说，一个孩子能不能健康地成长，最根本的标准是两个，就是能不能培养孩子的主动性和自制力。这是著名心理学家陈会昌教授对 200 多孩子跟踪研究 20 年最重要的发现。教育的核心是培养健康人格，而健康人格的核心就是培养这两颗种子，即主动性、自制力。孩子没有主动性就没有创造力，没有幸福、没有热情。但是如果没有自制力，就特别容易发生问题。所以，培养孩子成功不成功，用最简单、最重要的标准判断，第一就是主动性，第二就是自制力。

孩子的发展状况大概可以分为四类：最佳状态的孩子是主动性和自制力都很强的孩子，可谓理想型；第二类是小绵羊型的，自制力很强，主动性比较差；最可怕的是破坏型，主动性很强，自制力很差；最后一种是两个都弱，游手好闲型。现在我们对孩子两个极端都有，有的是放任不管，名为自由，这也很可怕。或者过度管教，过度约束，像虎妈、狼爸，那都不是理想状态。成长是有规律的，教育也是有规律的。国内外不管怎么研究，一定会发现，成才率最高的家庭是民主权威型的家庭，就是既尊重理解，又严格要求，事实上也就是主动性和自制力两颗种子都发达。从柏拉图到弗洛伊德的观点，直至今天的心理学家们的研究结果，都发现如此，这就是规律。

（五）引导孩子创造性学习

为什么有些孩子不喜欢学习？我和哈佛大学第一个拥有终生教职的女教授兰格对话。她说，孩子不喜欢学习，是因为我们的学习当中，固化思维是死记硬背，孩子就不喜欢。如果你是有变化的，孩子就会喜欢。她提出，随时要注意事情的变化，从不同的角度来看这个问题，孩子就会有积极性，要学会这样的创造性学习。

我举一个例子，我的一个朋友，她的儿子特别喜欢做生物试验，不喜欢写作业。你想，上高中了不喜欢写作业，光做实验能行吗？但孩子就是这么偏好实验。后来他妈妈就和老师商量，我孩子确实太另类，能不能用他做的实验代替他的作业？老师不高兴，但毕竟不是瞎混，就勉强同意了。孩子还有一个爱好，特别喜欢做西餐。从小学学做西餐之后就迷上了，到高三了还做西餐，家里也很支持他，给他买了做西餐的设备和食材。结果西餐做得很好，很多人吃了，感觉和大饭店做的一样，很棒。就这么一个孩子，考上了英国的剑桥大学生物系。

他去考试的时候带了两样东西，第一是他做的生物实验报告，第二是他做西餐的图片。面试的教授一看就喜欢上了，这孩子又有探索精神，又热爱生活，于是优先录取。

现在很多人想送孩子出国留学，你会发现，考试成绩不是最重要的，最重要的是实践能力和创造力，你的社会服务怎么样？你的创造力怎么样？所以，留学指导专家和我说，他们发现学习成绩并不太好的人，如果很有创造力，社会服务做得很好，申请的时候往往能够被优先录取，因为这是一种创造性的学习。

兰格教授还发现这么一个现象，他们对养老院的老人做了实验，一组老人负责养花，一组老人什么任务都没有，饱食终日，幸福生活就行了。多年之后发现，负责养花的老人长寿。因此，研究者得出结论，孝敬老人的方式，要让老人有点事做，他觉得自己还有用，反而长寿。什么事都没有了？就养老、只是安享晚年是不行的，人要有一定的作为，要有价值感。所以，兰格教授提倡一种专念，这是积极思维，要让孩子通过有趣的探索爱上学习。分心是另外一种专心，专念可以带来创造性的人生。什么是专念？创造各种可能，积极留意新事物，随时能敏锐地发现环境中细微的变化，随时调整自己的反应。你看，这是一种创新的学习，这是最棒的一种学习状态。

（六）养成良好的习惯

最重要的教育方法是养成良好的习惯，习惯怎么养成？说得技术一点，当一种行为或动作持续 21 天以上，就可能初步成为一个习惯。如果能坚持 90 天以上，就可能成为一个稳定的习惯。麻省理工学院的研究发现，习惯养成最简单有效的方法，一个是暗示，一个是奖赏。抓住这两个环节对孩子加以引导，使孩子产生一种惯常的行为，21 天至 90 天，就可能形成良好的习惯。当然父母和老师是最好的榜样。

总的来说，现代家教探寻真正的成功与幸福。没有成功，幸福是句空话，单纯地追求成功，片面地追求成功，都有可能远离幸福。我们让追求以幸福为导向，以成功为手段，让孩子获得健康的发展。

互动空间

提问 1：孙老师，刚才您提到权威、民主型家庭，又要严格、又要理解，这个平衡的问题是否可以说得具体一些？

孙云晓：你是一位父亲吗？

提问 1：我是两个孩子的父亲。

孙云晓：很棒，你今天能来听讲座，就是好父亲的表现。

这个父亲的问题很重要，为什么民主、权威型的家庭成才率高？怎么做到？第一，对孩子要非常理解、关爱，同时又有明确、严格的要求。比如有底线、有原则，不放纵。心理学研究发现，生活在这样家庭的孩子有安全感。

心理学家做了一个实验，周围没有墙、没有篱笆，孩子在一起玩的时候，不敢跑太远。如果周围有一个大的篱笆或者有个墙，孩子就跑得远，因为孩子知道，那个是边界，在这里面是安全的。所以说，不要以为严格管教孩子就没有自由，不是这样的，有规则的孩子反而有安全感。当然，这也是有教育难度的，怎么做到平衡？父母一定要告诉孩子，什么事情可以做，什么事情不能做。最好的方法是很多事情和孩子商量，最后有一种契约规则。如果违反了，要按照约定给予一定的惩戒，这都是可以的。但要给孩子很多的自由、尊重、理解，让孩子充分感到自己是主人，像主人一样生活。这就是我们需要探索的一个方向。

提问 2：孙老师您好，我今天听到您的声音特别特别亲切，因为我是青岛人。我有一对双胞胎的女儿，叫阳春白雪，今年 16 岁了，初中刚毕业。老大叫阳春，她其实非常非常优秀，写作也好，体育也好，绘画也好，但她就是特别自卑。我就不知道为什么，在学校的学习也非常好，但她总感觉很自卑。老二也很好，老二就很阳光。我现在特别苦恼，走不进老大的心里去。谢谢。

孙云晓：这位妈妈的问题也很好。首先，大家一定要注意到，青春期的女孩子自信水平容易下降。青春期的女孩性发育以后带来心理上的各种不适应，这时候普遍容易自卑，这是一个问题。另外，女孩子的情感需要特别高，女孩子的两大天才领域，一是语言，二是情感的沟通。所以，这时候父母特别需要关心，和她进行交流。另外，自信心来自哪里？主要来自成功的体验。成功的体验越多，孩子越自信，她要证明“我行”。这和她的爱、安全感有很大的关系。所以你的孩子可能学习很好，很有天才，但只要她进入某一个领域，总会发现有比她强的人，这时候她容易怀疑自己。所以，一个是要让她有爱，一个是要有成功的体验。还有一个让孩子自信的方法，让孩子多做一些运动。

不要把运动当作是四肢发达头脑简单的事。我和姚明一起开会，姚明说体育有三大功能，第一是不惧怕一切挑战。第二是懂得游戏的规则。第三是有真实的体验，不作秀。孩子在运动中会经受各种挫折，需要毅力需要顽强，是孩子看得见、摸得着的一种自信心、能力、意志的体验。所以我觉得从这些方面努力一下非常的重要，同时对女孩子的沟通特别需要。和女孩子沟通的时候，不要光谈学习，要谈谈生活、情绪、健康这些更重要的东西。不要急，青春期本来就容易封闭自我、反反复复，通过上述的几条措施可能会有些改变。

提问 3：我请教你三个问题。第一个问题，你现在微博都公开了，我想问问你，你经验很丰富，肯定在解决问题方面有成功的、典型的案例，有没有这方面的书可以让大家分享、交流、学习？第二，你刚才说了很多鼓励、素质教育，我想请教一下，从广义、狭义上来说，什么是真爱？第三，我经常也看这方面的书，就是“顺其自然，为所当为”，现代家庭当中有没有一定的普遍性和作用性？

孙云晓：今天没有带任何书，我的书在新浪博客、微博上都有详细介绍，主要作品都有封面展示。比如有几本很实用的书《好好做父亲》《习惯决定孩子一生》等，我有很多书，你网上一搜孙云晓著作即可，网上购买很方便。

家庭教育的确有规律。首先，家庭教育的关键是改变父母自己，提高父母的素质。最简单、最重要的标准是看孩子发展的主动性和自制力如何，你看我前面讲柏拉图的观点，一个是快乐。做自己喜欢的事情都快乐，主动、愿意。另一个，智慧，自制力就是智慧，做事知道有底线。英雄所见略同，弗洛伊德说人类的文明就两件事，第一是做自己喜欢、快乐的事情，第二是你不喜欢也得做的事情。所以，掌握这么两点，你的孩子就很棒，这也就是真爱的标准。如果孩子的主动性不够，那就侧重培养他的主动性。孩子自制力不够，就注意培养他的底线、道德规范，包括情绪的控制，这些都非常的需要。比如怎么培养孩子的情绪，你和孩子怎么交流？孩子说我很生气、很愤怒，孩子要发火、孩子很难过。你和他谈话，要说我非常理解你的情绪，非常体谅你的心情，这叫“共情”，我知道你很难过，我很牵挂。但是后两个字更重要，叫划界。我听听你怎么回事？哪里是对的，可以理解。哪是不对的？不能这么做？为什么不能这么做？既共情又划界，这就是和孩子交流把握的四字真经，不能跟孩子说，“都是你对，你们学校坏透了，你们老师坏透了，就你好，咱们和学校作对吧。”那就误导了，一定要理性，抓住要害。

提问 4：孙老师，很荣幸听您的讲座。我的孩子小学刚毕业，近几年老师经常表扬他，当小队长、中队长，评为优秀的队长，和同学们的关系也比较融洽。想听听您的意见，从他现在展示给父母看的一些优点，您觉得他将来往哪个方向发展会特别适合他？符合他的特长？我想听听您的建议。

孙云晓：这位父亲提的问题很有意思。我给大家一个参考，也算回答你的问题。有研究发现了一个规律，人生有目标、做事有计划的人，成才率高。所以，你要想孩子获得优秀的发展，怎么做？你要和孩子商量，让孩子找出自己的目标，我要怎么样？这叫人生有目标。但这个目标不是说我想这样就行了，不是这样的。所有的目标要经过论证，就是可不可行？比如孩子说我想成为舞蹈家，我想成为运动健将，可以去看看舞蹈家和运动健将的传记，看需要具备哪些条件，自己是否适合、是否具备？经过论证具备了这些条件才有成功的可能。

还有后一句话，做事有计划。我现在既然有这样的目标，我怎么做？为了实现我的目标，我要进行自我调整，这是对孩子最好的引导，也是孩子最愿意接受的，我是为了实现自我的梦想进行自我塑造。你的孩子小学毕业就是青春期，对青春期的孩子最好的方法，就是唤醒他心中沉睡的巨人，为了实现自己的目标而自我塑造，这是最高明的，而不是我强迫你改这个、改那个。

我想你的孩子既然那么优秀，他一定是有目标，远期目标、中期目标、近期目标，要有计划。孩子要准备上一个好的初中，怎么过一个好的初中生活？暑假开始怎么作准备？这就是开始。初中生活又很具体，我学习怎么样、运动怎么样，交往怎么样？是不是要竞选班长或中队长？如何提高竞争力？要有目标、有计划、有准备，你孩子就更棒了。

当今父母为何难做

专家简介：许建国，国家教育行政学院特邀教授，陕西师范大学国内心理学访问学者，曾任西安市教委副主任、西安市教育学会会长，中国教育学会理事，家庭教育专业委员会常务理事，被评为全国家庭教育先进个人。

一、我们孩子怎么了？

对于一个家庭来讲，首先需要有经济保障，没钱不行。因为你要吃、要住、要穿，孩子要受教育。其次就是孩子的教育问题，孩子将来能不能给你争气，让你不生气？能不能成气候，给你长脸？这就是一个家庭的两件大事，剩下的都是处于第二、第三位的东西。

我在全国讲了3000多场，听众给我提的问题大概可以分为10类。其中有一类问题很有意思，说：我的孩子现在没问题。但是以后会不会出问题？如果让你们回答，你们可能也回答不了这个问题。专家也回答不了这个问题。这是一个很幼稚、很天真但又很重要的问题。如果我到一个学校，站在学校的教室门口和老师说，这个教室第七排右手第三个孩子，5 年到 10 年后是杀人犯，我估计老师下一个动作就是打我的耳光。你这个专家胡说八道，你怎么知道这个孩子 5 年到 10 年后是杀人犯？没有道理，更没有根据。但是我们把它颠倒过来，换一个角度提问题。前不久我到陕西省的一个县级市做了 8 场报告，最后一场报告是在监狱里做的，听众有 32 人，都是孩子，第一排的 6 个都是杀人犯，每个人戴着手铐来听报告。我和检察官说："能不能把手铐打开？"他说："不能，他们是杀人犯。"我说："杀人犯来听我的报告？"他说："是的，杀人犯。"我怎么说都不能让他们打开手铐。这些杀人犯最小的 14 岁，最大的 17 岁，32 个孩子，6 个杀人犯，其他都是盗窃犯，后面坐着 64 个父母，父母后面坐着 50 多个党政领导干部。你说我作为一个从事多年教育工作的学者，站在讲台上作何感想？我明明知道，这是学校教育、家庭教育的失败造就了孩子们的犯罪，现在孩子们是罪犯，我们还"正大光明"地给他们讲课？这些孩子其实都是受害者。我非常难过，眼睛都湿了，孩子们听着听着也都哭了。他们身后坐着的父母和党政领导干部，沉默地看着孩子们哭了。报告会结束以后，我又到监狱里看看孩子们的生活，本来应该是非常幸福的、活蹦乱跳的孩子，一个个被关在高墙内，实在受罪。

再和大家聊另一个案例，2007 年西安发生过一个很轰动的杀人案，西安市有一个全国知名甚至国际上也有一定知名度的高中，叫铁一中，这个学校高三有一个学生叫赵大伟，距离高考还有21天的时候把同班的女同学赵小双杀了。赵小双是他们学校的校花，很漂亮。他把赵小双哄到自己伯父家里，把姑娘四肢绑起来之后强奸。强奸之后，捅了七刀，把女孩子杀了。杀了之后，又把她的尸体头朝下放在洗衣机里，再给洗衣机灌水，怕她死而复生。然后，拿着他伯父一块价值连城的和田玉就跑了，跑到了山东泰安山顶，一周之后，公安局把他抓回来了。抓回来的第三天，我经过特批，到监狱里和赵大伟谈话。我们谈话3个小时，公检法司的干部都坐在旁边听，没有想到旁边坐着一个记者，把我们的谈话全部录音，经过整理发到报纸上，很多媒体都进行了转载，所以当时在全国轰动一时。这个孩子的母亲是河北的一个农民，就到西安来找我。问我："我的孩子能不能不死？"我说："不死的可能性不大，晚死的可能性很大。"她说："为什么？"我说："因为记者把我们的谈话在媒体上曝光了，按理说这个案子三个月就可以判决，但是我估计能拖一年。媒体刊登后公检法要很小心判案的尺度。"一年半后，他判了死刑。临死前，检察院同意他和他妈妈再通一次电话。电话里孩子就和妈妈说了两句话："妈妈，我马上要死了，你能不能再抱我一下？妈妈，我为什么会走到今天这一步？你能不能给我一个答案？"不可能，妈妈没有答案。所以，他妈妈来问我，我孩子刚生下来，我掌上捧着，他上幼儿园的时候我怀里搂着，他上小学的时候我还拿手牵着，他上初中以后我只能用眼睛盯着，而且越盯越陌生，越盯越疏远，越盯越隔膜，越盯越仇恨，变成了冤家对头，最后走向了这样的一条道路。她不明白这是为什么。这个农村妇女向我提了三个天大的问号：第一，我们的时代怎么了？我怀疑我们的时代。怎么老出现儿童杀人和犯罪？第二，我们的教育怎么了？我孩子从3岁送进幼儿园，一直在学校里没有离开过，学校为什么能把孩子教成犯罪分子？第三，孩子们怎么了？吃得这么好、穿得这么暖，这么好的条件为什么会不爱学习？会去杀人、会去偷、会去抢？为什么？我向她提出的第四个天大的问号，我说家长们怎么了？父母们怎么了？我就问她："孩子是不是你生的？""是的。""孩子是不是你养的？花的谁的钱？吃的谁的饭？穿的谁的衣？大家进一样的学校、进一样的教室，面对一样的老师，你说孩子出问题了你没有责任？你问时代怎么了，教育怎么了，孩子们怎么了，怎么不问问你怎么了？"所以，这个问题并不那么简单，我曾经在不同的场合说过我们的教育是有问题的，而且是有严重问题的。距离人成长的规律距离越来越远了。但是我们今天的议题不是研究学校、社会或时代，我们是研究我们自身、我们家庭的。

所以，我就要重点地说说，我们的孩子们怎么了？我说四个问题，你们看看你们的孩子有没有这样的苗头。第一，网瘾、手机瘾、Ipad瘾，电子产品拿到手之后不想丢，饭不想吃，觉不想睡，哪里都不想去，学习更没有心思了。而且，网上玩的主要是两个方面的东西，一是游戏，二是聊天，这些东西是家长所不知或者不完全知道的。家长可能会说，不就是玩玩手机吗？现在网瘾居然成为一个病，什么病？精神病。网瘾，这是非常严重的问题。孩子们上网，有的一上就是几个小时，有的一上就是几天几夜，有的高中毕业之后没有考上大学变成宅男，待在家里整天玩电脑。有的工作几年还是整天在家玩电脑，改不过来。这个病，可能和抽大烟是一样的，有瘾。

第二个问题是早恋和性。现在早恋的年龄提前了多少？北京出了一个妈妈带着10岁的女儿三更半夜到私人诊所打胎，胎儿的父亲11岁。广西的一个案例更极端，女孩9岁怀孕，打胎，胎儿的父亲13岁。早恋的问题很严重，这个年龄的孩子根本不懂爱情，纯粹是把男女的性行为变成了一种娱乐项目。

第三个问题是行为失范，所谓行为失范，就是和父母不能沟通。女孩子化妆打扮，男孩子发型怪异，走路都没有正形，和人不能沟通。你的朋友进家门你还要说，孩子喊阿姨，问阿姨好，你不说孩子不理。有些孩子烫发染发，穿的衣服也是奇形怪状，你看不惯也得看啊！

第四个问题是厌学三步曲，哪三步曲？首先是不爱学习，你催他写作业，你催两声他写一下，催三声写一下，对你的催促充耳不闻，这个问题很突出。第二步是逃学，所谓逃学有两个含义，一个是人不到学校去了。第二是人在课堂坐，心在校外玩。第三步就是放弃学习，不学了。你上你的课，我玩我的手机，不理老师说的。所以，考试分数也就上不去的，爸爸妈妈很着急，但又没有办法。

这四个问题合在一起有一个名称叫“问题少年”。问题少年还有预备军，预备军就是在小学一年级到小学五年级，孩子的玩法，对家长来说都是地下工作，你不知道他在哪里，不知道他玩什么，你忙得不亦乐乎，你忙着挣钱了，你忙着工作了，你哪有时间想那些？其实他们背后搞的动作很多。而且他把电脑一打开，满世界都在他眼前，他什么不知道？你别和他讲道理，你一讲道理，他比你的嘴快得多，知识面比你宽得多，他对抗你很容易，怎么办？你想想应该怎么办？等到小学五年级到初中三年级阶段，是问题少年滋生最密集的四年。这一群人，将来又是犯罪青少年的预备军。

我说三个数字，你们听听，14 岁到 25 岁青少年犯罪率，在 2013 年以前的连续 5 年中，增长了 70%。全国刑事犯罪中，14 岁到 34 岁的青少年，占到了 70%。14 岁到 34 岁青少年犯罪当中，18 岁以前的犯罪人数占 70%。三个“70%”，不能不令人担忧。虽然我在全国范围内，15 年间帮扶了 3700 多个家庭，其中包括硕士生、博士生、本科生，也包括幼儿园的孩子，但却没有能力和家长说你的孩子没有问题。我感受太深了，现在厌倦学习的孩子在增加，行为异常的孩子在增加，社会闲散的孩子在增加，犯罪的人数在增加，我们不得不提高警惕，把我们孩子的教育当作一个很严重的问题来看待，千万不可大意。

还有一个更大的问题，我给大家说两个东西。一个是美国的马克·鲍尔莱因教授出的书，名字叫作《最愚蠢的一代》，书的内容写的就是现在的中小学生，书的扉页上有一句话：“我们人类正在进入一个黑暗、无知的时代。”为什么？因为现在的青少年正在被数码时代的各种工具所淹没，如手机、社交网络等，这些工具传达的往往是幼稚肤浅的东西，而正是这些东西妨碍了他们同成人世界进行接触。等下一代中小学生成长起来，愚昧的、无知的、黑暗的世界就到了，这些人在20到30年后就是社会的主流群体，主流群体出了问题，社会能好吗？有一位美国发展的战略家说了一句咒语。他说：“中国共产党即便是把中国所有的问题都解决了，但是有一个问题他们是解决不了的，那就是他们的中小学生的自私自利，贪图享受。这一点正好符合美国的战略利益。”孩子们的问题引发了美国专家如此的关注，他们认为孩子的问题，正好符合美国打垮中国的战略需要。我们教育孩子，不是个人问题，是民族问题、是国家问题，甚至是国际问题、外交问题。你不要认为孩子是你的，现在是你的，将来是社会的。所以，面对这些孩子的问题，我们家长怎么办？

二、我们家长怎么办？

历来孩子学习上出的问题，原因都在学习之外，我认为，方法很重要，但是比方法更重要或者至少同等重要的是什么？是理念，是你的观念、思想和认识。如果理念问题你解决不了，我给你1000个办法你都解决不了问题。

陕西省人民政府有一个领导给我打电话求助，说：“我们家的天塌下来了，无论如何您要帮帮我。”怎么了？原来她上初二的女儿谈恋爱了。母亲无意中看到孩子的日记本才了解到，孩子和同班男同学走完了恋爱过程的肢体接触全部过程，就剩一个动作没有做了，两个人准备从早饭里面扣出钱来攒够了之后到宾馆包房，完成他们爱情的最后一个程序。你看，孩子们厉害不厉害？这位领导说：“我们家几辈子都是正经人，祖上没有干过这种事，这才十几岁，怎么能干这种事呢？”她老公是在外面做生意的，是一个老总，两个人坐在那里愁眉不展。各位，谁有办法给这个家长一个答案，回去怎么办？坦诚地说，我没有办法。但是我可以解决家长的理念问题，我拿出一本有针对性的书出来，他们两个一人一本，我一本，我们共同学习、讨论了一个小时以后，当妈妈的把老公的肩膀一拍，我有办法了。因为在读书以前，我问他们，你们有办法吗？爸爸说，我的办法就是打一顿，不打不长记性，打一顿让她受受皮肉之苦，就会长记性。她妈妈说我比老公的方法温柔一些，我的办法是关起来。我说关起来怎么和学校解释？为什么关起来？爸爸说关起来干什么？根本不行，爸爸还想出一个办法，去告诉老师。我说现在老师学生还不知道，如果老师报告给年级组，年级组报告给政教处，政教处报告给主管副校长，副校长召集一些人开会，一开会满城风雨，你孩子在学校乱搞男女关系，才初二的学生，不就变成女流氓了？你孩子在这个学校还待不待了？她说这就是一个问题，最后一个办法，妈妈说我去找男孩的妈妈。我说我可告诉你，如果从你们两家来讲，你们两家是同罪，你找人家干什么？你不外乎就是说你们家孩子勾引我女儿。人家的孩子也一样，说你孩子勾引我儿子。你们两个用同样的术语到法庭上说话，能说得清楚吗？说不清楚。最后，我把书念完以后，书里面写的什么？是人的成长规律，到这个年龄段生理变化、心理变化、精神变化、情绪变化是什么。为什么会出现这种恋情，碰到这种恋情应该用什么理念对待，孩子最需要的是什么，什么条件下才可以转化，才可以把问题解决。读完以后，妈妈一拍丈夫的肩膀，回家。我说："什么办法？"她说："许老师我不告诉你，我做完以后再和你汇报，你再看，我坚信今天你的钥匙把我的脑袋打开了。"我说："你走吧。"一个月以后，她又过来了，感谢我。她说："问题解决了。"我说："你怎么解决的？"原来郊区有个很漂亮的万亩苹果园，那时候正好是苹果发青的时候，不能吃的。她就和丈夫把孩子带到苹果园，孩子课业负担很重，还有一年就要中考了。突然间来到一个绿色的海洋，而且青苹果非常好看，孩子就在园子里面又蹦又跳、又喊又叫，顺手摘了一个苹果，咬了一口，万万没有想到，涩得吃不下去，往地上一扔，拿脚一踢，走了。妈妈过去把苹果捡起来，然后摆在孩子面前。"女儿，再过 20 多天，这个苹果最辉煌的时刻就到来了。可是你在它不成熟的时候吃了它，把它扔在地上而且踢了一脚，它会变成垃圾。它的一生完蛋了，它本来可以放进餐厅，放进超市，光彩夺目，可是此刻它的一生让你毁了，为什么？你破坏了它的成熟。"她女儿很聪明的，把妈妈的脖子一搂：

“妈妈你狡猾，你明明在说我呢！”妈妈说：“是的，有一个高人指点，我今天在说你。”她说：“妈妈你什么话都不要说，相信你的女儿，一个礼拜后给你答案。”一个礼拜后女儿带着男朋友到家里来了，男孩子说：“阿姨，今天我是来向您认错的，我们两个都错了。我们两个还要保持我们的友谊和友好关系，但是我们绝不做出格的事，你放心。我们两个人将会用优异的成绩作出汇报。”

请问，我给他们教方法了吗？这个方法怎么来的？因此我经常讲，专家的责任就是理念的指导，家长的责任是智慧的教育。所以家长如果用脚后跟想问题，再好的专家都无法让你开悟，你无法改变自己和自己的教育方法。我历来说，要用自己的智慧去教育自己的孩子。我有一个孙女上小学三年级，接到一封情书。她回到家以后，“爷爷，你快过来，咱们两个有秘密要谈。”我说：“真的吗？”她说：“真的，爸爸妈妈还没有回来，快点我和你说，爸爸妈妈回来你不能说。”把门一关。我说：“什么事这么紧张？”她说：“我给你看一个东西。”掏出一张纸条。纸条上写着：“圆圆，你长得真漂亮，我太喜欢你了。长大做我的老婆好吗？你的同班某某某。”请问用什么方法解决？我有一次在家长会上说了这个事，家长说，这个你得教育啊，得狠狠地教育，孩子这么小玩这套东西怎么办？起码要态度严厉，给她讲道理。我说没用的，你知道我怎么办的？我说：“孙女，听爷爷说，这个孩子很好”，“给我写情书还很好？”我说：“当然很好，很美，三句话没有一句话是错误的。”你们说，哪句话是错误的？“圆圆你长得真漂亮”，人家说你长得漂亮有错吗？没错。第二句话，他很喜欢你。我说爷爷也喜欢你啊，老师也喜欢你，你还不让人家喜欢？满街上走的人化妆来、打扮去不就是为了让人家喜欢一点吗？别人做错了吗？他是有对美的追求，你把这点权利都剥夺了？第三句更没有错，将来做我的媳妇，又没有说现在。现在干什么？现在不得好好学习吗？所以，三句话没有错。孙女说：“爷爷，怎么办？”拿着信交给男同学，把我说的三句话说给男同学听，“爷爷说，你无罪，你三句话都是真话，我谢谢你对我的夸奖，不管将来做不做你的媳妇，咱们现在先好好学习。”你这话一说完就完了。说完，这个孩子也感到很意外，本来以为是圆圆回来挨批了，结果圆圆挺高兴地把话和他说了，他又把话原原本本地说给自己的爷爷听，男孩的爷爷提了一包礼物就到我家来了，和我说：“你太高级了，这事弄得我们全家都受教育。孩子的爸妈、我、孩子奶奶、外公外婆都很高兴，大家一起在传你这几句话，觉得你的观念很科学。”请问，我用什么方法了吗？没有，是一种观念的改变。

三、改变观念，收获幸福

因此，在教育孩子方面，一定要改变观念。改变观念，才能收获幸福。因为时间有限，接下来我就讲 4 个要改变的观念，4 个观念改变了，你就可以领悟一些为人父母之道。如果能借着这个观念再改变一下你们的方法，这个教育就比较好办了。

（一）你的孩子和你当孩子的时候不一样，如果你还在用当年做孩子的那种体验管教现在的孩子，你怎么教育都没有用。孩子和你当年不一样，哪里不一样？我可以说10个不一样、20个不一样、30个不一样，但是最基本的不一样是两点，一是性早熟，二是心理晚熟。孩子们性成熟和你当年比起来，提前了3到5年。孩子的心理成熟，和你当年比起来，晚了3到5年。这之间的差，是6到10年。性早熟3到5年，中国又缺乏性教育，由此导致了北京和广西的“早恋妈妈”案例。

我到新加坡访问的时候参观过一个幼儿园，人家摆一张桌子，这边摆着男性生殖器，那边摆着女性生殖器，问题是你从哪里来。人家讲的是两个生殖器之间的某种运动，一种分泌物最后造成一个胚胎，在什么位置，孕育了10个月，然后生出来，那就是你。孩子一个个听得很高兴，你想想4岁的孩子，根本没有什么邪念，听了之后回去告诉爸爸妈妈，我知道我从哪里来的了，很清楚。我到日本访问的时候，日本小学第一学期第一堂课就是性教育，标题就是你从哪里来，和新加坡的模式差不多，是书上画的图形，男性生殖器、女性生殖器，胚胎，妈妈的肚子里待10个月之后生出来，那就是你，首先让你知道你从哪里来，让你把这些当作知识装在自己的心里，成长中知道这是怎么回事。在中国不行，我不知道上海怎么样，在大西北，孩子不是不问妈妈我从哪里来？妈妈的回答是在后院里捡的，或是在河滩上捞的，或是从石头缝里蹦出来的。我问家长，怎么不和孩子说真话？她说：“那脏语言，我们说了我们不成流氓了？”这么说，伪科学是真人君子？说真话就是流氓？我在西安很大胆地在一个新城区做了一个实验，在两三个学校里进行小学阶段的性教育，教育了两个星期老师就给我打电话：“许主任，我坚决不讲了。”我说：“怎么了？”“不能讲。”我问：“为什么？”“家长纷纷给我打电话骂我，说你们吃饱了撑着，有时间不让孩子好好学习，把孩子教坏。你们讲的都是什么话？乌七八糟的。”你看看，进行性教育多难？我们民族没有这样的传统。所以这方面的问题非常多。

我和大学生在一起聊天的时候，他们说大学生很寂寞，不在寂寞中恋爱就在寂寞中变态，为了不变态就只好恋爱。现在，性爱已经到了中学，中学中打胎的也不在少数。性爱到了一定的阶段，必定要出“万一”的。在这个跃跃欲试的年龄，没有人引领我们如何面对性。从一开始，我们就被蒙住了眼睛，于是就开始在无限春光里进行“无限探求”。在中国的父母眼里，性教育不但不能给孩子带来多少好处，打开了这扇窗反而提醒了孩子们越轨。他们不厌其烦地讲述谁因为早恋而受骗，谁因为早恋而堕落，对性只字不提。然而在这个信息社会，愚昧的说教能阻止人们偷吃禁果吗？它给予我们的只能是扭曲的价值观和不良的心态，这才是人们堕落真正的罪魁。性的本质并不坏，善待性的人，性会回报一个善意的微笑。丑化性的人，性只能还于一个嘲弄的表情。一个人因为盲目而看不到危险，但危险并不因此而消失。如果父母是合格的导航者，我们就可以一路平安。问题是现在的父母水准不够，而年轻一代接触的信息往往纷繁复杂。比如现在有很多孩子，尽管没有性行为，但是有意淫，什么叫意淫？就是脑袋里面在想那件事，在想男女之间的身体、器官、性行为，这都是影响学习的很重要原因，我们的家长不太了解这方面的东西。

现在的社会，社会道德上的滑坡有很多原因，比如成年人在感情问题上对孩子们没有做出太多的好榜样。我记得很清楚有一个数据，大家也可以查一下，也许我的这个数据不真实、不准确。我国这几年发展最快的是GDP，但是离婚率也是改革开放以来最高的一段时期，西安有一个大学的女老师离婚了，高兴地打了个电话给我。我说为什么如此高兴？她说排队排了半个月才轮到我，离婚的人太多。成年人在婚姻上的轻率，恰好给孩子们做出了某些坏榜样。所以，我历来主张，父母之间的关系是最最重要的教育。父母之间的关系出了问题是最糟糕的。

未成年人的这种状态，一定是有原因的，除了成年人没有给孩子做出好榜样之外，和几个生活有关的概念也需要家长当心：

1．营养过剩。这是孩子们性发育提前成熟的很重要原因，营养过剩之后导致的最大问题就是内分泌紊乱，内分泌紊乱可能会提前发育。有四个方面的食品大家最好不要给孩子吃或者少给孩子吃，第一个是膨化食品，第二个是快餐食品，第三个是反季节的水果和蔬菜，最后一个是各种补品。

2．控制网络里黄色和暴力的东西对孩子的影响。一些机构作了一个调研，最黄色的东西就是教孩子做爱。两个成人裸体、两个小学生裸体，成人怎么做爱，两个孩子跟着怎么做爱。还有一类暴力游戏。“你今天杀人了吗？”无缘无故地把一个人杀了，这就是你的本事，这是游戏成功了，你就满分。沈阳郊区有一个小学四五年级的女孩，玩了半年这个游戏，有一天早晨起床，奶奶正在给她煮牛奶、鸡蛋，她拿了一个木棒，朝奶奶的头上砸了一棒，把奶奶砸死了，然后她戴着红领巾，唱着歌、背着书包上学去了。她把虚拟的网络和现实的世界混在一起，分不清楚了。奶奶在家里死了，她还唱着歌去上课，这个问题很大。我们调查当中，这个杀人游戏和性爱表演的点击率很高，谁家孩子看了谁家孩子没有看你怎么知道？所以，有了网络，我们的生活确实方便多了，但带来的问题也太多了，特别是对未成年人。

刚才我说性早熟 3 到 5 年，心理晚熟 3 到 5 年，这也很麻烦。通俗地讲，你的孩子长不大，你有没有这样的感觉？如果有这样的感觉，你的孩子心理晚熟。孩子小学四年级还爱玩幼儿园小孩爱玩的游戏，这就是心理晚熟的表现。这种晚熟对孩子的成长来说是非常不利、非常不好的，长不大。心理年龄应该和生理年龄同步，过去我们说穷人的孩子早当家，现在穷人的孩子、富人的孩子谁能早当家？穷人的孩子也惯得没样子。

4 年前，中央电视台和陕西电视台都播了一个国家一本的大二学生失踪了。家里向学校要，学校向家里要，都找不到人。爸爸是打工仔，每天就2块钱的伙食费，整天到处游走，走了49天才找到他儿子。在一个远郊区的废墟里面自杀身亡，尸体都臭了，烂了。我在电视台点评前先走访了这个家长。家长哭诉和我说，我把孩子惯坏了，我打工，我爸妈替我养。爷爷奶奶对孩子娇惯、溺爱无度，他接手之后继续娇惯。我说你举个例子。他说有一天周末回来，家里有个楼梯间，中间隔着一个布帘子，那边是他两口子，这边是儿子。他儿子冬天到半夜12点起来了，把爸爸妈妈的头一拨，说："起床。"大冬天的，三更半夜干什么？孩子说："我失眠睡不着觉，你们想个办法。""孩子，爸爸妈妈给别人打工，很累，很辛苦，让我们睡会儿吧。""不行，我在家爷爷奶奶就是这样，我什么时候醒他们什么时候醒，要伺候我睡着。""你已经是大二了"，他说："那也一样，我是你们的孩子，你要把我整睡着你们才能睡。"两口子醒来，也没有文化，怎么哄孩子？妈妈很简单，就坐在旁边，隔着被子拍屁股。"孩子乖，孩子睡"，你们想想，这是跟谁做的动作？这是哄幼儿园小朋友的，现在居然用到大二的学生身上。爸爸坐在床头，唱着四不像的催眠曲。一个小时以后，孩子才睡着，已经半夜一点了，他们两个彻夜睡不着了，不明白为什么会这样。实际上，这个孩子从一个侧面讲，就是心理不成熟的表现。他人长大了，心理状态还在幼儿园和小学，这是很麻烦的。更麻烦的是我们对孩子的心理晚熟都没有当回事，因为他在你面前永远是一个孩子，你永远感觉不到他的心理发育不能和生理发育同步。有关心理晚熟是很可怕的一个问题，大家不要轻视。心理晚熟带来最严重的后果之一是上学挂科很厉害，甚至因为挂科问题而跳楼。

（二）父母的情绪烦躁，心理焦虑，管教失误。有一段话像绕口令：社会竞争越来越激烈，望子成龙越来越心切。这几乎是95%以上的中国家长都容易犯的一个错误。择校、排队、花钱、求人，为了孩子读书不择手段，对不对？没有错。你上好幼儿园，是为了上好小学，上好小学为了上好中学，没有错。错在哪里？我们把握不住一个度，而且有一个误区，觉得我的孩子只要上了好学校就会变得更好，这绝对是一个误区！绝对不是说你的孩子学习不好，进了一个好学校就能变成一个好学生，错，恰恰相反。孩子在原来的学校考试分数偏低，基础比较差，孩子进了一个好学校，他们的教学速度很快，标准很高跟不上，考试都是倒数第几名，这就很麻烦。严重打击了孩子的自尊心和自信心。

现在我们最缺乏的就是耐心，对孩子一定要有包容之心。孩子就是孩子，有一个家长在大会上站起来高声地问我，他说："我的孩子好动，他一动我就动。"我说："你怎么动？"他说："我动就是打他。"我说："我向你提另外一个问题，明天早晨起床以后，你孩子突然出现在你的面前，他像你一样稳重、老练，你觉得怎样？"他说："那孩子一定是病了。"我说："好的，请坐。"他说："你没有回答我的问题。"我说："怎么没有回答？玩是孩子们的天性。"教育是有规律的。小麦什么时候种？什么时候发芽？什么时候施肥？什么时候除草？什么时候收割？什么时候打粮？都有规律，人也一样。在什么年龄段就会表现出什么样的特征，孩子在学习的过程当中会有很多问题惹得你生气，其实生气说明你无能，你面对孩子要有极大的耐心，要讲一个度，如果我们不讲度，我们就是在没有办法了。

有一个编辑给我写信。其中一段话这么说："有一天孩子写作业，我发现他在干别的，我十分生气。就开始训他，你看你每天作业写得这么慢、这么乱，看你的学习越来越不行了，你将来怎么办？考不上高中怎么办？在我的骂声中，孩子的父亲从另外一个房间冲出来，飞起一脚踢孩子。一脚踢在小木凳上，木凳踢飞了，孩子离家出走了。"这样的家庭氛围、这样的环境，你让孩子怎么成长？我们平常批评孩子任性，其实很大程度上是家长任性，家长的任性造成了孩子的任性。

唠叨是家长的另一个通病，举一个案例。一个孩子初中在一个非常好的学校上学，指望着上完之后上好学校的高中，没有想到考试之后全部不及格，上职业学校人家都不要，家长简直受不了。把孩子领来，我和这个孩子谈了三次，孩子居然没有张一次嘴说一句话。我说："你走吧。"走了，我说："来了？请坐。"坐下，就看着你。第四次，我说："孩子，我告诉你，我是上苍派来唯一救你的人，如果你今天再错过不和我说话，再找到我这样耐心的爷爷来帮助你，难！今天你再不说话走出去，我都敢断言你一辈子完蛋了，还做什么人？"孩子一下子扑过来，"哇"一声哭出来了，我静静看着他在那儿哭。其实那就是对父母的控诉，哭完之后从口袋里掏出一张纸，叠着三层的一个本子，说：“这是我的便签账”。他记录了初中二年级的第一天到最后一天，妈妈对他实施唠叨的数字统计。他画“正确”的“正”，给妈妈画了440个“正”字，2200次唠叨，一天唠叨多少次？就那几句话不停地重复。我说，如果你娶了这么一个老婆行吗？或者你嫁这么一个老公行吗？受不了。给爸爸记了13次，就是这一年当中实施的暴力。我和他爸爸谈话，他爸爸说，我父亲告诉我不打不成才。我平均每个月打一次，我相信打一次就能管一个月。我说：“你注意，孩子给你记了13次，一年是12个月。”他说：“没错，这一年可能有闰月。”因为孩子记的是阳历，父亲记的是农历。所以，家长浮躁的情绪对孩子的影响太大了，我希望大家都能冷静下来。

（三）文化多元和精神污染，严重改变了我们的生存环境。孩子变得很复杂，父母对孩子的管教依然十分简单。我在网上看到一个东西，说现在社会生活中，物质条件好了，但人们生活得并不轻松。食物多了，食欲少了。娱乐多了，快乐少了。财产多了，财富少了。交流多了，交心少了。废话多了，真话少了。我不敢说这段话有多大的科学性，但是这作为一种社会现象的描述没有错。现在我们进了超市，琳琅满目，你吃得了多少？你现在娱乐，有快乐吗？娱乐场所很多，快乐并不多。财产多了，财富少了，特别是精神财富有多少？门风、家风现在还有吗？没有了。交流多了，交心少了。交流会能交心吗？并不能交心。废话多了，真话少了。我们的孩子，就生活在这样的环境中。文化的、精神的传递，都是在不知不觉中进行的。有人说我的孩子从家门到校门，错，你的孩子从家门到社会门，从社会门到学校门。而且你们家里的电脑就是社会，根本没有家庭一说。这样的情况下，做家长的如何防御社会文化对孩子的负面影响？这就是我们不得不考虑的问题。

小学四年级有一个孩子想自杀，他妈妈是给人在街上钉鞋掌的，孩子 4 岁时爸爸就死了。她给我打电话说孩子要自杀。为什么要自杀？她说不知道。我说那好，你把孩子交给我，我和孩子一谈，发生了非常简单的一件事，新学期开始，学校要重新排座位。妈妈把旧衣服给她洗得干干净净，又花了 30 块钱给她买了双新鞋，孩子穿上新鞋到学校。排座位，和她排在一个座位的是一个男生，男生也穿的新鞋，新鞋是 700 元钱的品牌鞋。一个 30 元钱的鞋，一个 700 元钱的鞋，坐在一起本来并无相干。但是这个男孩子的教养不好，老师一讲话，他就把脚踩在女孩的脚上，700 元钱的鞋踩着 30 元钱的鞋上，踩上不说，还在人家的脚面上拧来拧去。一上课就这样，我后来也和男孩谈了，男孩说我放在她脚上我觉得我舒服、快乐，我欺负她她不敢说话，她胆小。我问女孩子，女孩子说我不敢说，我妈妈不可能买这样的鞋，如果告诉老师，同学会看不起我。面对这样的情况，我们几个专家联合起来，向社会集资了一些钱交给这个家长，几个老师又轮流辅导，给她换了学校，家校配合之下孩子才好起来。你说这个孩子的家长可能知道吗？不知道的。孩子在外面究竟发生了什么事？做家长的回来要注意观察，要小心看孩子会做什么事情，有什么事情，一定要小心。现在的文化无形、无影、无踪地对孩子的渗透，我们一定要注意这个问题。

（四）父母爱孩子天经地义。可是大多数家庭不会爱，往往是两个极端造就一个后果——失败。你可以在本子中间写一个10岁。10岁的左边写六个词：娇惯、溺爱、迁就、让步、满足、放纵。如果这六个词不同程度地在你们孩子身上都存在，就构成了我所说的两个极端，必然造就一个失败。10岁之后，也就是写到右边，又是六个词：唠叨、训斥、指责、埋怨、暴力、失望。如果一个孩子在10岁前，你们家里有前面的六个词，或多或少有，相信10岁之后，孩子爆发出某种问题以后，你的态度会变成这右边的六个词，孩子小学毕业之后孩子会变成什么样？畸形心理。他试图把爸爸妈妈的娇惯、溺爱、迁就、让步、满足、放纵和唠叨、训斥、指责、埋怨、暴力、失望统一在一起，结果造成了人格分裂，个性暴力。这样的孩子到了中学以后，肯定会出问题，而且出的不是小问题，是大问题，很危险。历来把很多家庭父母、祖辈对孩子的爱，说成金色的陷阱。金光闪闪的爱下面埋的是陷阱。有一个县教育局长给我打电话说："许主任，我现在才体会到，谁有了孙子谁就变成孙子了。"我说："你的体会挺深。"他说："我到一个农村去，一个老大爷和我说，我没有想到我给儿子娶了一个妈，这个妈给我生了一个爷。"这样的关系，说清楚了一个问题，就是家庭的娇惯溺爱，可以延伸到你结婚。但孩子还是要管的，我到日本访问的时候，有一个事情很有意思。教育局长、副局长挑战我，说我们一个校长把全校的学生星期天带到山上。开始说到山上有吃有喝，然后没吃没喝。然后要孩子们走回来，早上7、8点出发，晚上9点多回来，一路上，一天时间什么都不吃，他问我，你敢不敢？我说我没这么干过，那不是对孩子折磨吗？他说不对，一天不吃饭完全可以，这是一种合理的磨炼，在科学范围之内。我回来之后，在一次家长会上讲了这个案例。一个家长蹦起来说："胡说！我们党的政策好，让我们赚钱就是让我们孩子享福的，你们这么折腾我们的孩子，那还叫教育吗？"根本没有办法接受，很难。我们对孩子的要求要严格，但要合理。既要严格，又要合理。

河北有一个大款的儿子，8岁了还不会站着小便。两口子为这事闹到离婚，官司打到西安，来问我怎么办。我后来一了解，这个大款太有钱了，46岁才生了一个男孩，宝贝里面的宝贝。于是专门给孩子盖了一个宫殿一样的院子，别人不能进去，进去的只有三个人，孩子的奶奶、孩子的妈妈，还有他20多岁时候生的大女儿。外面有什么吃的送到门口，那几个人拿进去，需要买什么，买好送进去。里面的人不能出去，外面的人不能进去，孩子在这样的环境里生活了8年，准备上学了，结果不会站着尿尿。他问我："许老师，我的孩子为什么不会站着尿尿？"我说："你还要问吗？孩子的老师只有三个，三个都是女的，哪个是站着尿的？"不是很清楚吗？这就是环境造就的。孩子蹲的时间久了，也就改不了了。后来我在家里谈话的时候就给孩子猛喝水，说："你们在屋子里等我，我领孩子出去转转，回来就好了。"为什么我知道回来就好了？因为外面有一个公用厕所，非常小，只能站两个人，而且屁股靠着墙才能小便，没有蹲的条件。他说："爷爷我要小便。"我说："再憋一下。"憋到那里以后，我说："爷爷怎么做你怎么做。"他说："我小便不出来。"我说："那你就憋着吧。"憋着没有办法，尿出来了。他说："我可以站着尿了，爸爸妈妈可以不离婚了？"我说："不用离婚了。"很简单，几分钟就把问题解决了，两口子还闹到要离婚。我们这样一种教育，对孩子造成的后果非常严重。

所谓的家庭教育，家庭的生活就是孩子的课堂，父母的言行就是孩子的课本，生活的情调就是孩子的文化，孩子成长的态势就是父母的成绩单，家庭出问题了，孩子教育也出问题了。比如冷战式的家庭，不离婚、不和好，谁也不理谁，谁和谁也不说话，该干什么干什么，要说话写纸条递给孩子。暴力式的家庭，肢体语言说话，吵、闹、打。更严重的是职业化的家庭，在单位是处长回到家还是处长，在单位是经理回到家还是经理。在单位是校长回到家还是校长，这样的家庭孩子等于没有父母。在这些情况下，用再科学的方法都不可能解决孩子的任何问题。

互动空间

提问1：许老师，听了您的讲座非常有触动。我的孩子才

4 岁，上幼儿园。您刚刚讲到青苹果的故事，我觉得有点理想化，讲了这个故事孩子就明白了早恋的坏处？

许建国：她妈妈原本没有打算让孩子把苹果咬一口吐掉的，原本的打算是带到苹果园里，讲苹果现在还没有成熟不能吃。没有想到还没有讲，孩子就摘了一个啃了，觉得机会很好就说了。

提问 1：由这个引申我想说一个问题，刚才您说性早熟 3 到 5 年，如果我们的孩子，按照现在的年龄来说 10 多岁，就像您刚才说的，五年级到初中就性早熟，他又不可以做这样的事情，不是一直被压抑着吗？因为他早熟了所以会被压抑，会对性好奇。家长应该怎么办？是否性行为也可以提前 3 到 5 年？

许建国：过去因为没有性教育导致性神秘、性好奇、性冲动，最后走向性犯罪。因此，作为一个 4 岁孩子的母亲，教育孩子我觉得从三个方面入手做好工作就可以了，第一，不要给孩子乱吃药。第二，孩子的饮食要科学。第三，不要让孩子经常接触有性刺激的画面。这三个方面做到问题就不大了。性早熟提前了性行为也会提前。不过真正的性行为应该是结婚之后。

提问 1：您刚才说的，现在的孩子和我们作为孩子的时候是不一样的，如果他性早熟 3 到 5 年，意味着他没有上大学之前就需要有性行为？

许建国：这是孩子的教育问题，不能。我说的是性早熟，和上大学是两个概念。性早熟 3 到 5 年，要根据孩子的情况进行研究，因人而异。

提问 2：许老师，我有一个问题，我女儿现在小学四年级了，我现在发现，一、二年级的习惯没有调整好，目前的问题，一个是挑食，第二个是我给她制订的计划，基本上她会反对。比如我制订她的学习计划，虽然也有游戏的时间，但她往往会说我干涉她太多。我有点苦闷。

许建国：我觉得孩子已经把答案给你了，孩子说得对，现在大家注意，我说的六个词，归纳起来就是两个字：包揽。孩子所有的溺爱、娇惯、迁就、让步、满足，最后就是包揽，把她所要做的都替她做了。比如说孩子要做一个学习计划，家长的责任在于引导。学习是孩子的事，不是妈妈的事，这对孩子来讲至关重要。大家注意，中国的孩子摔跤之后，妈妈走过来打桌子骂地，谁让桌子 / 地把我孩子绊倒了，妈妈打过了，孩子别哭。这是把责任推给了桌子和地。这个责任是谁的？是孩子自己不小心。有的妈妈是这样，孩子摔跤了把孩子扶起来。别哭，回到原来的地方，妈妈站在这里等孩子，重走一遍。重新走过来，往妈妈怀抱扑过来，妈妈就会说，孩子真棒，孩子刚刚没有走好是孩子不小心，怪不得天、怪不得地，孩子重新走成功了，妈妈祝贺孩子。这也是教育，打桌子骂地也是教育，家长用了哪个办法？现在家长犯的最大错误，就是包揽过多，包揽那么多，孩子长大以后就是精神缺钙，软骨头。

提问 3：非常感谢您为我们上这样一堂课。我的孩子已经到了初二的年纪，从初一开始就开始看网络小说，他对军事比较感兴趣。他看的网络小说以军事、穿越类为主。我不知道您对孩子看网络小说是什么样的观点？

许建国：我想阅读网络小说完全出于儿童时代的好奇心。另外一个，我们媒体这几年的宣传造成一个误导，读穿越，我不知道中国现在谁穿越了，往哪穿越？孩子要到哪儿去？穿越过去干什么？见了李世民还是秦始皇？孩子回来他给孩子捎带了什么？这些虚无主义的文化，给家庭教育造成了很多的干扰，使孩子们受到很大的影响。孩子喜欢军事研究，请不要打击他，不要给他泼冷水，那才是孩子真正的兴趣。如果给孩子报兴趣班，提醒大家，不要拿自己的兴趣代替孩子的兴趣，不要拿自己的理想、愿望代替孩子的兴趣，这样会坑了孩子，对孩子不利。

提问 4：今天很高兴听您的讲座，我的孩子刚刚上完一年级，在上一年级的过程中，我觉得我特别焦虑，主要的问题是孩子学习到底是陪伴还是不陪伴？完全不陪伴，好像对孩子是放鸽子。如果陪伴，她会产生依赖性，所怎么可以提高她自发的学习能力？老师给她的评语也说她有点焦躁，因为她性格比较好动。

许建国：小学阶段的孩子写作业的时候，一定要做到陪伴又不陪伴。时而陪伴，时而不陪伴，好像陪伴好像没陪伴，尽可能让孩子自主，但是总在周围关注孩子，内紧外松，爸爸妈妈没有管，有自己的事。但是心里操心看他会不会弄，弄不动了，犯愁了，问问他，有困难需要帮助？帮好就不要再帮了。不要一会儿送水果，一会儿送开水等，这样良好的习惯就养不成了。

提问 5：我有一个朋友的儿子五六岁，有一次晚上他和自己的儿子说，宝宝长大了，从现在开始要学会一个人睡。儿子和他说，爸爸和妈妈也长大了，为什么你们要睡在一起。我朋友一时语塞，无法回答，没有想到好的办法，想借今天的机会请教老师怎么回答。

许建国：一般孩子 0 ～ 3 岁可以和妈妈同被窝。3 ～ 5 岁之间，可以同床，10 岁之后，坚决同家异屋，但是半夜应该有照应，半夜起来看看孩子。小学段之后，几乎可以独立，12 岁过后，父母不在家他一个人在屋里敢住，一定要锻炼他。

孩子刚才提的问题错在哪里？可能错在了他和妈妈同被窝时间晚了一些，造成了这样的后果。碰到这样的孩子，不要讨教通过教育改变的办法，带有三分强制性地做上 1、2 次就好了，没有太多的道理。这都是大人不注意，也是从小娇惯孩子的结果。

提问 6：我提个问题，我们遇到非常大的挑战，孩子经常会说，不让他玩游戏，同学都在玩游戏他不玩，在学校会受到排斥。他的社会环境、学校环境，会对我们的家庭教育带来很大的挑战。家庭教育和社会教育中间是一个很大的冲突，现在我们有一个很大的困惑。

许建国：家庭教育、社会教育、学校教育三者之间的关系研究是一个很大的课题。这三者的关系，我打一个比喻，家庭教育是一片大地，学校教育是建筑在大地上的高层楼房，社会教育，就是周边的环境。没有家庭教育，楼就没有立足之地。这个地方没有楼，孩子们上学就没有地方可去，如果没有好的环境，家庭和楼房都不能生存。这三者之间的关系，孩子说的在学校有一个小团伙，这本身就是孩子另外的问题，孩子教育上的失误，什么失误？在学校里面有一种校园歧视，学习好的看不起学习差的，谁教的？老师教的，老师往往偏爱学习好的学生，就对学习差的孩子造成一种歧视，孩子的心里就很不舒服，这样的情况下孩子们只好抱团取暖，学习不好的同学拢在一起玩游戏，玩着游戏就感觉到自己有力量了，是这样的。但是人生之路很长，他们长大以后谁成功？谁不成功？全是未知数。我们现在在网上看到一句话，孩子没有分数，孩子过不了今天。孩子只有分数，孩子过不了明天。这个话是有道理的，学习孩子就得考试，不考试怎么衡量孩子？没有分数孩子过不了今天。但是孩子只有分数过不了明天，明天就是孩子的未来，孩子过不了，因为孩子没有德行，没有健康的身体，没有社交的能力和道德的品质，这样的人得分数再高又能怎么样？

把孩子温柔地推开

专家介绍：付小平，著名教育专家和儿童成长力培训专家，参与培训全国多所知名幼儿园和小学的家长和老师，是新浪育儿、搜狐亲子知名博主，著名报刊专栏作家，“男孩部落”微信公众平台创始人。已出版《陪孩子一起上幼儿园》《把孩子温柔地推开》《陪孩子一起幼小衔接》《培养儿童自控力》等书，在《北京青年报》《中国教师报》《现代教育报》《时尚育儿》《孩子》等报刊发表数百篇育儿专栏文章。

一、打好发展的地基

人的发展就像大楼，有地基部分和地上部分。地上的部分我们比较关注，比如说报告厅的灯漂亮不漂亮，座位是否舒服。但是我们很少关注看不到的地基部分，孩子的成长也是如此，在上小学以后有考卷、分数、成绩，我们用这些方面来衡量孩子发展得如何，但是幼儿阶段很少能用这样一些标准去衡量，而其实这就是地基部分。如果地基打得不牢的话，后面盖楼是会出问题的。特别是当大风大浪来的时候，甚至会轰然倒塌。如果把地基打好的话，越往上盖越容易。

但是我们现在对早期教育有一些误解。因为我们一想到教育就想到知识，想到孩子认了多少字，会多少算术，会多少英语，学了多少技能。实际上真正的早期教育主要的不是这些，而是一个人全面的发展。所以我喜欢用早期发展这个词。在外国的文章和图书当中，基本上没有早期教育这样的词，都是早期发展，用发展这个概念去说的。这个早期发展就相当于“打地基”的部分。

在“打地基”当中，独立性和自控力的培养是我认为的两项非常重要的工作。这就像建筑当中最核心的部分，最下面的支撑这栋楼的两大支柱。或许用个比喻大家比较容易理解。现在很多人都在开车，从摩托车到小汽车到大卡车，都有两个关键的零部件，大家想想，这两个方面相当于汽车当中的哪两个部分？独立性相当于什么？发动机。独立性就是让一个人可以很独立地完成一件事，就像汽车发动机一样。一个独立性比较强的孩子，很多事情不需要大人操心的，你不必关注他，给他一个大方向就好了，他自己会去做。而自控力是什么？刹车系统。如果说发动机很好，但是刹车不灵你敢上路吗？是不是不敢？我们知道，连自行车都有刹车，没有刹车的汽车肯定不能上路。只有一种车是没有刹车的，你们猜猜是什么车？玩具车。为什么我花这么多时间去研究这两个问题？我第一个孩子现在已经8岁多了，我在这两个方面关注得比较多，她在上小学之后，我觉得真的是很省心。相反对这两方面关注不够的家长，越到后面就会越操心。

二、为什么孩子不够独立

接下来我想再给一点时间，先提一个问题，因为我们今天有爸爸，有妈妈，我特别希望爸爸可以踊跃地参与，当然也欢迎妈妈回答。我们的孩子独立性如何？你先给我几个关键词，描述一下孩子的情况，包括孩子的年龄、性别、目前孩子能独立完成的事情有哪些？举例说明一下。如果说你觉得孩子不够独立，独立性不够好的地方是什么？也可以举例说明。最后你自己再分析一下，孩子为什么会独立性不够呢？我想请两位家长来谈一下，最好是一位 6 岁前，一位是 6 岁后。我们先请这位妈妈。

观众：我孩子 10 岁，上小学，女孩。现在可以独立完成的就是起床，吃饭也吃得不好，偏食，最差的就是作业。为什么独立性不强，我觉得是她的学习动力不足。

付小平：但是吃饭不存在动力的问题。

观众：吃饭就是挑食。

付小平：小时候喂饭喂到几岁？

观众：五六岁。

付小平：你听到了吗？大家都在“啊”。

观众：我觉得问题很严重。可能是以前溺爱了，现在管不了了。

付小平：现在还来得及，但是需要花更多的心思。我们给这位妈妈一点掌声，她敢于剖析自己。很多妈妈在公开场合愿意说我孩子独立性很强的，其实我非常希望听到一些做得不好的案例，因为经验和教训都是重要的，经验大家可以互相借鉴，而教训则可以让别人少走弯路。我觉得应该给她更多的掌声。其实这些话题，一会儿我都会讲到，到后面我还会分析原因。接下来我们再请一位。小宝宝要说话，你自己说好不好？你几岁？

观众：6岁。

付小平：你可以独立完成哪些事？

观众：我可以洗碗了。

付小平：洗澡能洗吗？

观众：可以洗了。

付小平：几岁开始的？

观众：现在。

付小平：还有吗？

观众：帮助妈妈做家务活，还有每天早上都早早起床，比妈妈起得还早，都是我叫妈妈起床的。

付小平：我们把话筒交给妈妈，妈妈有没有什么补充的？

观众：我觉得孩子最大的问题就是不能坚持，而且现在已经到了学习知识的阶段，我们暑假的时候报了一些英语的课程，她感觉很吃力。现在她在幼小衔接阶段，所以在学知识方面碰到很多问题，不能理解老师讲的内容，这是我们非常苦恼的。她愿意去做家务，但是有的时候我们做父母的往往不太容易放手。

付小平：其实你女儿已经很独立了。你的情况和我的情况很像，我女儿在幼儿阶段学得也很少。进入小学第一学期，刚刚开始一两个月适应会比较难一点，会遇到一些问题，分数也不会很高。我女儿第一次考试得了 68 分，第一次考试并不重要，她正在学习怎么考试，因为她之前没有考过。我相信你的孩子一个学期之后，她很快就会适应，她的成绩也会不断上升。她自己很想要，这股劲一定会带到学习上来。生活和学习是分不开的。我们再给两位掌声。

其实这些内容，我提的几个问题，后面都会讲到，这里就不展开讲了。既有做得比较好的，也有很多还不能独立的。我今天就花一两个小时跟大家探讨这个话题，到底怎么才能让孩子独立呢？你要学会把孩子温柔地推开，是什么时候推开，是 1 岁就推开吗？曾经有一个妈妈在微博上给我留言。她跟我提的一个问题让我吓了一跳，她说我孩子出生 20 来天了，我想培养孩子的独立性，我应该怎么做？是不是应该把孩子放到另外一个房间睡觉，其他方面如何培养？我说我是研究孩子独立性的，但从来没有说过一出生就要去培养，孩子一定要有独立的能力之后才可以培养独立性。不是说刚出生的时候就要培养独立性，刚出生的时候是要培养亲密性，亲密性和独立性是相互影响的。你在一两岁之前把亲密性建立得很好，他的独立性也会比较好培养的。

今天主要分享几个方面的内容，一是培养独立性的几个关键期，二是培养独立性的几个关键点。你要抓住几个关键期、关键事、关键点。就像前面说的独立性和自控力是我认为孩子教育当中的支点。而独立性当中又有几个关键的事或者关键点你要抓好。我会讲几个案例，父母和孩子要一起“断奶”，刚刚那位独立性比较好孩子的妈妈也会觉得放手不够，就是因为父母和孩子不愿意一起“断奶”。最后我再讲几个具体的方面，比如从学习、阅读、生活、吃饭等方面怎么从小培养孩子的独立性，如何把孩子温柔地推开。所以越讲到后面越具体。

三、培养独立性的关键期

我认为培养孩子独立性有四大关键期。第一个关键期是2岁左右，第二个关键期是6岁左右，第三个关键期是9岁左右，最后一个关键期是青春期，在孩子成长的关键阶段让孩子做关键的事，对于培养孩子的独立性非常重要。

第一个关键期是2岁左右。当然这里说左右，是因为有些孩子一岁半左右就可以自己吃饭了，而有的孩子则发育得比较慢。大概在这个时候，孩子会有一些独立的意识，会把自己想要的表达出来，这个时候孩子特别喜欢挂在嘴边的一个字就是“我”，“我想要”，“我的”等，这个时候的孩子是没有分享意识的。孩子的心理是这样，我的东西是我的，你的是我的，他的也是我的。2岁左右的孩子就是这样的，这在心理学上叫自我意识。

自我意识的概念，就是一个人把自己作为一个独立的个体，他自己认为我是一个独立的个体。所以要培养独立性，起码要让孩子到这个阶段。因为几个月大的孩子，他不认为自己是一个独立个体，他认为我跟妈妈是一体的。虽然说他从妈妈肚子里分娩了，但是他意识当中还是和妈妈一体的。慢慢地到1岁多，有的孩子1岁半的时候就会出现自我意识。

你们可以做一个小试验，我在家里试验过，基本上靠谱。在镜子前面，你抱住小宝宝，在他鼻子上涂上小红点，贴也好，涂也好，注意不要洗不掉。1岁半之前的孩子，他基本上对着镜子会笑，但是不会去摸自己鼻子上的红点。但是1岁半到2岁的孩子就会去摸自己鼻子上的红点。这是心理学上做的关于出现自我意识的测试。

还有一个简单的方法，把拍的照片和视频给孩子看，一岁半之前，孩子基本上不大会对着照片说这是谁，或者说这是我，比如说我的二宝小雨，他一岁半之前看照片只是傻傻地笑，而到一岁半之后，我们把小时候的照片给他看，他就会说这是我，这是姐姐，这是爸爸，这是妈妈，有的时候说这是小雨，他知道自己的名字，出现自我意识了。当他有这个独立意识之后，他就知道，我是一个独立的个体了，我和妈妈不是一个人，是两个人。

自我意识出现，独立意识才会有，有了独立意识之后才可以谈独立性培养，如果说没有独立意识的话，你怎么谈独立性的培养？同时这个时候生活技能、运动技能和语言能力有了明显的提高。2 岁的孩子已经可以自己拿调羹吃饭，会走路了，说话也可以了。男孩的语言能力会比女孩要稍晚或者稍弱。但是如果你在孩子小时候，多互动、交流、对话，你会发现男孩的语言能力一点不比女孩差。生活技能、运动技能、语言能力提高之后，他的独立能力就有了。现在已经开始自己吃饭了，再大一点就开始尝试自己穿衣服了。

那么这个阶段，我们重点关注什么呢？关注生活自理能力的培养，这是 2 ~ 6 岁的重点，6 岁后是另外一个阶段，当然不是说 6 岁之后生活自理能力不重要了，如果说 6 岁之后自理能力还不好，那要齐头并进的。自理能力包括吃饭、穿衣、上厕所、洗澡等。我的女儿四岁半左右开始自己洗澡，当然不是说自己洗澡就完全不管了，我这里讲的是把孩子温柔地推开，不是坚决地推开，你要告诉她一些基本的东西，然后再放手。女孩子洗头的时候，需要大人去帮一下，其他可以都不管。生活自理能力在幼儿园是最好培养的，家里一定要和幼儿园同步，不同步的话，孩子会退步，会走样的。

我举一个例子，我的女儿在幼儿园中班的时候，参加幼儿园的一个开放日活动，家长可以去陪伴和观摩半天，然后午餐吃虾，幼儿园里面做了虾，二三十个孩子在那边吃，老师明确告诉我们说，你们任何一个家长都不允许帮助孩子剥虾，那个时候我才知道我女儿会自己剥虾。因为在那之前，家里吃虾的时候，都是家里人帮孩子剥好的。我女儿在幼儿园吃饭算是比较好的，基本上排前几名，天天得小红花，在家里还是要我们给她剥虾。那天回来我就问女儿：“你怎么在家里的时候都不自己剥的，要长辈给你剥虾呢？”她说：“你们不是经常帮我剥吗？我为什么要自己剥呢？”听明白了吗？你帮她做了，她当然不会做了。所以问题在我们这里。你帮她都做完了，她怎么会自己做？

第二个关键期是6岁左右，这是孩子与父母真正分离的起点，因为他到了一个新的环境里去了，就是学校的环境。那个环境和幼儿园不一样，幼儿园有保育员负责吃喝拉撒，孩子做得不好她们会帮你。但是在小学里面，小学老师教学任务已经很重了，她没有精力照顾好孩子的生活。

6岁左右，孩子认为自己是整个世界的中心，内心重新燃起对独立的渴望。2岁左右开始有了独立意识，而6岁左右则渴望独立，开始不希望依赖父母了。所以6岁是孩子与父母真正分离的起点。6岁左右的孩子，有的时候你让孩子往东他偏要往西。这个时候她是既想要独立，又必须要依赖父母，内心充满矛盾。这个阶段，他一个很关键的任务就是从做一个家庭中的孩子，转变为做一个外部世界的孩子。独立性培养重点是什么？自主学习能力。

在6岁的时候，刚刚进入小学，或者是幼儿园大班或者是大班下学期开始，会有少量家庭作业。不是说做会多少，而是养成一个好的习惯。从上小学开始，上学第一天让他自己整理书包、背书包，虽然说书包比较重，但是孩子还是可以承受的。上小学有很多的课本、作业本，每天回来看完书、做完作业之后，要他自己整理。当然少数的学校，刚刚开始的时候，一二年级的时候没有书面作业很轻松，不用整理。但是需要整理的时候，一定要养成孩子自己整理书包。孩子做完作业，你不要帮他，你要告诉他，这是你的事，不是我的事，我是辅助你的。你即便是陪他做作业的时候，也要让他有这样的意识。然后到家之后，给他十几分钟休息一下，然后就让他回到房间自己去写作业，看电视、出去玩都要等到孩子做完作业再去干，自主学习能力是从这里开始培养的。

接下来第三个关键期就是9岁了。9岁的时候，是孩子独立而执着的年龄。孩子对很多事情开始执着。这个时候他有独立思考的能力了。基本上到了三四年级，你让他自己做点饭是可以的，实在不行你给他点钱他自己出去吃也可以。这个时候他能够独立完成一些生活上的事情，有比较强的安全感。这个时候他爱思考，喜欢与人为善。出现爱思考这种现象之后，你要重点关注的就是他的独立思考的能力。

6岁之前的孩子，他还做不到完全独立思考的。七八岁的时候，慢慢增强了，但是真正有自己的判断和思考还是有点差距的，但是到三四年级不一样了，一方面他的身心发展了，另一方面他的知识储备好了。在上小学的时候，你多让孩子看一点新闻，看一些时事，和孩子多讨论一下，到三四年级的时候，他对一些事会有自己的想法。我们说独立思考不是一下子冒出来的，而是逐渐培养的，在五六岁时他会反问、质疑，但是真正的完全具备独立思考能力是要到九十岁左右。

现在在学校基本上是标准答案为主，语文、数学都是有标准答案的。我看孩子的习题、考卷有的时候会忍不住笑，有一些词，在我看来，是可以的，但是老师说标准答案不是这个。学校不注重独立思考这方面，我们家里面需要注重，你要允许孩子独立发表意见，从最开始独立的反问、质疑，孩子独立思考的时候，你要多呵护他，而不是打压他。你不要说你小屁孩懂什么，这件事听我的。你这样的话，他就没有独立性了。你要慢慢培养他，鼓励他，问他对这件事情的看法，慢慢培养孩子的独立性。

最后一个关键期是青春期。青春期前后，不管孩子的独立能力怎么样，他的独立性绝对是够的，你看那些离家出走的孩子，基本上都是初高中的孩子，因为那是他的青春期，这个时候他绝大部分的事情都不听你的了，他可以为独立而向各方宣战。你会看到有一些孩子因为作业被父母批评了，他就离家出走了。事实上，作业只是导火索而已，背后一定有其他的原因，比如爸爸妈妈平时对他控制太多。孩子通过离家出走向你宣战，你再管着我的话，我就不和你玩了。

离家出走还好，还可以找回来，还有个别跳楼的，他说我要独立，不听你的，你对我太过分，我就从楼上跳下来，生命都没有了。这就是青春期极端的表现，青春期的孩子渴望脱离父母，树立自己的形象，独立是孩子整个青春期一直在追寻的东西。我们现在有一句玩笑说，学校的保安就是哲学系的教授，他对学生问的就是：你是谁？你从哪里来？到哪里去？一个孩子在整个青春期期间，都在寻找自我，认识自己、界定自己，依靠自己。以自己的方式向他人宣告自己的内心的想法。

所以中学生的家长，重点关注这个方面就可以了，就是独立的价值观。培养独立的思考能力还不够，你要告诉他要有一个底线，当你的孩子到成人的时候，一定要有独立的价值观。不然的话，他上了大学，可能就睡觉、打游戏去了，对很多事情不关心。独立的价值观是说，对一些事，包括对生活、世界，对很多事情有自己一致的判断，一致的原则，一致的底线。这就是独立价值观。就是人慢慢地向上，上升到另外一个阶段。

四、培养独立性的关键点

（一）自尊与独立性的培养

自尊指的是个体对自己作出的能长期保持的评价，表明个体对自己的能力、重要性、成功和价值的信任程度。孩子对自己的评价很多时候来自外界，综合外界评价之后对自己作出评价。

心理学家苏珊·哈特提出了孩子自我评价的五个方面：首先是学业能力。我们经常听说美国的孩子学业很轻松，不用学习之类，其实不是这样的。美国的孩子学习方式是轻松的，但压力还是很大的，特别是孩子要考名校的话。虽然国外更多是综合性评价，但是在这个体系下，他们依然看重学业能力，学业能力是孩子评价自我很重要的方面。第二个就是运动能力，运动能力也是非常重要的。第三个是社会能力，这是和其他人交往相处的能力。第四个是外表长相，现在的孩子都喜欢漂亮，喜欢帅，特别是到了青春期，如果说你孩子喜欢穿漂亮衣服，喜欢化化淡妆，你要鼓励她，只要不是奇装异服就可以了。在校园中，都是差不多同龄的伙伴，女孩穿得漂亮一点，看看有没有帅哥看看我，男孩也是如此，把头发弄得好一点，看看有没有美女看看我。第五个是行为举止，行为举止是说我自己做的事得到别人的认可。孩子的学习、生活各方面，家长能不能给予肯定、表扬和鼓励。如果你对他不断地认可，孩子的自尊就上去了。

接下来我结合案例来讲培养孩子自尊心的几个要点：第一，引导孩子发现自己的重要的能力领域。你可以和孩子玩一个叫数数我家宝贝优点和缺点的游戏。我们曾经和孩子玩过，数出了 20 多个优点，也有几个缺点，孩子就非常的开心。用孩子听得懂的语言引导孩子，让孩子知道自己有这么多厉害的地方，也知道自己的缺点。

第二，让孩子在积极的体验当中提升自信。我女儿大班的时候，孩子学的知识少。他们班里有个孩子叫涛涛，会认 2000 多个汉字，100 以内的加减法，还会背 99 乘法表。有一段时间她回来就问我，爸爸妈妈我是不是很笨，我们班里的涛涛怎么会认那么多的汉字，会那么多算术？我们一开始并没有关注这个话题，以为是孩子随口说的，过了一段时间，我们发现这是一个问题，要引导孩子。过了半个月，我带着我女儿在小区里正好碰到了涛涛，我说你们搞一个小跑步比赛好不好？从这里跑到那里，大概 100 米。涛涛答应了："没问题，我们来比赛。"没想到自信的涛涛第一圈下来就落后了，跑得直喘粗气。连续比了几次下来，越到后面落后越多。后来那个男孩子认输了，不玩了。在回家的路上我和女儿聊："你不是说涛涛很厉害吗？今天怎么跑不过你，你是不是也很厉害？"你要引导孩子发现自己擅长的地方，她就会开始知道自己有很多的优点和长处。我说你下一次和涛涛比不要比认多少字，还有很多方面可以和他比，你就不会说自己笨了。之后她就不再提这个事了。这在心理学当中叫"高峰体验"，让孩子在一次积极的体验当中提升自己的自信。在成人世界里叫成就感。你一定要做一件事去体现你的成就感，要强化，有一个认知的改变，认知改变之后，后面很多的情况也会改变的。

第三，是鼓励孩子积极面对问题和困难。比如说坚持方面，如果一个孩子可以连续练几年的钢琴，这个孩子的意志力不会差的。因为钢琴要每天都练，相对来说是比较枯燥的。所以她可以坚持下去，她的自尊心也会增强。

（二）依恋关系与独立性的培养

依恋关系是心理学当中研究的一个重点的话题。这是 0 ~ 3 岁的一个重要的阶段。依恋关系可以分为安全型、回避型、矛盾型和紊乱型。安全型是最有利于孩子成长的。我给大家讲一个现象，你对照一下就知道什么是安全型的依恋关系。孩子刚刚上幼儿园的时候会哭闹，这是很正常的，你们观察一下孩子哭闹之后的表现。有的孩子哭闹几分钟之后，看到那么多小朋友，那么多老师，就自己跑去和老师、小朋友们一起玩了，在幼儿园过得很开心。到放学你去接他的时候，他或者是抱你，或者是亲你，或者很开心地跟你讲爸爸妈妈来了。这种情况下的依恋关系就是安全型的，孩子的独立性就好培养。

其他的情况是什么样的？最严重的情况下，你没离开之前会哭闹，之后半个小时一个小时都会哭闹，甚至有的时候想起来就会哭。下午你去接他的时候他并不是很开心，他有可能打你、捏你。那就是非安全型的，这叫矛盾型的，是对抗型的。还有紊乱型、回避型都是不安全型的依恋关系。他离开你他就无法和其他人玩了，你说独立性能好吗？所以在3岁之前你就重点关注依恋关系。如果说你们家的孩子还在幼儿阶段，你就做到这几点，敏感性：在婴儿阶段准确敏感地察觉婴儿的信号，恰当而且及时地对婴儿的需要作出反应。相互性：相互之间积极和谐的关系。同步性：同等的社会交往。积极的态度：对孩子表达积极的情感，接纳、喜爱孩子。在孩子上幼儿园之前，我建议大家不要长时间地离开孩子，依恋关系最佳的建立对象是妈妈，其次是爸爸，当然和老人也可以建立依恋关系，但是最后他亲的不是你，亲的就是他的爷爷奶奶或者是外公外婆，有的是保姆带的孩子，他最依恋的就是保姆了。我给大家的建议是，第一，晚上的时间一定要和孩子待在一起，尽量把老人接到家里来，挤一点也没有关系。第二，不要让孩子到幼儿园或者早教中心全托。特别是两三岁、三四岁的时候，越小他越恐惧。

（三）养育风格与独立性的培养

养育风格有四种，第一种是权威型，你对孩子有爱与自由，又有规则和约束，你就是权威型的父母。如果说你没有太多的关爱，只有规则和约束，那就是专制型的，像最近说的虎妈和狼爸。如果对孩子没有太多的规则和约束，基本上只有爱与自由，那就是纵容型的。还有一种就是忽视型的。相信今天来的各位一定不是忽视型的，因为你们很关注孩子的教育。

研究结果表明，权威型的教育风格，有利于独立性培养，对孩子的成长发展最有利。那我们怎么去做一个权威型的父母？第一，在家里既要讲爱也要讲理。讲爱我就不多讲了，重点讲一下讲理。家庭是社会性发展的起点，社会化是规范儿童行为，控制其不合理冲动的一种方式。所以你对孩子要有要求、限制、约束，给孩子立界限、定规则。既要讲爱也要讲理，理就在这里。第二，温柔而坚定地守住底线，耐心而坚决地树立权威。要求孩子做出适当行为的时候要坚持。一旦对孩子提出要求，一定要言出必行，切忌优柔寡断。你说出来就要坚持做到，否则的话，你的规矩就没用了。同时又有足够的耐心等到孩子变得顺从而不会迁就孩子的不合理要求，也不会以势压人，出于自己的意愿，孩子最终会变得更顺从。你可以跟孩子说，你不这样做，就会有后果，这个后果不一定是打或者骂。第三，顺应孩子的天性，尊重孩子的选择。第四，允许孩子犯错，学会管教孩子。触及原则问题要及时引导，对待孩子的价值观要坚定。

（四）父亲参与与独立性的培养

哈佛大学有关研究表明，在人的发展当中有两个方向，一个是亲密性，一个是独立性。母亲的天然优势是培养孩子的亲密性，而父亲的天然优势是培养孩子的独立性。著名教育专家孙云晓提出每个孩子都有两次诞生，第一次是生理上的诞生，而第二次的诞生是在青春期，我称之为和父母一起“断奶”。孩子在青春期时精神脐带上的那一刀一定要去剪，这个任务更多是在爸爸身上，而且这需要一定的时间。因为妈妈十月怀胎生出来的孩子，她天然是和孩子亲密，怎么会忍心推开呢？爸爸没有十月怀胎的过程，他在推开的时候，会做得更狠一点。你不狠一点孩子是不能独立的。

如何让爸爸参与育儿？妈妈的支持很重要。好爸爸是培养出来的，当然做妈妈的不要抱怨说，孩子要我培养，老公也要我培养，是不是很累？磨刀不误砍柴功，你把老公培养出来了，他就可以帮助你分担了。老公是需要鼓励的。首先，要转变观念，把你看过的好的育儿文章给他看，润物细无声地改变他的想法。其次，让老公体验育儿的快乐，你要给孩子和爸爸单独在一起的空间，当他们玩得很好的时候，你再参与进去。

特别是男孩子，如果说妈妈总是和孩子在一起，他就会黏着妈妈了，他不会跟爸爸玩的。再次，鼓励老公的学习和成长。最后，维护老公的尊严和威信，要尽量在外面多给老公面子，慢慢地老公就会变成好爸爸了。

培养孩子独立性的时候，给孩子最大的帮助就是不帮助。孩子第一次去做一件事的时候，他一定会花时间去摸索，你要给他这个时间，你不能说这个事很简单。比如说第一次刷牙、第一次洗脸、第一次洗澡，有的时候你觉得不行了，你就帮孩子代劳，那么他永远不会独立。你要先看着，看他实在不行了，再给他帮助。有的时候他并不需要你给他帮助他就可以完成了，实在需要帮助的话，你要等一等，忍一忍，不要随便出手，该出手的时候再出手。

五、父母要和孩子一起“断奶”

接下来给大家讲一下父母要和孩子一起“断奶”。这里有三个案例，一个是 19 岁的孩子，母亲陪睡了 19 年。另一个是 27 岁的女子，两年辞职 26 次，每次都是妈妈帮她投简历。第三个是 53 岁的女子因母亲管得太严至今未婚，妈妈太强势了。这几个案例当中，孩子没错，父母错了。剥夺了孩子成长的机会和自己做主的权利。这就是过度养育的三个典型案例，也是过度保护、过度溺爱和过度管束的典型。这样做会让孩子变成啃老族、草莓族和胆小鬼。

纪伯伦说，你们的孩子并不是你们的孩子，他们是生命对自身的渴求的儿女，他们借你们而来，却不是因为你们而来，尽管他们在你们身边，却并不属于你们，你们可以把你们的爱给予他们，却不能给予思想，因为他们有自己的思想。《圣经》说，你们要知道，你们的孩子并不是你们的，他是上帝派来的天使，你们只是负责照顾。你要把孩子放开一点，孩子不是你们的私有财产。

因此，接下来的一个话题是如何把孩子温柔地推开。温柔是一种智慧的态度。你不能把孩子一下子推到悬崖上去，推开是要用理性的方式，几个关键时期的几件关键的事要做好。比如说刚刚那位妈妈说到的五六岁的孩子还不能自己吃饭，那就是做得晚了一点了。培养孩子独立性包括独立意识、独立思考和独立行为。我今天讲几个具体的方面。

（一）吃饭的习惯

首先，孩子吃饭的时间要相对固定，除非是带着孩子在外面玩没有办法。其次，是为孩子定好吃饭的规矩。比如说只能在餐桌上吃饭，没吃完之前不能离开餐桌，不允许一边吃饭一边玩玩具，也不能看电视。不要追着孩子喂饭。稍大一些，要求孩子吃完饭把碗筷放到厨房水槽里。

（二）独立阅读的习惯

独立阅读的习惯也是要慢慢培养的，在幼儿阶段更多是亲子阅读，到小学阶段更多是独立阅读，也可以独立阅读和亲子阅读结合。到二三年级的时候，孩子独立阅读就应该没有问题了。如何让他养成良好的阅读习惯呢？比如说经常到图书馆里来，上海图书馆、区图书馆、街道图书馆。不同的级别藏书量不同，阅读的时候，尽量不要越俎代庖，让孩子自己来。

（三）独立的生活习惯

鼓励孩子自己做选择，养成自己的事自己做的习惯，孩子会慢慢地犯错，试过之后才可以找到答案。让孩子体验独立做事的成就感。这样他的独立生活习惯才可以养好。

这是我今天讲座的主要内容。最后送给家长朋友两句话，第一句话，教育孩子绝对不只是妈妈一个人的事，爸爸理应是主角而不是配角，更不能缺位。第二句话，教育孩子，真的需要用心，前半生用心，后半生省心，前半生省心，后半生伤心。

互动空间

提问 1：付小平老师你好，我家里是一个女孩，8 岁，下半年上二年级，她做事很拖沓，做作业也是如此，怎么办才好？

付小平：其实这个问题主要是涉及时间管理能力的培养。如果说 8 岁的孩子还喜欢磨蹭，那就需要引起重视了。有一些事情你要给他限时，比如吃饭，我相信 8 岁的孩子吃饭半个小时绝大部分都够了，下一次你就从吃饭开始，把吃饭的时间控制在半个小时内，先和孩子沟通好，说如果你不好好吃饭，半个小时之后我们把饭收掉，你今天就没有机会吃饭了，你可以吃水果、喝牛奶但是不能吃零食。你要限时，让孩子在规定的时间完成这个事。因为这个阶段的孩子，如果说对时间没感觉，你要在家里要挂几个大的钟表。比如说现在5点半吃饭了，你就问孩子现在几点了，我们要开始吃饭了。时间一定要和生活联系在一起，他为什么磨蹭，因为他不知道时间的观念，他以为这个时间可以一直用着的呢！所以限时是很重要的。另外，你要定时。你早上起来有定时吗？

提问1：有闹钟会响，但是我要去叫他。

付小平：如果有闹钟的话，你要跟孩子讲，下个星期开始，你早上起床我不叫你了，因为这么大的孩子自己起来应该是可以的。一次不行就多闹几次。你听到闹钟要自己起来，如果有一两次迟到了，到学校里老师批评他，效果可能比你更好。如果说有闹钟，但是还要你去叫的话，他就养成了一个习惯了，闹钟之后你会叫我。你要让他养成一个好的习惯。

还有一种是倒计时，比如说做一件事情，和他说还有20分钟、10分钟、5分钟。我的女儿在网上做算术练习时，那个软件就有一个倒计时的功能，这也可以训练他对时间的感觉。这些方法都可以改变孩子对时间的认识，最终培养孩子时间管理的能力。

从智商到情商

专家介绍：薛亚利，博士，上海社会科学院家庭研究中心副研究员、《中国家庭研究》编辑部主任、中国家庭社会学专业委员会理事，上海社会服务组织“活力社区”理事。从事家庭社会学研究近10年，主张以家庭科学的普及方式来推动家庭教育事业的发展，即注重推进家长教育观念的科学化，提高家长的日常生活教育能力，在孩子教育方向上，能够把握智商和情商的平衡；同时，也注重儿童情商的基础性培养，从小就引导孩子，表达内在感情、评估多变感情，坚定积极感情，调节正负感情，尽早发掘孩子的情商潜力。

情商，是认识、表达、分析和调解情感的能力。可以将情商总结为四字口诀，也就是看、说、判、调。具体来说，一是看，会察言观色，能及时感知自己和他人的情绪状态及变化。二是说，要会表达，能用恰当甚至精确的语言，把情绪状态说清楚。三是判，在复杂的情绪感受中，要能判断出哪些是积极正向的，哪些是消极负向的。四是调，具有调节正向和负向情绪的能力，既能善加利用正向情感，也能有效摆脱负向情感。

总之，情商就是对各种情绪问题的处理能力，能够做到会看、能说、明判、善调。

今天和大家交流的重点是情商，主要讲四方面，可以用四个“心”概括，分别是操心、放心、安心和舒心。第一，为什么要讲情商？为什么我们要操心情商这件事？第二，情商到底是什么？在这里我给大家展示一些科学对情商的认知和研究，让大家“放心”，让大家相信，它是可以“放手”去做的领域。三是我今天讲的重点，我们怎么重点培养孩子的情商，让我们在日常生活教育孩子的时候可以“安心”地做一些东西。四是有情商的人会怎么样？我们的孩子有了情商，他会又怎样的发展前景？让大家展望一下，可以“舒心”地想象一下。

一、为什么要讲情商？

这个问题重要吗？重要！有些家长可能听过这样一个笑话，很多人学心理学，为什么会选这门学问？说这个人有心理问题，所以选心理学专业。为什么我要讲情商？是不是我个人在情感方面有不满的状态，所以我选择讲情商？这样说也不为过，我从小生长在一个两地分居的家庭，父亲在上海工作，母亲在农村务农，家里有两个孩子，母亲非常操劳，这种成长经历让我的很多情感被忽视，所以我自己对情感这方面一直有需求，这是一个小的理由。

为什么讲情商？这里还要讲些大的理由！我给大家看些案

例：A，很优秀，北大物理系，到国外留学。B也很优秀，多个奖项，考上重点大学。C，学习不好，退学了。D是女生，学习很好，到澳门科技大学读书。E是4岁选入申奥形象大使，还学习钢琴，师从中央音乐学院著名钢琴教授韩剑明；8岁学习书法，师从清华大学方志文；获奖无数，10岁加入国家冰球队，读人大附中并留学美国。这些孩子都很好，我们看看他们是谁？

A是1991年11月1日就读于美国爱荷华大学的中国博士留学生卢刚，开枪射杀了3位教授和副校长。B是马加爵，C是唯一学习不好的，韩寒，倒成了作家；D是一个女生，跳楼自杀，不过自杀未遂。E是李天一。这些告诉我们，智商非常好的人并不一定走得远，反而在中间就阻断了。这些问题都促使我们去思考，为什么会这样？

有一张第二次世界大战期间波兰的维斯康辛集中营的图片，图片上鞋子堆成山，这些鞋子谁的？是那些死掉的犹太人的，堆积成山的鞋子，就是被屠杀掉的犹太人生命，有七百多万人惨遭杀害。为什么会发生这样的事情？我们刚才讲了个体性事件，这是群体性事件。想说的是什么？单单智商特别好，未必有好的结果。第二次世界大战这么残酷的事情发生，是因为人太聪明了，聪明过头了。第二次世界大战之后很多人都在思考，为什么会发生这么大的屠杀运动？为什么会出现这样可怕的事情？我们知道，在第二次世界大战期间，特别是屠杀犹太人的时候，很多技术专家制造了精良的杀人武器，包括毒气室、焚烧炉等，这都是聪明人制造出来的东西。第二次世界大战之灾让很多人认识到：这个世界，光靠智商不行，它会把人引导到没有底线的地方去。现在社会有了很大的变化、调整，这个社会需要找回一个新的东西，把人性找回来，把我们的情感找回来。这是从世界范围来讲，第二次世界大战结束之后社会越来越重视人本身的道德、情感价值和作用。

中国呢？中国也在大趋势下发生了更细致的变化。我们知道，现在大家天天看新闻，提到中国社会转型经济发展新常态，这对我们的含义是什么？我们的社会开始慢慢进入消费社会，家庭收入增长了，不差钱了。我们差什么？我们不需要个人像机器人一样流水线般的工作，而是需要面对面的沟通。这不是靠你智商高就能做好，而是要靠你的表达、沟通、协商，这些需要什么支撑？情商。

最近有一个新闻，大家应该都有印象，叙利亚小难民，3岁的小男孩，尸体被冲刷上海岸。他和我们周围可爱的小男孩有什么区别？没有。但他为什么有这样的命运？正是这张照片，激发了欧洲人关于移民该不该让他们进这个门，该不该给他们机会的讨论，因为这个小男孩太触动人的心灵！很多人画了漫画，想为什么这个孩子没有人救他？可以看到各种漫画，大海伸手救他，上帝来救他，女巫来救他，海绵宝宝里的动画人物来救他！真实的情况是孩子已经死亡了。孩子死亡的姿态，很随意很自然，我们多希望他能正常地活着！他躺在那里，在我们眼里，本应该是孩子玩游戏累了睡着的样子！本来应该享受童年的时光，但这样的孩子却死亡了，这对人的触动非常大。这促使了一部分人认为，应该开放边界，让难民进来，让孩子进来。

大眼睛女孩苏明娟，是我国希望工程最早的宣传人物，她激发了多少人的同情心，捐款很顺利，希望工程能发展得很好，她功不可没。我们再看看这个女孩的形象，现在已经是很时尚洋气了。假设一下，如果当时不是这样一个大眼睛、渴望上学眼神的女孩，我们能那么心动、行动吗？不好说，是吧？我现在给大家展示的这些照片，就是告诉大家，一些情感唤起的力量是无穷的。情感，在每个人的心里都有，可以打通人的心灵。社会在发生很大的变化，整个社会都需求情感力量的介入，这样的情况下，我们需要讲情商，我们需要培养孩子的情商。

孩子如果在幼年的时候没有给予很多情感的关注，会发生什么表现？

这里有一张图片，是我微信圈里一位朋友发的，他现在是上海音乐学院钢琴系的高级老师，经常举办音乐会。他在微信圈里发他收集的变形金刚。他还解释了一下，他为什么会这样？他说，小的时候喜欢变形金刚，但是无法满足。现在年过40岁，是两个孩子的父亲，但还会收集变形金刚，因为当初没有得到满足，现在自己有能力了，就弥补了来满足！孩子小的时候该给的情感关注、呵护没有，他长大会用其他的途径弥补。

在这里不妨给大家讲一个笑话，我在另一个演讲当中听到的，说那些开跑车的人是可怜的。开越高档越豪华跑车的人，就越可怜！因为他渴望以这样的方式引起别人的关注，他内心缺乏爱。所以，不要羡慕那种人，他不值得羡慕。

总结下来，我们现在讲情商，是因为这个社会需要情商，情商没有得到满足的孩子有恶果，长大成人之后还是会以其他的方式寻找。今天我讲情商，也是以另外一种形式表达我对童年一些情感的回溯。

二、情商到底是什么？

情商到底是什么？我们从一个故事开始。情商是人类的新智慧，和以前的智慧形式不一样。大家都知道，人的智商分很多种类，有的人是数学天才，有的人是物理天才，有的人是语言天才，像获诺贝尔文学奖的莫言、获医学奖的屠呦呦，他们智商的类型是语言或者是医学，或者是物理学等抽象思维，还有很多人有运动天赋，比如说乔丹，还有一些人是其他方面的，人的智慧有很多形式，情商是另外一种新的智慧。

曾经流传过这么一个经典案例，说美国西点院校毕业的时候有几个择优名额。几个人，认定他毕业的时候是否可以达到优秀，就是挑战一道难题，每年都会出怪题。有一年考试的题目，把这些人扔到荒郊野外的土井当中，如果你出来认为你优秀，第二天天亮前你必须出来，没有出来就认为你挑战失败。

大多都失败了，因为他们都是拼命呼喊，希望有人救他，没有人救他就陷入了极大的恐慌、挫败，认为自己无法拿到优秀的挫败。有一个人喊了半天没有人救他，他认为靠别人行不通，我必须要找一种新的方式，想了想，就把皮带解下来，把皮带扣当成一个小铲子，把土井里的土挖下来，不断地挖下来、垫高脚下的土，搞了一夜，第二天早上头露出来，爬上来，出井，拿到了优秀名额。你能想到，他是战胜了自己恐慌的情感，镇定下来挑战自己，这就是新型的智慧。

最早情商是从什么时候开始的？最早是在美国。美国在1970年代的时候，保险业起步的时候很困难。当时要扩张，几个公司一口气招了5000名员工，提前给他们3万美元，希望他们可以尽快地熟悉业务。不到一年的时间，这些人当中有一半人要辞职。为什么？受不了，你和别人推销保险，别人都拒绝，一般人承受不了，退出了。但是有一半人坚持下来，而且做得还不错。当时保险公司的人就担心，我提前付款，一半人辞职，我的钱都拿不回来，于是请了专家研究。最早是宾夕法尼亚大学的一位教授，马丁·赛里格曼研究下来，他发现从性格来分，可以把人分两类，一类是乐观的，另一类是悲观的。乐观性格的人容易留下来，悲观性格的人容易走。这件事一直在研究，1992年的时候耶鲁大学两个教授彼得·沙洛韦和约翰·梅耶接着研究，说不仅是这么简单，人对自己情感的把握应该有更细的分类，根据一个人是否可以把情感说出来，评判感情是正向还是负向？应该让自己坚定哪个感情，朝哪个方向努力，我碰到困难是否可以停下来调节一下？可以把情感分为四类，叫情绪管理的能力，提出“情感 / 情绪智商”。1995 年的时候，哈佛的心理学博士尼尔·戈尔曼出了一本书《情商，比智商更重要》，之后情商就在全世界范围内讨论，中国也兴起了对情商的重视。情商，是一个科学研究的结果。现在遗憾的是，这个情商是很难被测量的，因为它的培养很困难，需要很长时间的努力来培养。

情商，讲得很复杂，大家也不容易理解。所以我作了一个极简单的概括，是认识、表达、分析和调解情感的能力。这还是不够简洁，最后我总结了四字口诀，便于大家记。一是看。你察言观色，可以看出这个人情绪有什么特征。包括看自己，你自己一生气拳头都握起来，这是情感有了变化。第二，要会说。一个人说这个人“茶壶里煮饺子”，说不出来不行，你要会表达。第三，会判断，你不能说你心里想什么一股脑全抛出来，对面的人受不了，哪些话能说、哪些话不能说，你心里要有杆秤来把握住，所以自己要会判定。最后一个是会调节。当我遇到事的时候，天塌下来的时候，我怎么调节自己的感情，也就是看、说、判、调。

现在很多人都会玩微信，微信的表情图标很丰富。这些表情指什么？一个人，一瞬间的情感有很多状态。状态的程度还不一样，有的是程度严重的，长期郁闷，像崔永元郁闷好久了，抑郁症了。有的时候是程度轻微的，像小孩，哭、笑变化很快。情绪还有轻度、中度、强度的，情感很丰富，有很多的内容。

中国人有个说法“七情六欲”。《三字经》当中有对情感的说法，“曰喜怒，曰哀惧。爱恶欲，七情具”。这是指的是人的七种情感。六欲指什么？人脸上的眼睛、嘴巴、鼻子、耳朵，还有生和死，五观里面有四种感受，加上人的生死，这是六欲，是中国文化里的智慧，概括了人的复杂情感。但是这只是普遍的，指成年人、一般人的状态。对孩子来说，我们要更简单一些。对孩子的情感状态，一是孩子感觉安全吗？二是有没有被肯定？安全和肯定，这是我们对孩子情感状态的基本预期。

刚才我强调过情商能力的四字口诀，为了方便记忆，我总结为情商“四法宝”。看的法宝——放大镜，指我们有的时候要仔细地去看，对有些事情要特别留意地去看，这里指的是要留心、特别地看。说的法宝——小喇叭，是说我们要表达，让别人听得见，就像拿一个小喇叭喊话，让别人知道，这个人最近发生什么事了。判的法宝——望远镜，判断一个事情是好是坏，正确与否？这个要从前看、从后看，就像望远镜一样，可以看到更多的背景。调的法宝——温度计，低温要升温，高温要降温，稳定正好我们就保持。空讲，拿这些法宝也没有用，我讲一下个人经历，帮大家一起分析、了解情商“四法宝”怎么运用。

我给自己的故事起了个题目，叫“干坏事的好小孩”。这个故事我一直说不清道不明的，研究情商之后才彻底明白。记得是我刚上小学的时候，我认为我做了一件坏事。有一天放学，我们有三个小朋友一起写作业，突然下起大雨，雨点很大。我们桌子上放着自己的书本、作业，都是摊开的，一下大雨大家都慌忙把东西收起来。这时候，我很快就收好了，我是在同学家写作业，那个同学的书没有收好，他的东西在桌子铺得大。我去帮他收，她的书是新的，桌子上有一个污渍。我应该做的事情是把她的书收好就可以了，但我拿着她的新书，就在一刹那，我却把书往它污渍上一按再拿起来，这是一件很坏的事，人家是新书，你把书搞脏了再拿起来。干这件事的时候，还被小朋友的奶奶看到了。她问我说“你怎么把书往那里放？”我当时脸特别红，我也没有说什么。这件事我就是不明白，很多年我都想弄明白，为什么我当时会做这样的事情？事先我没有想到要做这件事，事后我也不明白为何要做这件事。我一直认为自己做了坏事，我也很害怕老奶奶把事情告诉我的爸妈、怕告诉我的朋友。后来我明白了，这和很多事情有关系。首先，这和我当时的情感基调有关，当时我认为我比所有的人都差。我生长在农村，而且是分居家庭，父亲在上海，母亲在老家。母亲很少和我交流，她很忙，里里外外一把手，根本没空。当时在我的眼中，所有的人都比我好。最起码一点，他们家里父母都在，我的爸爸不在身边，我觉得这方面我比别人矮一头，我还看到别人比我有好的地方。这家女孩家里有楼。另外一个女孩比我漂亮，还有一个学习比我差的，但是她有哥哥，哥哥很喜欢她，我怎么看都觉得自己比别人差。一个孩子觉得自己一无是处的情况下，她怎么面对这种事情？我在想，我干坏事为什么要拿那本新书出气？后来我明白了。像现在小朋友发了新书，拿回来就让家长包书皮，淘宝一买，套上去就好了。过去不同，过去需要动手包。最差的是报纸，最好是牛皮纸。当时的书包出来，五花八门特别好看。当时所有同学的书都是家长包的，最让我羡慕的是书上有签名，家长签名很漂亮。我的书是我自己包的，包得不整齐，名字是我自己签的。妈妈总说没有时间，让我自己弄。我的书包着最差的书皮，上面写着最歪扭的签名，我觉得所有人的比我好，我就不平衡啊！我难受，我真的不平衡。我就不明白，为什么所有好的都是她们的，所有差的都是我的！我想就那天下雨，情急之下，人的情感是自发状态。拿着新书，这刺激我心底的情感，本能作了反抗，搞脏一点，求得自己内心的平衡。我一直定义这是很坏的事情，但是回过头来看，按照儿童内心来看，我绝对是个好小孩。那种情况下，我首先是帮助别人孩子的，收书我收完自己的之外，还去帮忙收同学的书，收了同学的几本书后，才发生了这个插曲事件！你是放在整个过程当中来看？还是只盯着一点看？第二，我采取了很无害的方式，就把她的书搞脏一点怎么了？我没有攻击她，没有偷偷摸摸地把她的书偷走或者撕掉，或者干更脏更坏的事情，我没有，我只是那么一点点小举动，按在桌子上一滴小脏水上。从这个角度来看，一个孩子的情感状态的流露，她的本意是好的，所以你要理解孩子内心的感受。

这件事对我来说影响很大。首先，以后我的时间和精力，用在如何把书包漂亮，如何签名更加漂亮，所以我字写得很潇洒，书皮也包得很好。花式的我也会包，可能来自那件事的刺激。这些事情我父母无法给我，只能靠自己获得。尤其培养了我精细做事的能力。如果这件事用望远镜来看，这是好的。

当时，我内心判定这是坏事之后，我怎么认定自己？我是坏人？坏小孩？我怎么办？这都给了你调控的时间、空间，你怎么认定自己是什么样的人？我经常会和别人说，我是农村出来的孩子。我说，这没有什么关系啊，这只是代表一个起点的状态而已。我看到了很多积极的因素，我的家庭，从大家族角度来看，一半在台湾，一半在大陆。解放战争时期，国民党战败，我的爷爷是国民党的文职官员，被带到台湾，一部分家人去了台湾；还有一部分家人被留在大陆。我是这个大家族中的一员，我本人的身上流淌着中国文化的血液，我的身上可以看到中国社会的变化。我家族当中有很多优秀的人，我那点小事不算什么！一个人给自己更多正向知道、正向力量的时候，你走向不会差。

通过这个故事，你可以知道自己要看什么？要说什么？今天我给大家讲这件事的时候我讲得很清楚，看起来是坏事情，我说出来了，我当时需要情感的关注，我的父母应该给我，他们没有给我。但是我小的时候不会说，没有能力说，也没有人教我去说，也没有人知道我需要这个，现在的家长都有知识，你们脑子反应很快，也可以接受最新的信息，接受科研成果，你们可以给孩子的，你们要给孩子！判定孩子，一点小事没有关系，要从长远来看：前看、后看，给孩子好的定位，让孩子朝更好的方向去走，这就是情商“四法宝”。我给大家总结一下，其实今天主要的内容是讲四个能力，能认识、能表达、能分析、能调节。会看、会说、会判、会调，就是四个法宝。拿着放大镜，会喊小喇叭，会使望远镜，会调体温计，这就够了！

三、怎么培养孩子情商？

我讲别人的故事可能大家觉得和自己没有太大关系，觉得你是 20 世纪 70 年代后出生的人，和现在的孩子不一样，我们不一定能用。但我要说，先认识孩子。

古希腊德尔斐神庙上写了一句话“认识你自己”，认识，是很难的工作。认识，不仅是把握一个人的状态，而且还要把这个人和周围所有相关事物连接起来，所以认识是一个很难的工作。认识孩子什么呢？这里给大家一个参考框架。很多父母可能都知道有一个需求金字塔，是美国人本主义心理学家马斯洛提出的需求五层次，生理安全、社交安全，尊重、爱等等。这个需求金字塔是说成人的，能套在孩子的身上吗？不能，对孩子来说太笼统了。孩子需要的金字塔是什么？我构建一个儿童版的需求金字塔，其实，孩子的需求也分很多的层次，依次为安全、主体性、肯定、模仿、创新和超越。孩子们也会需要安全，古人说了一句话，说3岁看老。孩子在3岁期间得到的情感力量，包括那个阶段所受的基本规范，对孩子的一生都有影响。3岁看老，孩子在2岁的时候有一个小反叛。年轻的父母最有感受，两岁多的孩子整天说“我不要”，这个不行、那个不行，那是一个小反叛。小反叛到来的时候，就是还在找“我是谁”，他说“不”的时候你和他对话了，他觉得我一说“不”别人重视我，我一说“不”效果就不一样了。有了“不”的时候，孩子知道他是一个小小的我，然后他就开始做一些事情，做得好，大人会给予肯定。孩子的年龄比较小，而且是在家庭的范围当中，孩子很多是模仿性的学习，模仿当中有一定的创造，青春期的时候可能有更多的创造性，这是孩子的需求金字塔，有点复杂。前面最早我讲过，这个需求的金字塔是可以简化的，孩子需要什么？一是安全，二是肯定。

孩子也分大小孩、小小孩，这也很简单。小孩的标准就是给“大安全、小肯定”。很多家长说，为什么我的孩子那么胆小？你都不让孩子出门他能不胆小吗？天天关在家里什么都不见，出去觉得外面的东西都像怪物一样，他能不怕吗？孩子从母亲的子宫哺育之后生出来，没有见过大千世界的人，你让他见识过，处变不惊，看了各式各样的变化，一个人就不会大惊小怪了，他什么都没有见过，当然会害怕了。孩子常下楼、多打招呼、多晒太阳，时间长了，自然就没那么害怕了。小小孩要多给一些肯定“不错、宝宝很棒”。大孩子就不一样了，大孩子会照顾自己。你不用担心初中生过马路看不到车了，所以给他们“小安全，大肯定”，大孩子自我意识更强，要给更多的肯定。

成人世界的标准是什么？国庆长假旅游，在座各位肯定也带着孩子出去玩了，我们去浙江桐庐，山水都很漂亮，孩子拿着水枪射，或者相互比玩具，你的好，我的不好。孩子用这样的方式游山水，大人不满意了，花了钱叫你旅游，你什么都不看。你知道孩子没有看吗？你问他了吗？我们在桐庐看到的山水很漂亮，同行有三个孩子，我就问其中两个孩子，我说水漂亮吗？一个孩子说水很漂亮，是蓝色的，和其他地方不一样。另外一个孩子说，这个水和其他地方不一样，有变化。你看这些孩子在打水枪，在怄气，但他们对环境真的不知道吗？他们有自己的认识标准。大人就说不错、不错，这个不错、那个不错，拍一张、秀一张，你以这样的方式来表达你对环境和山水的认知，必要的时候还引用两句古诗词感慨一下。孩子不要那么费事，看到就是看到，不需要你的认可，心里知道。大人和孩子的标准不一样，你怎么那么磨蹭？早上穿鞋子要磨蹭 10 分钟？孩子要把鞋带系好，这个蝴蝶翅膀结得短了，那个蝴蝶翅膀结得长了，孩子很严谨。孩子和成人的标准不一样！为什么说我们要蹲下身和小小孩讲话？标准不一样。我们去看一片大草地上，草坪的设计还不错，有起伏，大家就这么看。孩子不一样，“哇，青青大草原”，他的个子矮，视野就那么局限，他对事情的认知和判断，和你不是一个标准，你要降低身段，理解孩子的标准是什么，你才能和他对话，他才能和你有好的沟通、配合，你才能更好地引导。大人的标准是一般的，大众化的，流行的。谁家孩子怎么好！这都是空话、假话、套话，谁家孩子那么好？你和那个孩子生活过吗？那孩子真的那么好吗？以讹传讹造成了虚假的假象，张口就说谁家孩子怎样的好！这话都是骗人的，是大人骗小孩的，大人骗自己的！这么说有啥好处？把自己孩子比得那么差！把问题难度说得那么高！这是干啥？每家孩子有每家孩子的难处，每家孩子有每家孩子成长的轨迹，每家孩子有每家孩子必须克服的困难，所以不要盲目地拿别家的孩子和自家的孩子比，每个孩子都有不同的个性。

我们讲情商四法宝，要看，看你自家孩子碰到什么问题，要鼓励他说出来，他自己判断一下，你再帮他判断一下、交流一下，最后调节一下。有的时候，看也不容易。举个例子，有一个小孩，一大早上起床，就很不高兴，为什么不高兴？不肯说。妈妈也很忙，做饭、收拾，嫌烦，看也没看见，孩子嘟嘟囔囔的。过了一会儿孩子很高兴，说我知道我为什么不高兴了，大人问了，你说说看，孩子说："因为爸爸出差了，爸爸在的时候，他起床最晚，我就不是最晚的人；他出差之后，我成了起来最晚的人，我生气，我成了最落后的人。"这是什么意思？孩子情绪变化，是事出有因！如果孩子说出来是好事情，如果孩子没有说出来呢？你觉得这个孩子不懂事，不知道大人的辛苦，唠唠叨叨的。这样下去，一天的心情都坏了，你的心情坏了，孩子的心情也坏。在学校上课的时候想，早上妈妈一顿臭骂，算了，今天没有什么心情听。再一回想，妈妈早上还想给我一巴掌，幸亏我躲得快。我们的生活当中，对孩子情感变化的理解，也要随机应变，要根据具体的情境来。

我再举一些具体的例子，是家庭教育当中的常见问题，可以说的是一些普遍类型，如伤离别、怕嘲讽，烦作业，惧学习、怒叛逆。我给一些案例，大家可以对照一下，想想自己的做法。

伤离别，现在生活中，一个人和人分别很正常。有的时候和朋友见面，有的朋友还是同事，经常见面、告别，也没有什么新的感觉。如果是亲人，又离得比较远，一次离别，当时会有情感波动，但是你有事要忙，哪怕有伤感，你也会忽略不计。对孩子来讲不一样，尤其是对孩子成长当中初次发生的离别不太一样。小小孩，如果生下来，我们认为是 1 岁左右的小孩和父母的离别，尤其是和母亲的离别，有的时候可能是灾难性的后果。孩子生下来要建立一个亲子关系，如果生下来就没有和母亲相处，或者母亲突然出差几个月，孩子有很多的问题，有的孩子会表现极度恐惧，孩子会生病、发烧等，这都是离别的后果。

对小朋友之间的离别，我举一个生活当中拜访的离别。我们经常会看到，小朋友见面玩得很高兴，不肯走。这时候我们会和孩子们说，我们要走了。有的时候我们觉得可以处理，问题是有的小朋友之间的关系特别好，孩子很难接受，这个我们需要细心观察。国庆期间带着我女儿去见她的朋友。当时我们要走了，但三个小孩玩得很好。主人家的孩子性格很温和，我们要走的时候小孩突然大发雷霆哭了，说爸爸不让她玩牌，怎么就不可以在床上玩扑克牌了？就在哭。我们就觉得这孩子怎么不懂事，大家要走了你还说什么玩扑克牌？就没有反应过来，其实是这个孩子对离别的感受。我们要走，我们告个别就行了，对那些在的孩子、被拜访的孩子，没有注意到他是“被分离”了，你告诉他“没关系，下次再来玩”，这就是情感的安抚。如果没有意识到，没给关注，孩子哭得非常伤心。很多案例提醒我，孩子拜访的时候，你要注意告别的双方都要进行情感的安抚。告诉双方孩子“没事，过段时间再约，可以打电话”。这是一种离别。

还有一种是搬家的离别，这对孩子的影响也很大。不知道在座家长有没有类似的困惑？孩子的伙伴关系建立是不太容易的，孩子间玩到情投意合，这种感情很深厚，如果搬家，意味着这种关系的中断。这个关系对孩子来讲影响很大，我的孩子对这件事很敏感。有一段时间她总是在哀叹“我没有朋友了！”，说着说着就眼泪汪汪了，在她看来她失去的是整个世界，因为她最心爱的两个朋友要搬走了。这时候你作为家长怎么办？“不要小心眼了，没关系的，朋友天下到处都是”，一句话打发了。能打发吗？不能，她还会说：“我没有朋友了，我一个人了，我怎么办？我好可怜！”孩子不断地反复，因为没有解决这个问题。你说朋友遍天下，再认识新的朋友？都是废话，没有实质性的指导作用，情感问题要解决，怎么解决？我就把小朋友们约在一起，说要分别了，吃顿饭。相互离别，朋友关系还在，可以通过新的方式联络，比如微信，双方父母帮着建个微信，你们发微信，节假日你们还可以再相见，这样事情就简单了。微信建立之后，他们也发发微信，只是方式和我们不一样，小朋友们的微信很奇怪，突然会发一个爆炸头、发搞怪的动作、奇怪的声音等，他们交流方式是这样的。有的时候今天他发了，过两天孩子看到之后再回一个，孩子知道他们之间的联系还在。所以，伤离别是有办法可以解决的。大孩子也是这样的，大孩子不像小孩子那样容易和你讲，他有自己的意识，觉得有的事情属于自己的隐私范围，不太讲了。但是孩子依然有情感需要，作为大人来讲，你的陪伴、情感的抚慰，包括适时创造机会给他们见面，这都是非常重要的。

怕嘲讽，不知道大家有没有这样的经历。孩子讲一个什么事情，你稍微笑一下，他可能会很恼怒，觉得你笑话他了。我最近接触一个小孩，他讲了一个藏在心中近五年的秘密。那天玩得很开心，讲笑话，突然小朋友表情大变，说“我不会讲笑话”。我说怎么了？他说“我讲笑话太差，我想起了那件事情”。什么事情啊？不肯说。不肯说算了，过了一会儿，我试探问，你能不能讲讲？我说我觉得你还挺勇敢的，最起码你告诉我这件事。鼓励一下，他说了，是发生在幼儿园的事情。都几年了，马上小学都结束了，幼儿园的事情现在才讲？可刚开了个头，他又不讲了，再等等。三番五次的试探之后，终于说出来了，原来，在幼儿园中班，有一次小朋友玩游戏，击鼓传花，声音停了之后，拿到东西的小朋友站起来表演节目。要么唱歌、要么讲故事，那天小朋友偏爱讲笑话，他说那天开心极了，大家都讲笑话，整个教室笑翻天了，效果特别好。他说很渴望自己有机会讲笑话，很快东西就传他手里了，轮到他讲，结果，他讲的笑话没有人笑。他说“不知道怎么办才好，不过，我们班有个特别皮的男生，我平时觉得他不怎么好，但他当时说了一句，还行吧！他给了我很大的安慰！”孩子的表情很痛苦，他说：“我太难受了！”家长以前没有意识到这件事，就发现孩子有一个特别的特征，不爱表演。小朋友聚会，家长聊天说给大家唱个歌、跳个舞吧，孩子其实有表演的能力，但是从来不表演，他说我不想上台。孩子说你知道吗？从那件事之后我特别害怕表演，我不要表演，我怕死了，我想那件事太恐怖了，我不会讲笑话，笑话讲得太差了。孩子觉得冷场对自己的影响，情感的打击可以持续很长时间。这种情感的伤害，使孩子会对一些事情特别抗拒。我见到这个孩子，明显地感觉到这个孩子有表演的场所就退，他妈妈也不强迫，不爱表演就算了。但这件事怎么解决？不能让孩子藏在心里四五年的阴暗角落就存在着？这就需要和孩子谈心，了解孩子，到底有没有优点可挖掘？他说我太差了，我什么都不行，我比别人都差。不就是讲了笑话别人没有笑，至于吗？但你不能这么说，因为和他讲道理没有用。

必须让孩子说出来，我们判断一下、分析一下。我说，不会啊，你不是最差的啊！而且我知道，这件事对你来说很困难，但我有两个判定，第一，你不是经历最困难的事情，我说你之前被吓倒过，你看到很恐怖的事件，让你恐怖了很久，不敢一个人睡、不敢一个人独处，这个事情很难。我认为你不敢讲笑话这件事，不如被吓到这件事更困难。孩子不说话了。第二，我说你不敢上台表演，可是我听说你表演过啊，在教室里做过两次PPT讲座，还进行过两次小干部竞选，最后一次还成功了，这些案例不是反证吗？你不是那么差。小朋友嘟嘟囔囔的，但说不出表态的话。你帮孩子判定之后，孩子心里知道，他需要时间消化。还要给孩子更多的抚慰，也就是找一个参照，让孩子明白他的事儿不大，因为糟糕的事情有很多。我给这个孩子讲了一个故事，关于韩信的。我说领兵打仗，谁厉害？韩信。韩信点兵，多多益善，给多少兵都能带。这是什么样的人？一个有胯下之辱的人，钻裤裆的人，都笑话他。我说拿他的案例和你比比，你惨还是他惨？孩子用手指向外指，他相信了，韩信比他惨。你惨比不过韩信啊，这样就疏导了。第一次谈这件事的时候，孩子的表情很难受，说“我们还是不要再谈了，我太难受！”第二次谈的时候，我问孩子是不是感觉好点了，他说：“好多了”，过了一会儿，孩子高兴地说：“我已经不难过了”。给方案、给分析、给解决、给参照，孩子已经不难过了。这说明孩子的一些事情，大人还是应该按照四个法宝来做。

刚才我讲的调节，我是给他用讲故事的方式调节。其他的包括带孩子外出旅游、拜访朋友、谈心，看演出，体育锻炼的各种形式。

再讲一个案例，小朋友写作业就觉得烦。有一个小孩很沮丧，晚上洗澡和妈妈说，我不想活了。为什么不想活了？作业太多写不完，我觉得人生没意思，不想活了。妈妈一听这还了得？这妈妈做事方法很棒，第二天就找到学校，和老师说："作业的问题我得和您交流一下，如果在作业和孩子的性命之间作选择，我选择孩子的性命！"这件事有积极的效果，人命关天呢，老师马上作出调整，但是老师说，作业要求是整个班级的规范，不可能因为你孩子一个人打破这个规范。但是你家孩子的情况，如果确实到不想活的地步，可以考虑减半。妈妈就和孩子说，"我去争取了，你可以活下来了！老师说了，你作业可以减半"。孩子做作业的态度立刻变化了。妈妈一看，情况不对了，就问"你怎么把作业都写完了？你可以只写一半的"。孩子说"我不写完太丢人了！人家都写完，就我一个人写一半不行的。"这个孩子，本来在班级不起眼的，结果学期考试班级第一名，改变这么大。我想和大家说，你们觉得这件事的转化点在哪里？其实，在"烦作业"这件事上，作业没有什么，关键是父母的态度。孩子的感受得到了肯定，他"不想活"这件事妈妈知道，妈妈想办法帮他减轻这种感受，妈妈尽力了，而且这件事老师也知道，同学也知道，孩子知道这是一件很大的事，闹大了，作业变成一件很大的事情，他会想办法解决，会动脑筋去做。这件事给我们的启发，孩子碰到困难的时候，第一件事不是指责孩子，不能说"没有听到一个人说因为作业不想活了，你就不想活了？不想活，你就去死吧！”如果父母是这样的态度，可预见，这个孩子的作业肯定不是很快完成的。

在烦作业这件事上，要认识到大人和孩子的时间观念有差异。我们大人认为，孩子作业时间有一个理想状态，或最佳状态。比如我们讲小学生的例子，设想状态是一个半小时可以做完，好一点两小时，这是家长的标准。虽然你都没有说，但是你在评价孩子作业的时候就在想，用了这么多的时间，你三个半、四个小时，你离两个小时还是远，作为大人，你心里就是这个标准，为什么？你是一般标准，大众标准，流行标准。你没有想过你孩子的能力是什么标准，孩子做作业的观念是什么？作业，能完成就行，我并不知道我什么时候完成，也不知道我该怎么完成。孩子不知道，为什么要两个小时完成？两个小时是多长时间？我不知道，累了我就玩一会儿，动画片很好玩，一集挺搞笑、两集很好笑，三集笑完了，一个小时过去了。这是孩子的自然状态，是时间的自然流淌。大人不一样，把这一小时算进去了，你这一小时本来可以写作业，为什么要看动画片？这样孩子的自然状态被破坏了。看孩子的试卷上 89 分，你怎么弄的？作文扣了 7 分？5 个字是错字，你要能写对，这 7 分拿回来，你 90 多分是班级的前几名，完了，你盯着这个点看了。这本来是整体评估的，你看分数要看分数和上次比有什么变化，丢分的点是哪些？而你就觉得孩子不应该在最简单的事上犯错，错了就是孩子不对。为什么你会写错字？这么简单你都能写错？作业不是这样的辅导方法。其实，作业辅导，关键就是给孩子一个时间的观念。和孩子说，你觉得你什么时候可以完成作业？作业做得不错，今天的字比上次写得好，今天得了A+，上次没有得。首先给孩子一个基调，你在进步、你在努力。小学生在读书阶段，每个孩子都努力过的，这是绝对的。因为他不知道这些事情，他没有什么对错、好坏的标准时，他都在努力。问题是家长看到什么了？你的标准定的是什么样的？就像孩子一样，孩子注意的时间在20分钟左右，孩子写作业的节奏，一般以30分钟为一个小周期。经常的情况是，孩子写着写着，大人站起来了，你带着情绪站在后面，儿子一回头看到你，爸爸的脸色不好。“你在干什么？橡皮玩了几个了？铅笔尖掉地上被你摔断了吧！”你不知道孩子累了，你让他站起来玩一会儿，这能有什么关系？玩5分钟再写，效率会很高。要给孩子一个合适的写作时间，给孩子合理的时间安排，大家回去做一个示范，对你孩子的作业找闪光点表扬，给孩子建立时间观念。比如说，宝贝，我们今天把表放在你这里，你看看1小时可以写多少作业，或者做一个比赛的活动，爸爸妈妈和你一起写字，掐表，1分钟看谁写多少字，这样一来，他会赶快写，因为掐着表呢，他可能写得比你还快，他有时间观念了，让孩子对作业有时间观念。这个做好了，孩子写作业成为自动行为。我也经历了很多挫折，我的孩子是小学生，写作业之前辅导的时候不得法，呵斥、指责为主，效果很差，孩子觉得很累。后来，就放手了。孩子说：“妈妈，给你提个建议，你不能再仔细一点吗，你帮我指出了错别字，但是没有让我改过来，我都是空白的，老师都批评我了！”。我说“真对不起，帮你挑出错别字，已经算是我额外的工作了。按理说错别字也不应该我帮你挑，而且我挑出来，不应该看你改没改，那是你的事”，孩子一听，赶忙改口说：“妈妈对不起，不用你提醒了，以后我改错字，你还是继续帮我挑好了！”她分清了作业是自己的事情，自己负责。如果你的孩子有作业的障碍，给孩子制订一个月为周期的调整计划，哪一周解决时间观念的问题，哪一周解决孩子进步点的问题，哪一周解决孩子作业难点的问题。

这里还有一个很失败的案例，孩子的毛病没法纠正。这个孩子马上要上初中了。孩子写作业的时候坐姿很差，握笔姿势差，握笔非常靠下，为了看清作业本上的字迹，他就要歪着头看，就是这样，握笔姿势差导致他坐姿差。坐姿差了，他的妈妈看见了，就在后面拼命地吆喝他。一吆喝，他就直起来了。这个孩子到最后完全是靠提醒的，后来烦了。妈妈觉得喊了那么多次，你竟然还不纠正？你什么态度？孩子才说，我写作业赶着呢，你还要喊，不烦吗？作业多，写作业当中有很多问题需要解决。就是这样一个案例，喊了很多年都没有解决，问题不在喊上面，而是要让孩子自发地行动。告诉孩子，首先身材美不美，今后你长得帅不帅，和现在有关系。第二，不要以喊的方式提醒孩子，因为口头表达，人都会带感情。第一次你提醒保证你的状态正常，喊了 5 次之后，你们肯定会带情绪。带了情绪之后，可能不只是提醒，可能会有批评、指责、唠叨。

和孩子交流有些办法，可以用手势表达，动作交流。这是最有效的指令，这没有任何情绪问题，避免了妈妈的不满、爸爸的呵斥，没有对孩子的道德评判。有的家长屏不住了，闹翻了，说“就你这孩子，将来不会有啥出息，白养你这么多年……”话讲到这种分上，就太伤人了，伤大人的心，更伤孩子的心。在烦作业的事情上，我们作为父母要更好地克制自己的情感，找更妥善、更科学的办法来和孩子互动。

害怕学习，也一样的，很多孩子有学习障碍。我举一个例子，现在家长知道培养孩子阅读兴趣的重要性，很多孩子怕看书。为什么？这些书是你帮他买的，听说这个书很好看。我也做过实验，我买了我们年轻时候看的那些书，给我女儿看。那些书都是什么《百年孤独》啥的，孩子看了一点，孩子说：“妈妈，里面谁是谁我都分不清”。如果是家长规定的，你认为好的书、经别人介绍的书，可能是孩子不感兴趣，和他的关系不大，要想让孩子爱看书，首先是让孩子去摸索，让他亲子去挑选，让他自己判断哪些书值得看。当然我不是说别人推荐的书都没有用，一些很优秀的儿童作品，还是值得给孩子看的。这些学习问题，都有一些方法可以纠正、补救，让孩子最终面对和适应。

青春期孩子叛逆期到来的时候，家长非常头痛，孩子想什么不知道，第二天搞什么动作，也不知道，很可怕。我举一个身边的案例，有一个家长很不错，她的孩子非常叛逆，在教室里能和老师闹翻天，把老师气哭，会和教导主任拍桌子。孩子叛逆到这种分上，所有人都头疼，学校头疼，进了班级不是害群之马吗？家长也头疼，觉得养一个白眼狼，在家一个星期不和我说话，和我冷战。孩子叛逆到这种分上，你怎么办？作为家长头疼，你能不管他吗？家长做得比较好，他说这个孩子有一点好。可能我讲了很多没有用，99%是没有用的，但只要1%我讲对了，孩子立马就变了。这个孩子现在已经出国了，到瑞士留学去了，非常优秀的孩子。他们之间的对话经常是这样的，一大早在家里，女儿，我再和你说一番话，最后和你讲一次。女儿说，什么最后一次？这个话你明明昨天讲过两遍了，一模一样的难道还要再讲一遍吗？他说，不管你怎么说，我还要再讲一遍。其实家长对一些事情是有想法的，我们一直在动脑筋，孩子为什么会这样？实际上每一次谈话，每一次都有新的思考。不断地尝试，我们期望可能会找到哪一点可以触动到孩子的心。家长说，我不会说你滚、你走，我会说“不管怎么说我是你妈妈，我要对你负责任，这件事我希望你按照这样的方式做，这是我的底线”，妈妈每次会这样耐心地说，这是有作用的。孩子极端叛逆的时候，她看起来蔑视你所说的所有话，但是你还在用语言和他沟通，这就是情感支持，孩子没有被抛弃。青春期、叛逆期的孩子对任何事情感觉很极端，如果你哪句话过火了，孩子就觉得这个世界坍塌了，我和母亲就决裂了、和家长决裂了，学校已经把我踢出去了，他的认识就这么极端，叛逆期的孩子，一定要给他足够的耐心，给予情感的支持。他看起来不在乎，看起来不想要，但真实是需要的。每个孩子在困难的时候，青春期的时候，极端焦躁，但他需要家长支持。因为身体激素水平的变化，身体各种调整，他有抗拒，但是他需要，你给的东西都是起作用的。这个妈妈有一次开玩笑地和我说，你看我和女儿讲的，大多数是讲废话。我说不是的，你对你女儿的教育非常得法，叫作“吃馒头”，你吃了第七个饱了，前面六个没有用吗？第七个馒头饱了，必须要靠前六个馒头垫底，并不是没有用的。

分离、孩子同辈关系之间的嘲讽、学习障碍、叛逆期的问题等，这些都可以靠情感支持解决。

四、有情商的人会如何

我们孩子在我们情感关注、情感呵护之下成长起来，我们的孩子可能有的时候善解人意，有的时候有点小敏感，这样的孩子我们称为有情商的孩子，这样的孩子将来怎么样？我们不知道。但是我可以告诉大家，如果你的孩子情商足够好，你可以舒心一些。

现在网上流传了一个哈佛 76 年的研究，这个研究花了很大一笔钱，这就是著名的“格兰特研究（The Grant Study）”。研究名字缘于最初的赞助者，慈善家威廉·格兰特（ William T. Grant)。如今，这项研究花费超过 2000 万美元。已经持续了整整 76 年，来研究哪些人更成功。这个成功的结果出来了，发现了哪些人呢？第一是活得长久，第二是有足够的财富，第三是身心健康，活得很快乐，这种人才叫成功。如果你只是有钱，你不算成功。你活得老，但没有钱，那也不算。这个成功的标准很苛刻。结果显示，这个人成功不成功，有两成的原因是因为收入，就是你收入比一般人高一些。八成是什么？可以把它大笼统的称为情商，其中四成是身心健康，这本身就属于情感支持的内容。八成里面的另外四成是亲密关系和社会支持。你有良好的社会关系，有很多人支持你，和你处得很好。可以看到所谓的身心健康，亲密关系、社会支持是融为一体的，合在一起就组成了情商的大单位。成功的人有这样一个结果，这个正好也验证了以前的一个说法，一个孩子的成就如何，对他教育的投入里面，70%来自家庭教育的投入，你对孩子的投入70%，如果你投入了70%，你孩子以后是赚的，如果投入很少，你以后要反思的。说国外的研究，离我们很远，中国的情况怎么样？别担心，有中国智慧。大家都知道，中国有一句古话叫“修身齐家治国平天下”。这是我们都知道的，但是这个句子讲了一半，前面一半是什么？格物，致知，诚意，正心。前半句作为基础，坚定了后面的“修身、齐家、治国、平天下”。八个词里面，格物属于智商，后面七个都是情商。你要诚实，你对自己要诚实，对他人要诚实。修身、齐家，对家庭关系要搞好。这里面中国智慧的结果是什么？1∶9。你的智慧当中，1成来自你的智商，9成来自你的情商。智商与情商的关系如一个冰山图，露在上面的是智商，是那么一小点，大部分的冰山体在水里，作为情商，在下面起支持性的作用。毁掉泰坦尼克号靠的是什么？如果冰山上的一角能有那么大的作用吗？下面有很大的冰块，把泰坦尼克号整个划破的，我们可以把它延伸为情商的无限力量。

不管你穷还是富，如果你是有情商的人，都不怕。中国有句古话怎么说，说“穷则独善其身，达则兼济天下”。你这个人没有什么大成就你也会过得很好，至少把自己照顾得好好的，你不会成为李天一、马加爵那样的人，凭着一点小聪明就自以为大，其他人的生命可以完全无视。一个有情商的人，他懂得自己感情的变化和起伏、喜怒哀乐，他自己有这样的感情就知道别人也有这样的感情，会重视他人生命的价值，不会轻易地毁坏，人际关系会处好，不用担心你的孩子是很可恶的啃老族。孩子穷不怕，富了也不怕，情商高的孩子不用怕。齐家，家庭关系处得好，孩子可以从这方面努力。治国，治国之材，政治仕途、布局谋略，你孩子有能力可以上，有无限的路可以走。平天下，人生的道路无限远、无限宽。你富，再富，都有走不完的路可以走，穷和富都不怕，孩子有了情商，两端都不会落空。

到了结语部分，我再给大家讲一个很通俗的观念。大家知道“半杯水”的说法。有半杯水，你怎么看？以前都会说，乐观的人看着说还有半杯水，至少有半杯。悲观的人就说，空了半杯的杯子。有情商的人会怎么看？这是一个动态的过程的看法，你现在看是静止的看，是错误的，取决于你有没有能力往里灌水。有情商的人说做事啊，为什么要把自己束缚住呢？我盯着这半杯就看这些，无济于事，不如做起来，有情商的人就会有行动力，就会有尝试，不会被自己的畏惧情绪所打败。

这里我说一个案例。中国科技大学有一个天才少年，本来他很有希望获得诺贝尔物理奖的，现在沦落得像一个乞丐一样，原因他智商很高，情商没有得到发展，特别可惜。我本来想搜这个案例，智商过高没有情商辅助，失衡的发展对一个人是有毁坏作用的。结果我搜到一个曾经是乞丐的诺贝尔获得者。2007年，诺贝尔医学奖颁发给了研制出基因老鼠的卡佩奇。在他之前做小白鼠实验，老鼠都是自然繁殖和养殖，研究成本很高，一个老鼠很贵，靠基因繁殖就可以很快，成本很低，对科学和医学的发展有很大的贡献作用。这个人特别可怜，小的时候就是街上的流浪儿，他说为了生存，偷、摸都干过，甚至被送到孤儿院，过得很惨。母亲后来把他接出来的，有了亲人陪伴，这就是卡佩奇的人生转机，他在获得了学习机会之后，非常刻苦，最后成功，2007年获得了诺贝尔医学奖。卡佩奇，有一种坚持的精神，他老早就有一个想法，就是想研究基因老鼠，可在当时，很多研究者认为很荒唐，很可笑，说做实验用基因老鼠？不可能！但他就坚持啊，反复做实验，之后成功了。这个人曾经是一个空杯子，结果他成了一个满杯的人。

很多事情要反过来看，大家看图片当中左边的老巫婆很丑，情商高的人不是想说改造一下，而是彻底扭转，把以前的思维方式全部打破，就像图片倒转过来，一看，美丽的公主啊。结果很美。

互动空间

提问1： 您好！薛老师，我是特意和家人一起听您的课。我家是男孩，四年级。他有一个小伙伴，在班级当中可能会拖后腿、不守纪律，或者是给朋友造成一些蓄意的伤害。每天孩子和我分享的时候，除了我自己主动说之外，如果他主动说，30%至40%会提这个伙伴的缺点、问题，给班级造成伤害的问题，总是比较负面，我觉得这样不利于他的成长。有一次组织班级活动，和他的家长一起组织活动。那个小朋友有对别的小朋友不礼貌的行为，或者是蓄意破坏的行为，他狠狠地训斥别人，而且当着别人家长的面训斥，我总觉得这是他需要提升的。这种情况下，我们作为家长，我们如何作正向、积极的引导，以大格局的培养、包容心、同情心进行理解和支持，促进个人的成长？

薛亚利： 你这个问题我也考虑的，我也要给你一个答案，家长必须要引导。孩子有一个思维惯式，孩子能够点评一个人是孩子能力的表现，问题是我们对孩子点评另外一个孩子的时候，以什么样的方式对待？

我先讲一下我的方式，我再说你的方式怎么改变。我的方式，孩子最好是行动。你对其他人有什么看法？行动，其次是语言。你的语言要建立在你行动的基础上。我们分析一下，那个小朋友应该是特别需要关注的孩子。这个孩子如果在班级里过于调皮，说明这个孩子一直缺乏关注。我们无法溯源他的家庭教育情况，我只能大概的推测家庭当中不受关注，或者有其他的问题。在班级里面，他希望以过于吵闹或者和小朋友争执的方式获得和其他小朋友沟通的机会，否则谁会理他？我们经常看到一帮小朋友玩得很好，另外一个小朋友跑过来，上来就一拳。他想加入你们的游戏，问题是他不会表达。这个在大小孩的身上也是一样的，这个孩子就是缺乏关注的孩子。如果你从这个点上来理解，你的孩子会从观念上改变，这个孩子不是差的，只是需要更多关爱的孩子。孩子有能力的表现，不在于你能批评其他人，而是帮助其他人。我经常和孩子说，你做力所能及的事情来帮助其他小朋友，这是正能量的循环，非常好。比如，能帮助其他人这就是能力。有很多人在学校里面都是忙着做自己的事情，应付自己的事情，你应付自己的事情外，还帮助其他的孩子。而且，你帮助了其他的孩子，其他孩子会感恩的，因为没有人关注他。你的关注对他来说是心灵的抚慰，他会对你孩子有更多的好感，而且可以帮助孩子转变，孩子特别感恩你的孩子之后，他们之间的孩子会带动更多关系的改善。所以，这件事不是难的事情，作为大人可以帮小孩分析这件事。你说，为什么小孩会很调皮？调皮的原因是什么？分析一下，孩子会有心灵的触动。

我举一个案例，三个同龄小朋友，10 岁三年级，他们很歧视一个 4 岁的小朋友，幼儿园的。他们觉得这个小朋友首先和他们不是一个年龄层，另外觉得这个小朋友不合拍，总是说不想和他玩，他特别烦人，让他出去，经常这样说。我说不能这样讲，我说这个小孩比你们人生苦难深，因为这小孩得了先天性的皮肤炎症，每年要发作两次，季节变化的时候奇痒无比，发育很迟缓。这个孩子在精神上和日常生活中，比你们的苦难都多。说完之后，小朋友们沉默了，就说帮着这个小朋友策划一个活动，一个说策划晚会，另外一个说要帮她穿公主的衣服，总之他们就是在想办法帮助这个孩子，你可以看到他们的行动改变，希望可以解答你的问题。

提问 2：您好，今天听了您的演讲获益匪浅。我目前没有小孩，但我在官网上看到这个活动，我马上来参加了。我有一个问题一直困扰着我，我今年 5 月份结婚的，我老公对于我来讲，他既是一个小孩，又是一个成人。他有一个问题也一直困扰着我，就是他的性格问题。他是一个犹豫不决的、做事没有魄力的男人，但是他做起来就会做得特别成功，他的人缘也特别好，因为他懦弱和做事没魄力，和他吵了很多次，我了解到，他小时候父母特别忙，没有给予他照顾。但是我一直很困惑，原因是什么？

薛亚利：我恐怕也不能解决你的全部问题，但我可以给你一个思路。

今天我为什么讲情商？从我的私人理由讲起，反思我童年的状态，选择情商是有个人偏好的。

情感的成长历程来讲，有很多可以靠调节舒缓的，我妈妈他们比较忙，但他们很爱我。我有一个兴趣，我想学画画，他们花了很多钱，专门请人带我去学校面试，真的花了很多的钱。当时我在农村，那是1980年代，我的彩笔、参考的画册，都是当时最好的。他们没有给我很多情感的东西，但他们给了我很多的爱，这是以另外的形式来给我的。你首先要分析，完全是情感疏忽？还是双重的没有？情感也没有，爱也没有。是不是情感关注少，爱足够，所以也要看他的情况。另外，一个人的情感状态，对安全性的感知，对原生家庭是密切关系的，你也肯定认识到了。给你婚姻当中对策和建议是什么？你必须尊重事实。

去年我在香港也访问了很多案例，里面有些是夫妻关系冲突的。有些冲突的原因是丈夫说，妻子要求太多。举一个例子，丈夫不满，说妻子天天问他，你在哪里。丈夫觉得，我在外面忙，她还要问我在哪里。我回家之后，她一定要过来问这个、问那个，而且还要我反问她，我跑了一天很累，家里养家糊口靠我，我还要反问她？这种夫妻关系中，要看清两个事实，一是这个人原生家庭成长的时候，父母有没有给足够的爱。第二，嫁到香港去的时候，她是到完全陌生的地方，兄弟姐妹、亲人都不在身边，你就是她的全部，她有很大的情感需求。你选择这样的人做你的妻子，你就要给她多一点的安慰，没有别的选择，尊重她的需要。情感上，如果你有能力、你能做到就给，如果你不能给，你就说，我能做到什么分上，我只能告诉你是这个样子。夫妻之间的沟通有技巧，有的妻子抱怨丈夫“这个人就是一堵墙”，这是什么意思？希望他周末和你吃饭？看电影？还是希望下班之后关心你累不累？你要讲清楚，你天天说“你就是一堵墙”，这话有抱怨、指责，有怨恨，听多了要伤感情。如果你说，今天周末，我想看电影了。你提出你的诉求，对方是可以满足你的。比如说通过做一些具体的事情来表示，这是你的情感表达方式，可以看是否可以满足他的情感需求。性格上的原因，人不可能是十全十美的人，有一部分人是做事犹豫不决，不仅你爱人是这样的特质，很多人都是这样的。有的人属于大刀阔斧，做事情很有魄力，但是做事情很马虎，做出来的事情到处是纰漏，等别人去完善，这种你恐怕也受不了。一个人不可能十全十美，如果是这样，你不要有不好的想法，要利用他的长处。如果哪个岗位特别适合他，你就好好支持他做，做久了哪个都一样。

让孩子轻松面对学习

专家介绍：张健，现任河南省教育厅关工委家庭教育心理咨询中心主任，北京长送咨询家庭教育研究中心主任，中国青少年研究中心家庭教育指导师培训授课老师，劳动部国家二级心理咨询师鉴定专家组成员，其教育理念被电视台、报纸多次报道，被媒体誉为“家庭气质教育开创者”。

我其实是从事心理研究的，学习心理是我研究的方向。搞心理研究的人到一个场地讲课，场地的学习环境、氛围对他的直接影响很大，所以我很在乎这个氛围。通俗心理研究发现掌声分两类，一种掌声有良心，一类掌声没良心。大家不知道我们哪里发出来的掌声才是我们最想要的掌声，大部分鼓掌往哪个地方放，各位知道吗？一般我们喜欢把手掌放在肚子附件鼓掌，感觉到这个位置鼓掌自己舒服，但这个位置鼓掌发出的掌声却是力量不足的，我认为这时候发出的掌声没良心。有良心的掌声应该放在哪里呢？我认为把手放在头顶最好，因为这个时候状态好，有力量。所以我希望各位家长把手放在头顶用有良心的掌声来欢迎张健老师好吗？谢谢各位，谢谢！

此刻，你是不是发现现在的状态比刚才要好很多对吗？事实的确如此，人的状态真的需要调整，我们稍微一调整，所有人的状态瞬间发生重大的变化。各位想一下，一个人的学习，尤其是一个孩子的学习，最重要的是从什么开始？学习状态开始。所以，调状态，是我们学习的第一步。我也希望上午两个小时，大家以最好的状态，和我一起探讨关于孩子轻松面对学校这样的话题。第二步，坐姿调整也很重要。我们坐在椅子上怎么坐？一定是很喜欢靠着坐，很舒服。这种姿式很快我们会昏昏欲睡。我经常和家长、孩子提倡，坐在椅子 1/3 处，达到五星坐姿。如果大家今天调整为五星坐姿，效果就会非常明显。第三，我去年已经来咱们这讲过一次，上次谈让我们轻松做父母，这次是谈轻松面对学习。上次谈完之后有父母给我发信息、发微信、发 QQ，他说轻松做父母很难，因为孩子上学轻松不了。我说为什么轻松不了？他们说，学习让我们很不堪，孩子难受，我们也难受，孩子的学习已经成为我们家庭当中最重要的事情。所以，如果孩子不能轻松面对学习，我们也无法轻松做父母。我非常理解很多父母这样的心理。我经常做讲座，很多人谈学习、谈家庭教育的话题。其实每次谈家庭教育的时候我会和家长说，我们今天谈家庭教育，但是不谈学习。为什么？学习是孩子自己的事情，我们谈没有用。家长说如果您不谈学习没问题了。今天很多家庭教育的问题，可能和孩子学习相关。我觉得这样的话题确实要谈，但是我还没有谈，孩子就提意见。张老师您不是讲课的时候说，学习是我们的事，为什么又要和我们的父母谈？我带着这样的纠结、忐忑，今天和大家沟通这样一个“让孩子轻松面对学习”的话题。

通过现在的鼓掌发现，很多人的状态又回到最开始的状态了。我们很多人，很容易停留在过去的习惯中，“舒服区”，解决孩子的学习问题也是一样，他也形成了自己的舒服区。今天，大家尝试着通过行为的改变，对你过往习惯进行调整。

各位家长先思考一个问题，如果今天一个人的学习能力不足，即使很努力，是不是也不一定达到很好的效果？所以，这个正确认识，可以让我们尝试学会理解孩子，不是孩子不喜欢学，而是孩子可能存在学习能力的不足。

今天我们分享的第一个部分就是有效学习的冰山模型。学习的背后有一系列的东西，冰山上面是一角，是知识能力。下面是价值观、态度、自我、品质道德、意志习惯、动机。家长要知道为什么孩子的学习能力会存在这样那样的问题？今天家长在孩子的学习上，最容易关注哪块？一定是在知识能力关注最多。今天我们这方面谈得最多，下面的问题我也会谈，会聚焦某一个点，如果这一个点大家可以有效解决，已经够了。你不需要所有的事情都关注，因为太难。

一、激发学习的三大力量

（一）信念

一般孩子学习出了问题，很大程度上是信念出了问题。这个信念就是我不相信我能把学习搞好，我不相信我在学习上有很好的结果。当你的孩子在学习状态不足、学习成绩不良的时候，一定要找到后面有什么样的信念。信念前面重要的事情，就是感受。我们感觉一下，今天孩子的学习感受好不好？一提到学习是很兴奋、很高兴吗？当下，很多孩子对学习的感受是不良的，这和我们的家庭教育有关。各位有没有发现？孩子上幼儿园的时候相对好一些，因为幼儿园可以玩。但是中国家庭最见不得孩子玩，一看孩子玩就不爽，觉得如果这样玩下去还能得了？孩子还没上学，家长威胁的语言就开始了："我跟你讲，你小子快玩不了几天了，一上学你就知道了。"家长为什么讲这样的话？家长说，讲这话的目的，是让他收收心，一上学就可以回到学习状态。错了，你这样很容易让孩子产生一种负向的认知信念，"学校是什么东西？为什么一上学就不快乐了？"感受好吗？不好。带着这样的不良认知信念和感受上学。而且刚上学的孩子，老师怎么讲课？老师上的第一堂课其实对孩子很重要，对他的整个学习阶段影响非常大。老师们习惯这样讲："同学们，欢迎你们进入小学学习，从今天开始你们不是幼儿园的小朋友了，你们的任务不是玩，而是学。所以老师希望你们今后要学习、努力学习、刻苦学习。"学习和哪个字挂在一起了？苦。人愿意受苦吗？在座的各位，你们愿意受苦吗？人性是趋利避害的，就这一个"苦"字，孩子感觉，看来我爸妈说得很对，一上学要开始受苦了。后来发现的确是这样，小学、中学挂的标语是什么？"梅花香自苦寒来"，"头悬梁锥刺骨”，只要和学习连在一起的词都是受苦受累的事，孩子觉得学习太难了，于是想办法逃避学习。孩子学习的时候，感受和信念都出了问题。其实，我们真的应该向古人学习，古人说“书中自有黄金屋，书中自有颜如玉”，感受多好？积极信念也就来了。我们对孩子也要如此，要让孩子有一个积极学习的信念。要知道感受产生信念，信念影响行为，行为形成习惯，习惯影响孩子一生学习命运的结果。

（二）爱

爱的最低层次是喜欢。你在学习的时候，要让孩子对学习产生爱、产生喜欢。还是那句话，现在很多孩子一提到学校，没有这样的感觉。为什么？这是我们在学习的思维上对学习的评价出了问题，让孩子不爱。为什么？负向思维评价比较多。

有一次我带着中国的孩子去国外，和国外的孩子一起进行学习。来自中国的孩子很出众，当时我们和新加坡、日本、韩国等几个国家的孩子在一起。后来来自中国的孩子发现新加坡的孩子对学校、老师、学习的感受比中国的孩子整体要好。当时孩子们问我为什么？我说，这事别问我，你们应该采访他们的老师、他们的学生。于是他们采访了新加坡的学生，他们首先问了新加坡同学一个非常好玩的问题：就是在新加坡老师会不会叫家长？为什么要问这样的问题？我想这和在中国被叫家长的几率高有关吧。没想到新加坡的孩子说也会叫家长。于是他们接着又问新加坡同学叫家长会担心、害怕、恐惧吗？新加坡同学说：“叫家长挺好的，为什么担心？为什么害怕？为什么恐惧？”他们当时就很奇怪，难道说在新加坡老师叫家长从来不谈孩子的问题吗？不批评孩子吗？于是带着这个疑问，又采访了新加坡的老师，说你们叫家长是不是从不谈孩子的问题，只谈孩子好的方面，只会认同鼓励孩子？从不批评孩子呢？新加坡的老师就对中国的孩子说：“我们在新加坡叫家长，针对孩子的问题还是要谈的，但批评孩子的确很少。”后来又深入了解才发现，同样是谈问题，新加坡的老师和中国老师谈问题的方式完全不一样，比如我们今天在现场找一位家长，如果在新加坡被叫过去老师会这样跟你说：这位家长，我想告诉你，你的孩子如果在某一方面能再努力一些、提升一些，他会变得更加优秀。你会发现，我们听到这个孩子有问题吗？原来优秀不优秀？优秀，但可以更优秀，有提升空间。这样的感受，家长听完好吗？好。对孩子传递好吗？好。孩子对这件事的喜欢和爱有了吗？当然有了，信念决定了行为。喜欢、爱，本身是一种行为，一下子完成了。回到中国教育的现实，不仅是我们的老师这样做，家长也是这样做。老师要在学校请家长过去，我跟你讲，在中国90%以上的情况，坏事多一些。如果是讲孩子不好的事，到老师那里会给你和颜悦色的面孔吗？很难。不管今天你的地位多高，你是干什么的，过去先把你批评得像孩子一样，否则显得老师没水平。批评完还不算完，还威胁你。“像你这样的家长，一天就知道努力挣钱，孩子都不管，早晚有一天你的孩子非废了不行。”这句话听完舒服吗？不舒服，你对孩子的信息怎么传递？你会积极正向吗？我告诉你，你传递的信息比老师还严重。你会给孩子讲：“像你这样一天到晚混下去，早晚有一天一定废了不行。”你的语气更严厉，孩子听完是什么？“废了就废了”。今天，很多孩子的学习成长就是这样出现问题，对学习出现了恨而不是爱。今天，如何聚焦孩子对学习的爱？这种力量如何激发？真的很重要。

（三）暗示

一个孩子在成长过程中能不能给到自己一个积极正向的暗示？告诉自己我可以，我能行。对孩子一生的学习成长影响很重要。

如今很多孩子，第一，信念没了。第二，暗示错误，现在孩子学习变成一件痛苦的事情，学习最后出问题很正常，孩子的学习也很难变得轻松。

我这两年开始做了一个实验，进入张老师核心3%的人才库。哈佛大学和剑桥都作了一个研究，今天聚焦于3%的核心人才，这批人在这个社会中一定是大有成就的。我给我的孩子们讲，只要你们进入张老师3%的核心价值人才库，你们未来的人生必将卓越。这两年下来，我积累了60人，我的目标是100人。我说你报名我考核，通过考核加入进来。

我在北京开一个青少年的训练课，在一次吃饭的时候，有一位同学坐在我对面，她突然指着一位女生小声和我说：“那个女生是她们学校的学霸，没有想到她也在你的课堂上出现。”我就问她：“你怎么知道她是你们学校的学霸?”她说：“我们一个年级，她在我们的学校学习是最优秀的，经常在台上发言，我们很多同学都认识她，当然她不认识我。”于是我说：“你呢?”她不假思索地说：“我是学渣。”而且谈到自己是学渣时她也很兴奋。我说：“你难道不应该是学霸吗?”她说：“老师开什么玩笑？我从进入中学以来一直都是我们班学习的后三名，当然是学渣。”这是什么？暗示。我说：“你想成为学霸吗?”她说：“老师我要成为学霸简直是不可能的。”于是我说：“孩子，你说是从中学以来学习出了问题，那我想问一下，你小学的时候学习有没有优秀过?”谈到这，她的眼睛才突然一亮，说：“其实小学学习挺好的，也是班里面前几名，应该也算是学霸吧，可到中学后就突然不想学习了。”我突然把声音提到很高跟她说：“从老师见到你的第一眼，我就发现你具备学霸的潜质。”她说：“老师，怎么讲?”我说：“只要你有机会进入张老师的3%，你愿意申请，在这个课堂上你公开承诺进入3%，一年后学霸就是你的，你具备学霸的潜质，没有问题的。”最后一天我的青少年训练课程结束的时候，这个孩子勇敢上台，然后在台上公开做承诺。不过那天在承诺的时候她做了一个附加动作，由于她的弟弟也在我的课堂，把她的弟弟临时也拉上去，也要做公开承诺。现在我和大家讲，这个承诺进行100天跟踪，100天之后正式进入3%的核心人才库里面。到这个月底要结束。我和大家通报一个结果，这个孩子就这不到100天的时间，学习发生重大变化。很多人觉得不可思议，他妈妈也给我打电话，张老师，到底是什么样的东西让孩子现在所有的行为都发生变化？我说，给自己的暗示和自己对自己的信念，让她最后对学习产生了爱，这三个激发了孩子内在潜能，因为孩子本来就具备这样的优秀。不过弟弟现在学习还不行，昨天这位同学给我发信息还说，希望我能帮帮她弟弟？她发现弟弟现在还没有聚焦到学习。为什么弟弟会这样呢？我给她解释说弟弟在台上3%的公开承诺，是被动的，来自姐姐的推动，内在没有相信自己，没有这份信念，更没有办法给自己这样积极的暗示，所以很难这么快地做逆转。所以我有理由相信我们每个孩子都需要“信念、爱、暗示”这三大力量。

10年前我一个学员的妈妈给我打电话，她说：“张老师，我找您很长时间了，终于今天找到了您。”我说：“为什么找我？”她说：“您知道吗？10年前您对我儿子谈了一番话，我儿子记了10年。您10年前说，我儿子有一天一定会优秀的，让我感觉到不可思议。我的儿子整个学习成长不需要我管太多，仅需要对孩子鼓励、认同、欣赏就够了。我当时半信半疑，觉得我儿子的学习成绩是他们班的中下水平，怎么可能未来这么优秀？而我儿子非常坚信这句话，到今天我儿子真的优秀到让我诧异，并且我真的不需要管太多。我就想找你两件事。第一，10年前您怎么会看到我儿子10年后这么优秀。第二，我又有了一个孩子，想让您也看一看他未来的成长会如何。”我不是算命先生，也不是神仙，当然也无法预知谁的未来，为什么我能预知这个孩子的未来呢？其实我想告诉在座每一位家长，你们每个人的孩子都和她的孩子一样，为什么？这来自心理学上非常重要的一个心理效应，我们把它称之为罗森塔尔效应。接下来我给大家讲一下罗森塔尔的故事。

有一次罗森塔尔到一所学校视察，老师、校长一听说他来了，要抓住这个机会讨教。他们想了一招，说想让罗森塔尔看一下，他们学校哪些孩子具备天才潜质。罗森塔尔一听老师和校长有这样的要求，说这事没问题，我可以看一下。他说你把全校所有的学生集中到操场上，让我都看看，然后把花名册拿过来，我看看、对照一下。然后罗森塔尔很郑重地在学生群中来回穿梭，看看这个、看看那个，很认真地选。然后拿起花名册在上面画了 10 个人的名字，说："这 10 位同学，一定是你们学校最具天才潜质的孩子"，画完就走了。走了之后学校的老师和校长都觉得罗森塔尔果然厉害，因为过去他们从来没有发现这些孩子的不同，而今天仔细去看这几个孩子发现果然与众不同。

这些孩子一回到家，孩子的父母早一听说，他们的孩子被教育家说具备天才潜质，怎么看怎么发现这些孩子和过去不太一样了。觉得他们家的孩子就是具备天才的潜质，他们还都很庆幸早点知道了自己的孩子的天赋，否则真的会把天才培养出问题。

就这样，家长和学校的观点都全部发生了变化。一年之后当罗森塔尔再回到这个学校的时候，他们校长和老师很激动，说你真的不愧是教育家，太神奇了，你去年说的10个孩子，到目前为止都是我们学校最优秀的10个孩子。所以我们希望你能不能再给我们找10个孩子？就在这时候罗森塔尔先生就说，尊敬的校长先生，你知道吗？去年那10个孩子是谁，我真的都不知道。我只是拿起花名册，随便画了10个孩子。我为什么很郑重地去看？我就是想让你们相信，我是很认真地对待这件事。

各位，今天的每一位家长，你们的孩子都是有天才潜质的孩子。在我的眼中，每个孩子都可以进入3%，只是我们今天的家长不断地教育、不断地引导，让孩子失去了这三个最重要的力量。一个孩子的潜能，很早就被扼杀掉，所以孩子最后在学业的程度大打折扣。如果今天这三种力量复苏，一个孩子想不优秀、想不卓越都难。

二、如何助力孩子潜能的开发

一个孩子的学习，今天能不能优秀？能不能卓越？我们可以聚焦八个方面：时间管理、学习计划、目标设定、作业完成、课堂管理、预习复习、心理状态、同学关系。这八个方面不是一成不变的，根据每个孩子不同的情况，找他八个方面学习的点。哪八个点对他的学习可以造成影响？我大体找了这八个方面，我认为这八个方面对孩子的影响很大。

一是同学关系，“关系”是当下影响孩子学习最重要的一个点。孩子学习出问题，大家都要聚焦一下，可能孩子在学校同学关系出问题、师生关系出问题，这孩子的学习立刻有问题。二是心理状态，他有没有焦虑？抑郁？不安的状态一定会影响到孩子的学习。第三，孩子学习的方法。有些孩子会预习、复习，有些孩子不会，但这也对孩子的学习有聚焦点，可能也会影响他的学习结果。第四，课堂管理。很多孩子优秀的背后，一定有高效的课堂。在课堂充分利用 45 分钟是最好的，这样的孩子很优秀。我采访过北大清华的高考状元，他们传递的信息，课堂时间的利用都是一流的。所以你也可以聚焦，你孩子在 45 分钟课堂的管理做得怎么样。第五，作业完成的情况。第六，目标设定，是引导一个孩子动力持续不断的方向，这必须得有。目前很多孩子对学习目标的设定几乎为零。第七，学习计划。第八，时间管理。

这八个方面怎么做？大家看一下，这是我让孩子做的一个内容。一定要给自己在这些点上打分。打分怎么打？从圆心 0 到最边缘的 10 分，给自己打分。每一项打分，如果低于 6 分就是不及格，意味着你这个点需要提升。你就清晰地知道，孩子在学习当中哪些方面不足。今天会发现，很多家长知道孩子学习不好，但是不知道哪方面不好影响到学习，孩子也不知道，努力也不知道从哪里下手。这一点对孩子非常重要。比如同学关系不好，打 3 分，你就知道这个方面引发了孩子学习的问题。这就要在关系上努力，要看什么问题引发的关系问题？如果不解决这个，你对他搞课堂管理、搞预习复习、搞学习计划，没有用。如果这个孩子后来发现目标设定不清晰、作业完成也不好，分数都低，就要找每一个点，再往下切一切。比如说课堂管理不好，课堂管理再画一个圈。课堂管理哪方面不好？注意力不集中？老师讲得过快我接受不了，或者老师讲我没有去听，没有互动？或者由于前一天晚上没有复习，导致课堂出问题。再聚焦八个方面，如果八个方面太多，可以做六个、四个、三个，少于三个就成聚焦一个点，没有意思。这样，很容易找到孩子在学习方面存在的不足问题。问题迎刃而解。我给大家这样一个小小的建议。

三、都是学习惹的祸

1. 很多孩子从开始上学就不愿意学，感受出了问题。

2. 学习让孩子变成了差生，原来他在幼儿园不错，一上学成了差生。这也是对孩子学习的认知出了问题。

3. 带血的学习。有跳楼自杀的，有离家出走的，后来我和家长讲，如果因为学习让孩子自杀、让孩子离家出走，这个学习不学也罢，毕竟生命第一。这些问题上，希望家长有正确的认识。

4. 越学越不愿意学。

痛苦的孩子不要学，厌学的孩子不想学，焦虑的孩子不能学。到底孩子不愿意学是谁之过？聪明的孩子怎么学不好？原因在哪里？关于学习，我提了五大点：

1. 学习的态度。

2. 学习的方法。

3. 学习的习惯。

4. 学习的能力。

5. 学习的成绩。

今天我们重点讲讲学习的能力。一个人要想把学习学好，就是能学、想学、会学，我们重点谈谈能学。如果想学，不能学，也很难把学习学好。孩子想提 30 斤重量，但是他的能力只能提 20 斤，他的年龄要求已经具备可以提 30 斤，但是他提不了。这代表能力不足，想也不行。这样的孩子，学习想优秀也很难。

对孩子学习能力造成影响的有 10 个方面：

1. 剖腹产的孩子对学习的影响能力比较大，因为剖腹产的孩子容易造成孩子触觉学习能力不足。孩子出生的时候没有经过产道的挤压，少一道程序，所以我称之为“残次品”。有人说，张老师我们家孩子剖腹产，但没有那么多问题。你后天作了弥补，没有成为残次品而已。一般来说，正常能顺产的不要剖。因为触觉迟钝或者敏感，都会对孩子造成影响，这样一定会人际关系不良，人际关系不良一定会影响孩子学习能力的发挥。这种孩子，存在着学习能力不足的可能。

2. 您的孩子不会爬行。有的家长找我，张老师你看我的孩子是不是聪明？不会爬，站着站着会走了。我告诉你，不会爬的孩子，几乎百分之百在学习能力上有问题。因为孩子爬的时候，头要抬起来看前方，要四肢协调。爬的时候，视觉、动作统合协调。眼睛看到，手配合。如果这个视觉和动作统合不了，将来在学习上出现什么问题？抄作业都能漏字，这个影响大吧？还有，视觉动作统合不好，会出现看书跳行、跳字。这方面，对孩子的影响也很大。

3. 孩子左右区分不好。当然，有年龄要求，3岁的时候，孩子左右还无法区分，孩子的学习能力将来会受一定程度的影响。比如孩子56看成65，32看成23，一定会出现这样的情况。

4. 您的孩子经常把数字写反。

5. 孩子做事拖拉。三个问题，一个是精细动作不足，小动作不行，二是一写作业就累，然后就慢。二是视觉动作统合不行，导致拖拉。第三是视觉广度不足，我们正常看一行或者是看一行的一半，他是一个字一个字地看，他写作业的时候看一下写一下，我就说，像小鸡啄米一样。这种情况一定导致孩子拖拉。这三个方面，都是孩子学习能力不足的表现。如果家长不知道，还以为孩子偷懒。如果你知道，就知道可以从哪个方面解决处理。

6. 您的孩子有多动现象，注意力不集中。这也是目前很突出的一个问题。

7. 您的孩子容易把字写在格外。这是很典型的视觉、动作统合、精细动作控制不良。这些统合，我们称之为感觉统合失调。现在社会有机构可以训练，但要非常讲究，否则做了工作也达不到效果。

8. 您的孩子动作不协调。有的孩子七八岁跑起来像唐老鸭一样，这对孩子的信心影响非常大。这一定要从小完成的事情。第二是精细动作不协调也不行，也需要做训练。

9. 您的孩子听别人讲得很明白，但自己看时看不懂。这种孩子自主学习能力弱，属于典型听觉型孩子，视觉不行。这样的孩子成绩也会有影响。

10. 您的孩子上课听讲总不懂，但自己看却能理解。这种孩子听觉能力不行，听觉加工能力太弱，在当下中国的教育当中最倒霉。这种孩子的学习一定是班里最差的。

如果孩子占 4 条以上，应该存在学习能力不足，一定对孩子学习造成影响，而且可能很突出。如果占一到两条，你也不用太在意，学习解决，我下面给大家讲一下。

学习金字塔模型的方法，包含三方面内容：1. 注意力。2. 视听触。3. 思维策略。孩子的学习是否好，注意力决定了孩子的学习品质，是金字塔的地基，不能出问题，一旦出问题，孩子想学习好很难。影响到注意力的，有人的情绪、学习环境和基本的学习能力。

第一，注意力。容易分心、学习困难、活动过多、冲动人性，自控力差。

为什么孩子的注意力不集中？我重点给大家谈病理、心理、生理原因。我讲一句话，可能大家过去没有听说过，但今天大家要有这样的认识。一个人的注意力，都是百分之百的，你们认同吗？有人说，注意力不集中怎么能百分之百？所谓的注意力不集中其是注意力的分配出了问题。注意力分主动注意和被动注意。什么叫主动注意？大家现在听课，都是用主动注意来接受。但是听课的时候，突然听到外面有汽车的声音，这叫被动注意。如果外面汽车的鸣笛等声音你关注过多，就是被动注意过多，你的主动注意就会减少，于是你的听课质量就会打折扣。一个优秀的学习高手，一定是注意力的分配高手，他知道什么时候把主动注意分配过来，而一个孩子学习的注意力出问题，很多都是注意力的分配出了问题。这个观点大家一定要有，别说我的孩子注意力不行，都可以，就是怎么分配的问题，这是需要训练的。很多家长没有注意到这个问题，也不知道怎么训练引导。可能孩子很小的时候，注意力分配就出了问题。再加上后期家长、老师再无端地指责、批判，让孩子产生一种心理焦虑问题，于是这个孩子的注意力真的出问题了。首先看病理原因，注意力会不会存在问题？当然。从医学来说，有多动症这个提法，但是现在不让提了。因为国际医学组织不让说孩子有“多动症”，认为对孩子有歧视性。专业的称呼叫注意力缺损多动障碍，这种情况的发病几率多低？100 个孩子里不一定见得有一个。绝大部分孩子，不是多动症的情况，所以家长不要给孩子贴标签，你给孩子贴了标签就会产生负向暗示，负向暗示就会有负向行为。这种几率非常低，一旦存在注意力缺损多动障碍的问题，只能用药物，后期很多训练无效。但这些药物都有赖药性，医生的处方下服用，我们不可以滥用。而且长期服用对孩子的影响也比较大。所以大家不要给孩子贴这种标签。

第二是心理原因。很多孩子在成长的过程中，焦虑是造成孩子注意力不集中的又一个问题。曾经有家长给我说，孩子一个学期在抽屉里抠橡皮抠了78块，一个星期平均要抠三四块。他们很纳闷为什么。我说这个孩子焦虑，只有抠橡皮、撕纸片的时候才会缓解焦虑，你要不让他抠，他这一节课没办法上。他眼睛看、耳朵听，但手里不能停，缓解焦虑。所以现在这种情况目前来说也是造成孩子注意力不集中很大的问题。很多家长不知道，怎么会产生焦虑？两个原因：1. 家长不当的教育让孩子产生焦虑。2. 老师的不当教育也会让孩子产生焦虑，尤其是对孩子的无端批判、指责，这些都会不同程度让孩子产生焦虑。这种焦虑时间长了，会引发出更大的心理问题，比如抑郁甚至躁狂。家长也要知道，你的孩子是不是焦虑引发的注意力，不集中？如果有，要做放松训练。

第三是生理原因。回到刚才我说的，一个孩子的注意力的确存在分配问题，主动注意、被动注意的分配出了问题，通过训练可以有效解决。怎么训练？

如何提高孩子注意力的品质？我们有注意力的广度训练，就是一目十行。要训练孩子快速去看东西，这实际上是专注度的训练。二是注意的稳定训练，持久专注。持久注意的训练，最简单的办法，比如这是一个小图片，我们聚焦10厘米直径，10厘米里面有一个比鸡蛋再小一些的小圆圈，慢慢更小，最后小到黄豆一样大。孩子离图片的距离，只要能看到就可以，

3～5米，近视可以再近一些。让孩子干什么？每天盯着它，高度和孩子平视，每天坚持3分钟，最多不要超过5分钟，每天聚焦看，就看这个点。这是对孩子注意力稳定性的训练，非常有效果。大家让孩子坚持下来，多长时间？21天就有效果，注意力稳定性就会提高。三是注意的转移训练，收放自如。视觉追踪训练，这是训练当中非常好的方式，非常容易掌握，在家可以使用。一般用橡皮，聚焦于这个铅笔上的这块橡皮。这个距离是30～50厘米，开始近一些，慢慢拉远。这个过程，前期1分钟聚焦，这有助于聚焦的稳定。持久专注，1分钟。然后开始移动。头不动、身子不动，就是眼睛跟着动。如果头跟着动，这注意力存在不足。一开始发生这种情况没问题，慢慢训练。你不需要看自己的手，就看孩子的眼睛。眼睛完全聚焦，没有完全抖动，孩子在这个点上的品质就是优秀的。一开始都很难达到，但是长期坚持训练下来，三周之后，一定会有神奇的效果。注意力的转移可以收放自如，这种效果就很好。

而注意稳定性的训练可以从走迷宫开始。迷宫由字母及很多其他图案组成。从1开始走，顺线找到另外一端的到达点。告诉孩子用手走，笔走、眼走。高手不需要借助于任何工具，眼睛走完，这样的孩子视觉分辨测验是达标的。你开始训练的时候，可以先用手，慢慢用笔，然后用眼睛。这是家长作训练的时候要注意到的。

这里面还可以看到主动注意、被动注意。对字母的注意和对其他事物的注意有什么不同？我们第一时间很容易注意到什么？在正常情况下，我们很容易注意到字母，但你知道孩子注意什么吗？很多孩子说，张老师我看到了火车，看到了鱼和锤子，就是没看到字母。什么意思？主动注意好不好？不好，被动注意好。孩子的注意力品质不够，影响上课听课的品质。我们过去做了很多闪卡，比如这个闪卡里面大大的是盘子，但是旁边有小蝴蝶、有花。我说你看到什么？我希望孩子回答什么？盘子，第一是注意盘子，因为它是最大的，占整个画面的3/4或者是4/5，蝴蝶就占一角。但是有的孩子说，张老师，我看到了蝴蝶，没看到盘子。这种孩子注意力品质有问题。

另外，对孩子注意力的时间点要进行了解。不要贸然对孩子进行批判。3～5岁的孩子注意力集中度达到5～10分钟，这是正常的。5～7岁的孩子聚精会神的时间是15分钟，今天孩子上小学一年级上45分钟课有困难吗？真的很有困难。7～10岁的儿童可以达到20分钟。10～12岁的儿童可达25分钟。高中生能坚持30～45分钟。我希望中国的课堂时间，以后缩短到30分钟。这30分钟最有效，孩子可以达到完全专注，超过时间孩子的注意力容易出问题，而且还不利于他注意力习惯的养成，这个家长要知道，你也可以把这些东西灌输到孩子在家庭的学习当中来。

最后一句话送给大家：超常儿童与普通儿童相比，表现出高度的注意稳定性。很大程度上，很多优秀的孩子成功的背后，其实上有注意力的稳定性在发挥作用。今天你的孩子未来学业上想有大成就，一定要注意“注意力”。这也是学校、家庭教育当中比较头疼的一块。

金字塔模型第二层次是学习的三大管道，视听触。粗心马虎，学习痛苦，其实粗心不是故意的，马虎背后有原因。给大家一个案例：

孩子9岁6个月，父亲是教师，母亲是会计。家长说幼儿园的时候表现正常，经常上台表演节目，老师说他聪明漂亮，将来一定错不了。可谁知一上学就出现了严重的问题，经常把数字写反，拼音记不住，写字特别吃力。这是精细动作和视觉、动作统合出问题。

测评结果，视觉、动作统合能力为7岁3个月，他真实的年龄是九岁半，落后两岁三个月。这就是视觉动作统合，今天很多孩子学习出现问题，应该进行专业的学习能力评测，因为你不清楚到底是哪个点落后，你无法针对性地对孩子进行干预，这会持续影响到孩子14岁，14岁左右之后，这些能力上的不足会逐渐消失。但是14岁之前这段时间，对孩子的心理影响非常大，一旦他的学习信念出现问题，这个孩子在学习、学业上很难有大成就，很多孩子目前的学习出问题，其实都是在早期没有作干预，没有重视导致的问题。

如何解决？围绕视动统合设计一个个别化的教育方案，练习他的视觉分辨和视觉记忆，训练手眼协调能力。大家可以买乒乓球，在家用拍对墙推球，这是一个不错的视觉动作统合的训练。

大家还可以买一个波波球，让孩子趴在上面，前面放乒乓球，抓一个投到前面的框子里。这也是视觉动作统合的训练，但孩子的头始终要抬起来，主要就是训练颈部肌肉和手眼协调。

最后就是金字塔模型最上层的训练思维策略方面的训练。有种情况，努力的孩子成绩不优秀。这种情况让孩子很不舒服，孩子努力了，也尽力了，为什么不优秀？第二是思维力决定了学习力，思维高手，一定是突出的。突破思维极限，让头脑飞起来，天才就这样诞生。我们对思维的开发，更多关注的是创造性思维的开发。

有很多传统的训练思路，都可以用到我们的思维训练当中来。我认为孩子从小需要接触这样的思维训练。

我曾经给孩子们做创造力训练，一个7岁的孩子，3个月的训练可以提出近2000个为什么，打破了原有的思维框式。比如我拿矿泉水瓶子，我说瓶子可以干什么？大家觉得可以喝水。我们容易想到单一功能喝水。还可以做手工、当花瓶等，说3、5个就没有了，我们局限于日常功能性的使用，但孩子不一样，运用头脑风暴法短短30分钟时间，孩子可以提出500种以上的用法。头脑风暴是一个非常重要的提升思维的方法，你们在家里做任何一个东西都可以头脑风暴，头脑风暴的原则是不要批判，欢迎异想天开。所以思维训练，就是要打破孩子过去的思维限制。像做脑筋急转弯、发散思维。

有一次我给孩子作思维训练。球掉进树洞里面怎么取出来？孩子们说浇水，我们以前学的故事就是这样。我说今天浇水出不来了。我说球变成铁球，怎么办？孩子说，我们用吸铁石吸出来，我说变成铅球，吸不动。孩子们说，我们发明一个机器，把它抓出来。我说如果是无底洞怎么办？孩子说，我变成孙悟空。这些答案，很容易让孩子和他生活中喜闻乐见的事情结合起来。把孩子的思维局限性全部打破。

最后我想告诉家长朋友：奇迹，往往发生在相信奇迹的人的身上。首先，要有积极的行动，你的孩子要想在学习上有建树、有结果，一定要相信自己，有行动证明。孩子学习好最重要的点，就是要行动。想轻松面对，你不行动，那是不可能有结果的。第二，必备的知识。第三，永不找借口。最后，改变你的心态，随时调整挫败的心态，用积极的心态面对你的人生。当这一切都做到的时候，这就是我们想给到大家的成功结果。

互动空间

提问1：谢谢张健老师的精彩演讲。我觉得学习是一个渐进的过程，要有一个基础，孩子在学校怎样才可以上升到前面的名次？第二，我家孩子是九岁半，现在孩子四年级，孩子有点问题，可能是多动症，但老师觉得他多动的情况好像不太一样，有另外的问题。他也撕纸、还要不断买笔，今天听您讲我觉得他有点焦虑的问题。如果是这样的问题，如何放松？请您支支招。我也学习了现在教育方面的一些要求，我很柔缓地提醒他要抓紧时间，要他注意一些问题。他不但不听，讲得多了还会发火，现在没有办法交流，听不进去，请您支支招。

张健：感谢您的问题。先回答最后一个问题。为什么对孩子这样做，孩子不听还反感。刚才我们讲到，学习是孩子自己的事情，现在很多家长把孩子的问题变成家长的问题。家长用对学习的态度方式方法，压到孩子的身上，孩子不执行。一个孩子的学习习惯、生活习惯，一定要形成自己的一套东西，结合每个孩子自己的“点”，让他结合自己的状况，形成自己的学习、生活习惯表，自己执行，这样问题可能会解决。

你不妨和孩子探讨，让你认为你要承担的事变成孩子要承担的事。

第一个问题，学习是一个渐进的过程，但小学阶段发生奇迹很正常，可能前段时间还倒数，过段时间成了第一名，因为小学阶段的功课对一个孩子来讲，如果他愿意掌握，每个孩子都具备掌握知识的能力，首先前提是有的。高中很难，高一倒数第二，高三正数第一，这是很难的。因为这个知识量和在校学的知识量不一样。第二，学习潜能可以激发，大家要让孩子相信这一点，同时给自己积极的暗示，这个孩子在学习上优秀起来并不难。很多孩子今天学习问题的出现，来自对学习的不自信，因此，想优秀不可能。你的结果一定证明你的认识是对的，每个人一生都在干这个事。我认为我是一个成功的人，我一生一定想办法让自己做得成功，证明我的想法是对的。我认为我是失败的，一生一定想办法做很多失败的事情，证明我的观点也是对的。所以我讲这个案例的目的，不是一定要让孩子第一，而是让他改变对学习、对自己的看法，这个解决不了，后面的优秀真的真的很难。

第二个问题很有普遍性，焦虑的孩子一定来自教育不当，最好的办法，做放松训练。在孩子的那个“点”上不要过多提醒，转移。放松怎么做？孩子学习之前，尤其在家里，我建议你们可以用 5 ~ 15 分钟，根据孩子的情况不同，年龄小的孩子时间短一些，年大些的时间长一些。进行 5 ~ 15 分钟的音乐放松，闭目静心，别想学习，想自己美好的事情。让孩子把学习和快乐连接在一起。把学习和美好的东西连接在一起。现在孩子一学习，链接的都是不好的事情，被批判、打击，一想到学习就难受。我感到班得瑞田园系列音乐都适合放松训练。在学习的过程中也可以让音乐始终飘着，一定要低，能感受到有音乐，又不是很清晰地可以感受到，这对他的放松都可以有一些影响。

提问 2：我关注的问题是注意力训练这块。张老师今天带给我很多的点都很好，但是我觉得我吸收这两个小时的“点”，回去真的能用到我孩子身上的东西，只是我吸收当中最重要的点，但我还有忽略的点。刚刚我有看到您的 PPT 上，您把很多的点做得非常非常详细。我只是知道一个大概的概括，我想把我孩子的注意力提高，其实还是有很多的方式，每一个环节都不能省略或者漏掉。但我现在不是特别清楚，我想知道用什么样的方法可以和张老师学到这些培养孩子注意力的、有系统的、渐进的方式方法，可以在家里帮助孩子一起操作。

张健：首先说明一下，没有。我刚才上课讲过一句话，学习是孩子的问题。家长要知道，孩子今天学习不好，背后不是一方面的问题，孩子存在能力不足的时候，你需要给他鼓励、认同，支持他。我没有特别针对孩子学习的训练，关键调整的是家长对孩子学习的看法，不要把你的情绪、担心加在孩子的身上，孩子本来一个是学习生理性的问题，一旦变成心理性问题，问题就大了，今天这个讲座希望通过这样的方式说明、避免这样问题的发生。

农耕文化与“有机教育”

专家介绍：杨雄，中国社会学会青年社会学专业委员会理事长，中国教育学会家庭研究会副理事长，上海社科院社会学所所长，青少所所长、研究员、博士、上海市家庭教育研究中心主任，上海市儿童发展研究中心主任，研究领域为青年社会学、青年文化、青年价值观、独生子女、家庭教育等。

一、培养孩子要像培养秧苗一样有耐心

（一）叶圣陶曾说过这样一句话：“教育是农业而不是工业。”意思是说：教育就像农业一样需要一个缓慢的发展过程，需要很长的一段周期，而不能像工业一样批量生产，迅速出炉。常识告诉我们：站在一棵幼苗面前，可以看出它旺盛的长势，却感觉不到它的成长，只有隔一段时间才会发现它的变化；另外，农业也是一个比较复杂的过程，农田里的秧苗只有通过培土、浇水、施肥、除草等一系列劳作，才能苗壮成长直至结出丰硕的果实。这些都说明，秧苗虽小，但也有它自己的成长规律和季节，是不能被随意打乱的。如果为了追求速度

而“揠苗助长”，那么不但会破坏它的生长周期，影响果实的成熟，甚至到最后颗粒无收。这些都说明，培养孩子也像培养秧苗一样需要耐心。

“天人合一”是中国古代哲学的重要命题，尽管人们对于它有不同的理解，但有一点是肯定的，这就是要求人的行为必须顺天时、合人意。用现代的话来说就是尊重客观规律。天时用之于农业，即所谓“农时”，中国传统农业非常重视农时，春秋战国时期就提出“不违农时”的口号。虽有智慧，不如乘势；虽有镃基，不如待时。春耕、夏耘、秋收、冬藏都有严格的时间规定，以二十四节气等为特征的中国古代历法，在很大程度上就是适应农业的需要而形成的，而中国古代的月令体农书即是农业与历法结合的产物，所谓月令体农书，是指按月列出每月所应从事农事活动及其方法的农书。除月令体农书以外，中国古代的一些综合性农书，也非常重视农时。

《吕氏春秋》“上农”等四篇中有“审时”篇，《氾胜之书》将“趣时”作为耕作栽培总原则的第一条，《齐民要术》提出了“顺天时”的口号，对于每种作物的播种期都按照上时、中时、下时作了具体的安排。南宋农学家陈旉就在其所著《农书》中专辟有“天时之宜篇”，讨论天时与农业生产的关系，指出：“在耕稼，盗天地之时利”，“农事必知天地时宜，则生之、蓄之、长之、育之、成之、熟之，无不遂矣”；而元代《农桑辑要》则有一篇“论九谷风土及种莳时月”，讨论天时与地利的问题；又其后六十余年，王祯在《农书》中将“授时篇”作为“农桑通诀”的第一篇。清代乾隆七年（1742年）官修之大型农书，命名为《授时通考》，而“天时”即为其中八门中的第一门。在农业生产实践方面，汉代的卜式因懂得“以时起居”而成为养羊能手；唐代的郭橐驼知“顺木之天以致其性”而广受欢迎。这些都是顺天而成功的例子。养育孩子同样也要符合“顺天时”之规律，不能拔苗助长。

（二）农业与工业之最大不同在于，工业可以是快节奏的、大容量的、流水线的、批量生产的，而农业则是有季节的、有时令的、有成长规律的，是需要播种、施肥、除草、喷药的，是需要土壤、水分、阳光和等待的，它是一个慢的过程。对待孩子的成长，家长来不得半点儿急躁，要遵循教育内在的规律，尊重它自然生长的形态，学会等待，减少教育的浮躁与功利，重在培养孩子良好的学习、生活习惯，为孩子未来的发展奠基。

工业是制造产品，农业是栽培植物。制造产品有固定的模式和流程，能够按照制造者的意志毫厘不爽地批量生产出来。植物栽培的情况要复杂得多，她与其说是技术而毋宁说是技艺。同样的土壤气候条件，农作物的长势并不完全相同。在这里没有固定的模式，连结果都是难以预测的，因为影响结果的因素是多方面的，而且这些因素是相互作用的，其作用方式不是简单地相加。比如说，种下的是蚕豆，而你用种植西瓜的方法去精心培土、施肥、治虫，那么，希望它结出西瓜来的愿望终究是零。工业产品是没有生命的而农作物则有。既然有生命，那就有它自身的意志和精神，也就是有属于它自身的内在力量，对这种内在力量，外部环境不能彻底改变它，只能顺应它，引导它，发展它。

（三）农业的最大特征不是产出速度快，而是产出物品对人类来说是最基本也是最重要的。农业的根本特点是受农作物的繁育规律和自然条件的制约，具有强烈的季节性和地域性，生长周期长与劳动时间不一致。农民要通过一个生长季的时间对所培育的农作物细心培育，不能指望“农作物”一夜丰收，要有辛勤耕耘的足够耐心，才能在收割时节享受收获的喜悦。在这个生长过程中，持续地投入，精心地培育，足够的阳光、水分，适宜的土壤、肥料，缺一不可。另外农作物自身的自然生长也存在不确定性和偶然性，有时意外的收获让人惊喜。总之，这是一个细工慢活。相反，工业是从自然界取得物质资源和对原材料进行加工、再加工的社会物质生产部门，以机械化生产为主，产品有预见性、规格性，产出速度快，产品标准统一。

“教育是农业而不是工业”，这句话点出了教育的真谛，但现在的很多家长在教育孩子的时候太急功近利，恨不得立刻就要看到孩子出类拔萃。事实证明，家长在这种心态下很难获得良好的教育成果。因为，教育是一种缓慢的艺术，是一种等待的艺术。每一个孩子的成长都有其自身的规律，需要根据他的自身特性慢慢打磨培养。因此，急于求成是教育的大忌，家长们要永远熟记“十年树木，百年树人”的教育哲理。所以我一直强调家庭教育对孩子的培养是一个缓慢的过程。你做的家庭教育，你对孩子的培养，实际上是一个发现的过程。什么叫发现？你要在从小陪伴他成长的过程中，逐渐地发现孩子在某一领域的天赋、特性和兴趣，因势利导加以开发，而不是简单的盲从，别人家长带孩子学英语，我也带孩子学英语，不管孩子喜欢不喜欢。首先这是一个耐心的过程，二是陪伴、发现的过程，三是缓慢的过程。这就是有机教育的核心理念。培养孩子，一定是一个缓慢的过程，要给他一定的时间。任何的催熟，后果都是不好的。我的核心观点就是有机教育育儿，个性发展，恢复教育的本质，让孩子缓慢地成长，甚至有一些天性、自然与野蛮地成长。

二、过早“开发”孩子会破坏想象力

（一）西方有句谚语“教育不是把人大脑填满，而使将儿童的心灵照亮”。教育的本质不是单纯的灌溉，而是让人发现人性的快乐。家庭教育就是要将工业化时代的单一标准，还原为个性化、多元化的价值标准。教育绝对不是把大脑灌满，而是鼓励和激发他们的灵魂和心灵。教育的本质应该与快乐相关。

改革开放 30 多年来，中国社会的物质条件得到极大提高，但中国的孩子并没有因此而变得更加幸福。上海社科院青少年研究所调查发现，时下“90 后”、“00 后”的幸福感似乎还不如成长环境比他们落后得多的父辈。如今的成长环境不只是不愁吃、不愁穿，物质供给应有尽有，而且文化生活也十分丰富，各种电子产品和通讯设施极大缩短了中国家庭和欧美家庭的生活差距。如今的大学毛录取率已经大大提高，比30年前高考录取率已整整提高了近20倍，像北京、上海等地将近80%，这个数值和欧美发达国家几乎不相上下。3/4的考生都能上大学，为什么不少孩子高考压力还是这么大呢？为什么感觉还是不幸福呢？

在我看来，压力的根源在于，第一，我们的大多数家长都希望自己孩子接受“优质教育”。而优质教育资源供给相对来说还是十分稀缺的。现在还是通过行政手段，把学校分成三六九等。一个直接的后果就是让每个家庭都只盯着这些好的、稀缺的大中小学。导致我们的孩子升学竞争压力太大。岂止是高中生高考压力大，中考、小升初的压力同样也很大，以致小学生即已背上了沉重的书包。高考压力不仅严重影响了数以亿计的中国儿童的幸福，而且严重扭曲了中国教育模式，造就了一代又一代的只会死记硬背、片面追求考分、缺乏想象力和创造力、缺乏独立思考的能力和精神、缺乏责任担当的青少年。

第二，还与我们成人社会对教育目的、生活意义理解窄化有很大关系。研究证明：具有追求和充满意义的生活方式会全面地提升一个人的幸福水平和生活满意程度，并促进身心健康，提升自尊，减少忧郁。而具有讽刺意义的是，那些一味追求幸福的人，反而感到不幸福。国外一项最新研究显示，对幸福的过度追求，反而阻挠了幸福的降临。不追求生命的意义，而只追求幸福的生活的人，通常意味着相对浅薄、利己甚至自私的生活。在这种生活中，一个人的各种欲望和需求总是能被轻易满足，人们总是逃避困难和负担。幸福生活的定义是什么呢？研究者们发现，幸福的生活通常意味着感觉良好。具体地说，那些感到幸福的人觉得生活是安逸的，他们身体健康，能够买到自己需要的东西。当你囊中羞涩，你会感到生活缺少意义，幸福感下降。金钱对他们的幸福感有着重大的影响。而幸福的生活又可被定义为少有压力和烦恼的生活。

“十年树木，百年树人”其实提示我们——教育是“慢”的艺术。“强扭的瓜不甜”，对待孩子的成长，家长不能有半点儿急躁，要遵循教育内在的规律，不急于求成，学会等待，减少浮躁与功利，重在培养孩子良好的学习、生活习惯，为孩子未来的发展奠基。在学校的教育活动中，教师不能恨铁不成钢，希冀什么都立竿见影。

（二）养育孩子是一项长期工程，这与播种后等待收获一样。在我看来，尤其是父母应懂得“三个不要太早”：第一，不要让孩子成名太早，所谓“大器晚成”。孩子根底深，宛如庄稼根深叶茂。第二，不要享福太早。从小让孩子享福太早太好，容易产生奢侈、不劳而获的惰性，人是天然趋利避害的动物，享福太早，就很容易成为“八旗子弟”、丧失奋斗的动力，所谓“富不过三代”。第三，孩子营养不要补充太早。半岁之内正常母乳喂养足够了。营养过剩，补充太早太多，会导致婴儿囟门加快闭合，大家都知道，婴儿囟门一年后才能闭合，这是人类大脑产生高智商的自然进化选择。补充太早、太多，导致囟门闭合太快，完全是违反天性的“催熟”，得不偿失。

家长不能心急，老师更不能希冀教育会“立竿见影”，对学生有太多的高期待。如中小学课堂教学中，老师不能像做工程一样赶时间、抢速度，一味追求高频率、快节奏，要把握舒缓的课堂教学节奏，给学生留足思考、理解与品悟的空间和时间，多一些等待与期望。因为教育是农业不是工业，无法速成。

（三）不要过早对孩子进行智力开发。现在不少家长让四五岁的孩子就学奥数，这是对孩子大脑的摧残。脑科学研究领域的专家研究发现，人在 8 岁以前是没有纵向思维的，这个阶段发展的是形象思维。比如说让孩子去朗诵诗歌散文，或者是看图像，学简单的图画，用这样的方式促进形象思维。开发形象思维在这个阶段是最重要的。到了 8 岁以后，开始学数学也不晚，因为那个时候他们才开始有了一点点纵向思维和逻辑思维的能力。

对孩子过早的纵向思维和逻辑思维的能力开发是没有用的。中国孩子数学思维能力 1+1=2，从 2 岁开始教，我们的学生应试数学的能力是挺强的，但是当你看一下世界前 100 位的数学家，我们几乎一个都没有。再看看人家德国人从八九岁才开始接触数学，但在全世界的数学家、科学家中间德国人获取的诺贝尔奖最多。

对孩子过早开发会破坏想象力。中国的孩子在幼儿园期间已经把小学一年级的知识基本上都学完了。人们有理由担心，西方的孩子在起跑线上已经输给了中国的孩子。其实，这样的担心是多余的。西方人普遍认为，孩子有自身的成长规律，他们在相应的阶段要做相应的事情。表面上看中国的学前教育和基础教育很扎实，但他们的想象力和思考能力已经被破坏掉，由此造成了孩子被动接受知识而疏于主动思考的习惯。事实上，在许多国家，超前教育是被禁止的。“德国宪法禁止学前教育，别把孩子大脑当硬盘”。德国甚至把这条写进基本法里，禁止家长在幼儿园的教学之外给孩子补课。在童年，最重要的是让孩子玩得开心。以至于我们习近平总书记 2015 年 10 月访问英国也感叹“中国的孩子玩的时间太少，应该让孩子有更多一点玩的时间”。

（四）长期以来，中国大多数家长信奉所谓“仓库理论”，主张积累知识；注重儿童的基础知识、基本技能的培养；外国则更注重“潜能激发”，注重孩子才智培养，潜能和创造能力开发。中国家长主张儿童背诵、记忆；外国注重孩子融会贯通，理解。如今一个中学生一周学习的知识，已经超过 18 世纪一个普通人一辈子学习的知识。我们的学生将会在未来用我们不知道的知识，去解决我们不能预料的问题。因此，我们需要学生学习一些科学概念，并掌握理解这些核心概念的过程。首先得告诉学生什么是科学概念，科学概念和日常概念是不一样的。

受教育者是人，人是有生命的，而且是地球上迄今为止最高级最复杂的生命体。人的成长就像植物的生长一样，有他自身的规律。首先，人是一个特殊的具有内在可能性、主动性、没有外部刺激也进行自主活动的系统，所以人的成长是一个自我生长的过程，任何别的人都是无法代劳的，我们只能尽量提供好的条件和环境。其次，人的成长主要是精神和灵魂的发育、成熟和提升的过程，不只是知识技能的无止境的积累。知识是容易教的，技能也是容易训练的，但精神和灵魂的成长发育则需要教育者更多的耐心、爱心和信心。再次，每个人都是一个统一的有组织的整体，个人的绝大多数欲望和冲动是互相关联的，它们必须得到均衡的满足和发展，否则就会被扭曲而成病态。

大家都知道“心急吃不了热豆腐”这个简单的道理，但是“恨铁不成钢”急于求成的心态在广大家长中比比皆是，普遍存在，究其原因，主客观方面因素都有。当我们回过头来仔细品读教育家叶圣陶所说的“教育是农业而不是工业”这句话，耐人寻味，引人深思。

教育是“农业”告诉我们教育不能强调速度，而是强调产出；教育既然是“农业”，就要作好持续投入，慢慢收获的心理准备，要有足够等待孩子进步的耐心，不能半途而废，不要急于取得教育成果。

三、“有机教育”：回归到教育本原

（一）中国孩子越来越成为“户内儿童”，患有“自然缺失

症”。最近有一项调查显示，12.4%的孩子具有自然缺失症的倾向，在他们的童年里，“池塘边的榕树，秋千上的蝴蝶”只会出现在课本里和屏幕上。“自然缺失症”这一概念，由美国记者兼儿童权益倡导者理查德·洛夫在《林间最后的小孩》一书中提出。他指出，当今儿童群体正显现出一些令人担忧的发展趋势，如肥胖率增加、注意力紊乱和抑郁等问题，这与缺少和自然的接触有极大关系。调查显示，在我国，每周的户外活动时间超过 10 小时的孩子仅占 4.8%，户外时间 7~10 小时的仅占 9.3%，3~7 小时的占 37.4%，而每周户外活动时间少于 3 小时的孩子则达到 48.5%。“宅”成为了很多孩子的生活方式。“宅童”产生的原因很多。一方面，一些父母把孩子圈在狭小范围内，以保证安全和卫生，泥土不准摸，昆虫不准碰，灌输一种户外很脏很危险的观念；另一方面，父母正试图让孩子更早地接受教育。而电子产品强大的娱乐功能，又进一步培养了更多的“电子宅童”。

大自然是孩子成长的乐园。缺失了自然，就等于丢失了孩子的童年。大自然的缺失，会失去童心的快乐。在孩子们心中，快乐是一个宽松和谐的成长空间，这个空间只有大自然才能给他。无法取代的年龄，要做无法替代的属于孩子们自己的事，这样才能为孩子的一生打下明亮的底色。大自然的缺失，会使孩子们失去感知的能力。一旦孩子们的眼睛被无数快餐式的信息所霸占，思想被课本知识填充，就会越来越少被自然的伟大所感染，越来越少为生命的奇妙而惊叹。时下不少家庭包括部分学校，常常以“爱”的名义对孩子们约束太多，设计太多；常常抱着“为孩子好”对他们干涉太多，管教太多。我们为他们安排了各种各样的学习，希望他们赢在起跑线，然而，最终的结果是孩子们反而被压抑、束缚，赢得了功利的考分，却输掉了整个童年。大自然的缺失，会使孩子们失去探索的欲望。人类的很多发明创造都来自变幻无穷的大自然，大自然是孩子们最好的老师。离大自然越远，他们的观察空间就越窄，所发现的疑问就越少。批判思维在悄悄钝化，最宝贵的创造力遭到扼杀。

（二）农业生产过程不仅仅是提供物质成品，也能丰富精神。古代人认为“四体不勤，五谷不分，六亲不认”，因此，“仓廪足，然后知礼仪”。农业耕种还要懂得敬天、遵道、施用。而且在收获的季节还有各种庆祝丰收的节日，在进食前还不忘感恩，“锄禾日当午，汗滴禾下土。”这一系列的活动其实就是在建构物质的时候丰富精神。史代纳认为地球是一个有生命的有机体与宇宙是有机联系的统一体。植物作为地球的生命力，是把宇宙的力量带进地球。植物的叶转化光的能量，植物的根化解土壤，并转化成植物生长需要的能量，这些也正是滋养人和动物的能量。

人类告别靠狩猎为生，告别丛林，靠着水安顿下来靠耕种生活而进入了农耕时代。几千年的传统农业社会里，人们都是通过敬天祭神和紧紧跟随着日、月、星、辰四季变化的规律，开启宇宙的奥秘进行农业耕种。无论生活在地球上哪一个角落的民族都相信至高无上的上帝（中国人指天），敬畏上帝恩赐给人们的大自然。人们相信养育着人的生命，把神圣的土地比喻成母亲，人类也像森林一样感受着土地，从土地中吸取人生所需的全部养分，死去之后，身体也归还给大自然，真的是“尘归尘，土归土”。作为物质性的人，靠着地球上的植物和动物提供养分成长，衰老和死亡，最后融入在大地。

农业不仅仅是农夫的职业，农业不但是人类文明的基础，而且是精神文明的根本活动。进入了工业文明的西方社会，人们在自己的前庭后院开垦农业种花种菜，不仅仅是为了打发时间，也为了贴近自然，回归文化，陶冶情操。因此，农业劳动应该是教育的重要组成部分，美国的教育一直非常注重农业课，让学生在自己的家里种花种菜，实现农业教学，命名为家庭课（Home Projects），老师驾车亲自巡回检查并当场施教。鲁道夫·史代纳创立的华德福教育更是以活力农耕为本的农业教育，实践敬重大地和宇宙的农业耕种，体验人类在地球中的基本生活活动。让孩子学习植物、动物、季节、气候、星象、宇宙的奥秘，关心和爱护自然以及我们生存的环境。让孩子接触自然和体会自然的变化，学习人类与自然、宇宙的沟通的基本精神。

在目前的知识经济时代，由于科技急速发展，每个人必须随时接受最新的教育。要在这个社会中成功，不只靠一张名牌大学的文凭，而是取决于不断持续的终身学习能力。著名未来学家托夫勒在 1990 年代早期预言：“未来的文盲不再是不识字的人，而是没有学习能力的人。”有位社会学家曾经调查了几十位诺贝尔奖获得者，发现这些获奖者大多数在学生时期，并不一定是班上学习成绩最好的，但是他们掌握了好的学习方法，这是获得学习能力的重要环节。

（三）这几年有个流行的 1 万小时理论，对反复练习好像是个理论上的支持。但是，这种论述的对象多多认知复杂性较低的活动，如象棋、钢琴、篮球、出租车驾驶、拼写。对于认知复杂性较高的活动，如创作、管理等的作用就很难找到足够的证据。其实，这一点反而可以用来说明，为什么钢琴小提琴这类技艺的训练在西方业已式微，而在东亚国家却大为兴盛。这类 19 世纪就已经蔚为大成的技艺，特点是难度训练阶梯比较固定，知识总量也已经限定，只需要多加练习即可，而且学习的进度，又可以通过曲目难度或考级来衡量。这正好切合了东亚偏爱的学习法。所以东亚国家这些琴童家长，多半既没有音乐爱好也不了解古典音乐背景知识，却让孩子花大量时间练习，其内在出发点，就好像一个笑话那位因为路灯比较亮，就只在路灯下找钥匙的愚人一样。①

应该指出，现代人在抛弃传统的农耕智慧、拥抱现代科技，试图改造和征服自然，无视自然规律同时，不但把大地当

---

① 这个笑话的基本内容是：一个人在黑夜的路灯下找东西，找了半天找不着。别人问他：“请问你在找什么？”他说：“钥匙。”“在哪丢的？”他指向远处：“那儿。”“那你为什么在这里找？”“因为这里有路灯比较亮啊！”

成自己的私有物尽情享用，而且随心所欲地、无节制地向自然索取。随着农业生产工业化的大潮继续冲刷着世界各地的传统农业。孔子所谓“大道之行、天下为公”，敬畏天、顺于道的古老智慧也已经成为历史。现代工业已改变了生态，滥用化工肥料、生长和催生激素，缩短生产周期，使产品尽快投入市场。那些表面看起来健壮的农作物，很可能已挟带着各种病毒，不时听到食物中毒的消息，其主要原因是残留在农作物里的各种化学成分，给我们身体提供物质建设了劣质材料。在此，我呼吁，我们的学校、我们的家长，再也不能像工业流水线那样成批生产、复制所谓的“人才”了。

进入新世纪，新时代，我尤其要特别提醒我们的家长，在注重孩子学习成绩的同时，更应关注全面培养孩子的学习能力，让孩子享受学习的快乐，拥有成功的学习经验。心理学家研究发现：学习能力应该是学习时的注意力、写作业的速度和正确率、听课能力、计算能力、书写能力、语言表达能力、情绪的控制力等。因此，家长不要盲目地以考试分数为标准来判断孩子的学习状况，更不要用急切的态度催促孩子提高学习成绩，切不能急于求成，更不能影响孩子的学习兴趣，家长要投入精力重视孩子学习能力的培养，要保护孩子的好奇心、保护儿童的自然特质。眼光要看远一点，用爱心、耐心和关心呵护孩子健康成长。

(四)“日出而作日落而息”这种人类基本的生活模式，来源于昼夜交替这种时间性。我想我们人类不能够昼夜颠倒，更不能够有作无息。如果新技术使我们昼夜颠倒、有作无息肯定让我们不幸福、不安全。时间性有其生物学上的意义。我们人生就是一个渐次展现的过程，有少年、青年、中年、老年，你不能说能不能发明一种技术，把一生过得快一点，在一天之内过完算了。可以肯定，一种新技术若是让我们缺少少年、青年、中年、老年的任何一个环节，都不是一个让我们幸福、让我们安全的技术。我们的身体本身也有它内在的时间结构，它对于外部环境的适应非常缓慢，需要数百万年，因此环境的整体改变不能太快了。抛开这个时间结构，你都很难说环境改变是好事还是坏事。时间性是人类生活的一种结构性的东西，它既是生活动力的源泉，也是生活方式的限制。技术与时间相互构成，时间性是幸福评判、安全评判的依据。在物理时间的层面，有昼夜的交替，有四季的轮回。在这个层面，人类的生活充满意义。

四、“有机教育”：给予孩子自由与生物多样性

（一）教育即生命，生命需要自由。关注教育，即是对正在生长着的人的生命的关注，这种“以人为本”的教育，是具体体现人文关怀的教育，就如美国教育家杜威所说：“生长与教育完全是一体的”，“教育就是不断地生长，在它自身以外，没有别的目的”，“学校教育的目的在于组织保证生长的各种力量，以保证教育得以继续进行”从这样的角度来定位、审视生命的

复杂过程。有学者对教育的本质作了突破传统的界定：教育即生命这样就深化和丰富了“教育以人为本”的真正内涵，是一种关注生命的教育，关注儿童生命成长的教育。那么，在前面我已经把自由定位于人的一种“自主状态”。这种自主状态是人内在的、本质的，而不是施加、强加的。生命的生长就必须有这样的自由，具有独特个性需要自由的个体，是活动的、活生生的、鲜活的对象，让他们享有自由是其生命的需求，更是教育的内在需求。

生命需要自由体现在教育之中。夸美纽斯在《大教学论》中曾说，人存在个体差异，教育当然不能强求一律。德国哲学家雅斯贝尔斯叶强调：“教育帮助个人成为他自己，而非强求一律，教育诉诸自然，不是人类学上的自然事实，教育以从自然中不断获得的东西成为其内容。如果教育变成了权威，那它就失败了。”因此，我们必须尊重儿童的天性，他们明白自己学习的动机，并不是出于服从而学习。没有自由的教育并不能培养人，而只能复制现成的“成人产品”，只有自由的存在，生命才能够得到充分地展开，才能更好地生活。教育之所以是塑造人的事业，就体现在教育不仅是教人，更是育人的事业，它是非常复杂的。只有在教育中保证自由的存在，才能通过教育使生命不断获得新生，才能使人成为人。教育中的自由同样在教学中得到体现。在雅斯贝尔斯看来，“教育的过程是受教育者在实践中自我练习、自我学习和成长，而实践的特性是自由游戏和不断尝试。”

（二）孩子在感受植物和动物的生长时，会感受自己的生命。教育者对大自然的亲近和认识，可以感染到孩子的自然天性和心灵内在的本质。人不仅仅是一个物质性的躯体存在于大地上，还是作为精神个体来到这个世界上。应感谢大地恩赐给我们每天的食物，应感谢大地给这个精神个体提供空间，让生命展开，让每个人来到这个地球上完成他特有的生命历程。一个对土地没有感情的人，他对其他事物的感情无疑会是轻浮的。没有触到土地，心灵是悬在空中的。

教育是人的灵魂的教育，而非理智知识和认识的堆积。通过教育使具有天资的人自己选择决定成为什么样的人以及自己把握安身立命之根。譬如，在儿童时期甚至幼儿时期，成人就把“适者生存”的观念强行灌输给他们。“为了将来能够过上好日子，也要好好读书”、“不好好学习是不可以的”、“必须学好语数外”、“都是为了将来好”等，这些带有焦急情绪与对不确定的未来之完美期盼，看似是对孩子的关心和爱，实际上并不成熟，也可以说是盲目的。在“应该如何”的种种要求中，孩子的自由被限制了，这样的结果不但不能实现成人的美好愿望，反而适得其反。其实，成熟的爱应该是在保持一个人的完美性和一个人的个性条件下的结合，爱应该是人类的一种积极的力量。把这种积极的力量给予他人，既增加了他人的生命价值，也不知不觉地使他人身上的某种东西得到新生。这种新生也会给他自己带来新的希望。那么，在教育中要使受教育者得到新生，使教育者获得希望，就要有不可缺少的自由。

（三）有机教育最后的“收获”一定是个性化的，不能强求一律。甚至也要允许“失败”。允许少数没长成才。自然界分布就是这样。有长得快、有长得慢；有长成栋梁之才；有长得较一般；自然界充满各种各样的动物、植物，才构成丰富多彩的世界。不可能都是只有老虎、狮子；也不可能只有大树，没有草原。人类社会不可能人人都成为大家。需要各色人才，甚至小人物。个性、独特性是未来社会最需要的。教育若培养出像工厂生产出来的统一产品。反而会过剩，最后导致被弃用。

总之，有机教育，反对千篇一律、整齐划一。庄园里、大自然中，要保持生物多样性。教育更是如此，一定要有独特性。一棵大树，找不到两片相同的树叶。成长允许多样性，这个世界需要多样性，色彩斑斓、丰富多样才好看、才有趣。一个团队需要各种性格的人组成，有区别才有竞争力。

后　记

本书是根据上海市妇联、上海社科院和新民传媒于2015年联合主办的“上海市家庭教育高峰讲坛”十位专家的演讲录音整理并经本人审定而成。“上海市家庭教育高峰讲坛”（以下简称讲坛）是面向广大市民的家庭教育系列公益讲座，2015年的讲坛共包含十场讲座，邀请了国内外家庭教育知名专家学者及社会知名人士开讲，讲坛推出后受到广大市民的热切关注和喜爱。因此，继2014年之后，我们决定继续将2015年讲坛专家演讲的内容集结出版，使更多的家庭能够从中受益。

本次讲坛的顺利举办得到多方力量的支持。上海图书馆讲座中心和新东方教育科技集团上海学校作为承办单位，承担了讲坛的信息发布和会务组织工作。新民传媒、“教师博雅”微信公众号、文汇报、解放日报、“上海女性”微博和微信公众号、《上海妇女》杂志和东方教育时报及时宣传了讲坛的相关信息。

上海市妇联副主席刘琪对讲坛的开展提出了许多建设性意见，上海社科院社会学所所长杨雄研究员、副所长陈建军负责讲坛的整体策划工作，上海社科院社会学所魏莉莉副研究员和上海市妇联儿童和家庭工作部方芳为讲坛的举办做了大量联系协调及本书的统稿修改工作，新民晚报记者鲁哲在每场讲座后均进行了深入及时的报道。上海人民出版社罗俊华编辑为本书的顺利出版付出了辛劳。在此一并表示真诚的感谢！

因本书出版时间较紧，书中难免疏漏与不当之处，敬请读者批评指正。

编　者

2016 年 1 月

图书在版编目(CIP)数据

望子成人:家庭教育十人谈/杨雄主编. —上海:
上海人民出版社,2016
ISBN 978-7-208-13609-0

Ⅰ.①望… Ⅱ.①杨… Ⅲ.①家庭教育 Ⅳ.①G78

中国版本图书馆 CIP 数据核字(2016)第 026482 号

责任编辑 罗俊华

望子成人
——家庭教育十人谈
杨 雄 主编
世 纪 出 版 集 团
上海人民出版社出版
(200001 上海福建中路 193 号 www.ewen.co)
世纪出版集团发行中心发行
上海商务联西印刷有限公司印刷
开本 890×1240 1/32 印张 9.5 插页 4 字数 186,000
2016 年 3 月第 1 版 2016 年 3 月第 1 次印刷
ISBN 978-7-208-13609-0/G·1778
定价 45.00 元